기업법으로 세상을 보다

최완진 교수 칼럼·에세이

기업법으로 세상을 보다

최완진 교수 칼럼 · 에세이

최완진 지음

기업법에 대한 법학교수의 시각과 미네르바 단상

HUiNE

서문

내가 처음 강단에 선 것은 1979년 3월이었고, 그 후 1980년 3월 국립 강원대학교 법학과 전임강사로 교수 생활을 시작하여 조교수, 부교수, 교수가 되기까지 교육공무원으로서 16년을 넘게 근무하였다. 그 후 1996년 9월, 모교인 한국외국어대학교 법학과 교수로 자리를 옮겨 22년의 세월이 흘렀다. 생각해보니 도합 38년이란 오랜 시간을 법학 교수란 명함을 가지고 생활하였다. 돌이켜 생각해보면 길다면 길다고 볼 수 있는 시간이었지만 38년의 세월이 눈 깜짝할 사이에 흘러가 버렸다. 처음 강원대학교 강단에 섰을 때의 나이가 약관 27세였으니 그 때는 어디가나 가장 젊은 교수로 소개되었는데 이제는 어디가나 가장 원로 교수로 대접 받게 되니 세월의 무상함을 새삼 느끼게 된다.

대학 강단에 처음 섰던 그 해, 1979년은 유신 정권의 말기로서 대학 민주화의 염원이 가득했던 시절이었다. 박정희 정권의 갑작스런 몰락은 민주화를 바로 달성할 수 있다는 크나큰 기대감과 희망을 가지게 하였으나 그것도 잠시, 1980년 등장한 신군부는 대학의 자유와 자율성을 완전히 무시한 채 학생과 교수를 어둠과 절망에 머물게 하였다. 대학 캠퍼스 한 가운데서 운동권 학생들의 격렬한 시위도 목도하였고 대학이 감당해야 할 역사적 사명에 대해서 번뇌하며 고뇌와 격동의 시간을 보내기도 하였다. 학생 동태 보고서와 집회 신고서를 제출해야 했던 암울한 환경과 학교 캠퍼스가 최루탄 가스로 자욱하게 뒤덮었던 상황에서도 민주화를 향한 열망은 식을 줄을 몰랐다. 그 후 군사정권이 종식되고 문민정부가 들어서면서 지성의 전당인 우리 대학도 차츰 상아탑 본연의 역할로 돌아갈 수 있었다. 역사의 격동기에서 젊은 대학생의 혈기와 정의감 덕택에 우리나라는 비교적 빠른 시일에 산업화와 민주화를 동시에 달성할 수 있었다고 생각된다. 그러나 최근의 여러 상황은 대학생들이 헬조선이라는 말을 사용할 정도로 젊은이들에게 꿈과 희망을 심어주지 못하고 현실에 대한 불만과 심한 좌절감만 안겨주고 있어 안타깝기 그지없다. 격변하는 국제 정세와 4차 산업혁명이라는 기업 환경과 지배 구조 변화의 급격한 전환기를 맞아 국가의 앞날을 책임져야 할 젊은이들이 이 암울한 현상을 조속히 탈피하고 국가 발전의 초석의 역할을 할 수 있는 날이 빨리 오기를 기원한다.

젊은 날 꿈과 낭만이 있었던 호반의 도시 춘천에서의 교수 생활은 아직도 잊지 못 할 아름다운 추억으로 남아있으며 국립대학에서의 교수 생활의 경험은 후일 내가 모교로 옮겨 교단생활을 하는

데 있어 커다란 자산과 경험이 되었다. 특히 중요한 현안에 대한 사회과학 분야의 젊은 교수들과의 사상적 교류와 담론은 내 젊은 날의 사유의 원천이 되었다.

모교의 상법 교수로서의 생활은 나의 인생에 있어 가장 왕성한 활동을 하였던 시기로 기록되어야 할 것 같다. 정말 하루하루가 어떻게 지나갔는지 모를 정도로 매우 바쁜 시간을 보냈으며 열정적으로 활동하였다. 「상법학강의」, 「상법판례강의」, 「상법총론」, 「회사법요론」, 「기업지배구조법」, 「상법사례연습」 등 다수의 저서를 집필 · 출간하였고 한국상사법학회 회장과 한국경영법률학회 회장을 맡아 학회 활동도 열심히 하였다. 또한 법학과장 겸 대학원 법학과 주임교수를 필두로 대학원 교학처장, 대외협력본부장(외대발전캠페인 본부장), 법학연구소장, 법과대학장 등의 보직을 차례로 역임하였으며 그 이후에는 외대 교수협의회장을 거쳐 외대 재직동문교수회장, 외대 가톨릭교수회 회장으로 봉사하였다. 그리고 마지막 1년은 다시 법학전문대학원장을 맡아 로스쿨과 학교 발전에 최선을 다하고 있다. 생각해보면 법학교수로서의 마지막 10년은 법학교육의 엄청난 전환을 경험한 시기였다. 법과대학이 로스쿨 체제로 바뀜에 따라 모든 부분에서 엄청난 변화가 이루어졌다. 여러 난관 끝에 도입된 로스쿨 체제가 안정적으로 발전되고 정착되기를 바라는 마음이 간절하다.

정년퇴임을 눈앞에 둔 이 시점에서 지나온 날을 다시 반추해보니 여러모로 부족하고 천학비재한 본인의 오늘날이 있기까지 여러모로 격려 · 성원해 주신 은사님, 선배, 후배를 비롯한 모든 분들께 감사하는 마음뿐이다. 과거에는 교수가 화갑을 맞거나 정년퇴임을 맞게 되면 후학들이 선배의 학덕을 기려 기념 논문집을 발간 · 봉정하는 것이 하나의 관행처럼 되었던 시절도 있었다. 그러나 지금은 너무나 빠르게 변화하는 시대이고 그러한 논문집을 만드는 것이 얼마나 유의미한 일인가 하는 약간의 회의도 들었다. 그리하여 고심 끝에 나의 교단생활을 한번 되돌아 보고 정리해 본다는 의미에서 정년퇴임을 맞아 소저를 발간하기로 하였다.

이 책은 1980년 3월, 전임교수로 대학 강단에 선 이래 38년 동안을 교단을 지키면서 그간의 교수 생활을 회고하고 나름대로의 지나온 여정을 반추하여 보는 의미가 있다.

이 책의 제 1부는 '기업법의 정립 방향'이라는 제목으로 그동안의 상법학을 접하면서 느꼈던 상법의 나아갈 길에 대한 소신을 바탕으로 원고를 구성하였으며, 제 2부는 '현안에 대한 법학 교수의 시각'이라는 이름을 붙여 그동안 본인이 신문 칼럼에 투고하였던 내용을 중심으로 그때그때 시사적인 사안에 대한 나의 견해를 개진하였고, 제 3부는 '미네르바 단상-생활 속 수필-'이라는 제목을 붙여 그동안 썼던 생활 속 수필을 정리하였다.

여러모로 부족하고 미천한 이 책을 흔쾌히 출간하여 준 한국외국어대 당국과 아름답게 꾸미고 편집하여준 한국외대 지식출판원의 신선호 팀장과 김민정 직원의 노고에 감사하는 바이다.

2017년 9월

한국외국어대학교 법학전문대학원장 최완진

기업법으로 세상을보다

최완진 교수 칼럼·에세이

목차

제2부 현안에 대한 법학교수의 시각

제3부 미네르바 단상 - 생활 속 수필 -

제1부
기업법의 정립 방향

기업의 지배구조

상법은
결코
기업규제법이 아니다

정치권이 최근 2월 임시국회에서 상법개정안 처리에 합의하였다는 소식이 들린다. 이번에 야당이 처리하기로 합의했다는 상법개정안은 최순실 게이트로 인한 '기업 옥죄기' 분위기를 타고 제대로 된 여론의 수렴도 없이 졸속 처리될 운명에 처해있다. 국회에 계류중인 상법개정안이 통과된다면 대한민국은 세계에서 가장 기업하기 힘든 나라가 될 것이 틀림없고, 해외 투기자본의 놀이터로 전락할 우려가 매우 크다고 볼 수 있다. 최근 반기업 정서가 높아지면서 재벌 개혁을 명분으로 발의된 상법개정안은 20여개에 달하고 있다. 오너의 전횡을 견제하고 소액 주주의 권리를 보호하기 위하여 상법개정이 추진된다고 하지만 현실과는 동떨어진 이상론에 머무르고 있다. 이번에 논의되고 있는 상법개정안의 주요 내용을 보면 ① 전자투표제의 의무화, ② 다중대표소송제의 도입, ③ 감사위원 분리 선임과 대주주 의결권 3% 제한, ④ 집중투표제의 의무화, ⑤ 우리사주조합의 사외이사 후보추천권 부여 등으로 요약 할 수 있다.

첫째, 전자투표제도는 회사의 의사결정의 신속성과 비용절감 등 효율성·경제성을 증진할 수 있으나 현행 상법에서도 주주들의 의결권행사를 활성화하기 위한 제도적 수단으로 '서면투표제', '의결권 대리행사' 등의 여러 장치가 마련되어 있고 자본시장법상 Shadow voting제도가 폐지 유예되어 상장회사는 주주의 의결권 행사를 독려하기 위한 다양한 방안을 모색하고 있는 시점에서 이 제도를 의무화하여 기업에게 부담을 줄 필요는 없다. 미국, 일본, 영국, 독일 등에서는 전자투표제도를 도입하여 시행하고는 있으나 '이사회 결의' 등 회사자율로 전자투표제도를 채택할 수 있도록 하고 의무화하고 있지는 않다. 둘째, 다중대표소송의 경우 기업들이 요구해온 포이즌 필 같은 경영권 보호장치는 외면하면서 소액주주들의 권익만 과도하게 보호하는 것은 한쪽에 치우친 것으로 균형이 맞지 않는다. 만일 다중대표소송을 도입할 경우 우리나라는 세계 최초로 이 제도를 입법화하는 국가가 되고, 미국도 일부 판례에서만 극히 제한적으로 허용하고 있는 제도를 새로이 채택할 경우 기업의 경영권은 크게 위축될 수밖에 없을 것이다. 셋째, 감사위원의 강제 분리 선출은 최대주주의 이사 선임권을 제한하는 것으로, 외국계 펀드가 이사회 구성에 큰 영향력을 행사할 수 밖에 없고, 이는 기업 경영간섭을 초래하고 경영 효율성을 악화시킬 가능성이 크다. 특히, 감사위원 선임시 의결권 3% 제한이 적용될 경우, 기업의 투명성 확보를 이유로 정부가 적극 권장했던 지주회사 체제가 오히려 역차별 받는 결과가 발생할 수 있어 정책 집행의 모순이 아닐 수 없다. 넷째, 집중투표제도는 이사선임에 관한 일종의 비례대표제인데 이 제도를 도입할 경우 이사회의 효율적인 운영이 어려워질 수 있고 소수주주를 대표하는 이사와 최대주주를 대표하는 이사가 이사회에 공존하여 당파적인 행위를 할 가능성이 높다. 마지막으로 우리사주조합의 사외이사 후보추천권은 사외이사 선임 시 최대주주의 참여를 제한하고 사외이사의 결격요건을 강화하여 우리사주조합 소액주주 추천 각 1인을 의무 선임토록 하는 내용이다. 우리사주조합에 사외이사 선임권을 주는 것은 특정 집단에 속하는 주주에게만 특혜를 주는 것으로 회사법의 기본원칙인 주주평등의 원칙에 위배되는 것이다.

상법은 결코 기업규제법이 아니며 기업을 옥죄는 법이 아니라, 기업활동을 원활하게 하고 기업을 유지·발전시키는데 기본이념이 있다. 지금 국회에서 논의되고 있는 상법개정안은 다분히 정치적 색채를 띠고 있다. 정치인들은 경제가 최악이라 걱정이라고 하면서도 인기영합주의에만 매몰되어 기업을 뛰게 만들기는커녕 반기업 정서에 편승하여 기업의 발목을 잡는데 몰두하고 있는 느낌이다. 또 하나 지적하고 싶은 것은 2013년 입법예고 되었던 기업지배구조 상법개정안도 이미 2006년 상법개정안과 2008년 상법개정안이 제출되었을 때 치열하게 논쟁하였던 사항들이고 문제점이 너무 많아 폐기되었다는 사실이다. 수많은 논란과 각계의 의견을 거쳐 해방 이후 최대 규모인 250여개의 조문을 개정한 새로운 회사법이 시행된

지도 얼마 안 된 시점에서 걸핏하면 기업 때리기와 정치적 이해득실에 따라 또 다시 상법 개정에 관한 논쟁을 재연시키는 것은 결코 바람직하지 않다고 본다. 현재의 국내외 경제여건을 고려할 때에 기업가 정신을 강조하여 기업들이 보다 과감한 투자를 통하여 경제를 살리는데 보탬이 되도록 하여야 할 것이다.

기업 구조조정의 바람직한 방향

기업구조조정은 기업가치가 높으나 일시적인 어려움을 겪고 있는 기업들의 경쟁력 향상을 돕고, 청산가치가 높은 부실기업들을 제거해 나가는 프로세스를 말한다. 즉, 한정된 경제적 자원이 부실기업으로 유입되는 낭비를 막아 경제전반의 효율성을 높이고 투자자 및 채권자의 이익을 보호함으로써 금융시스템의 건전성을 높이는 경제적 의의를 지니고 있다.

기업구조조정을 기업구조조정 주체에 따라 구별하면 ① 기업 자구노력(기업 주도), ② 워크아웃(채권금융기관 주도), ③ 법정관리(법원 주도)의 3가지로 나누어 볼 수 있다.

기업구조조정 시스템은 ① 기업구조조정촉진법 등 채권은행 주도의 절차, ② 통합도산법 등 법원에 의한 절차, ③ 사모투자펀드

(PEF : Private Equity Fund) 등 시장에 의한 방법 등이 있다. 현재 신용공여액 5백억 원 이상의 기업은 기업구조조정촉진법(이하 기촉법)상의 워크아웃 대상이 되고, 신용공여액 500억 원 미만의 기업은 채권은행협의회 운영협약에 의한 워크아웃 대상이 된다.

우리나라는 과거에 주식회사의 특성을 고려하면서 그 갱생을 꾀하는 회사정리제도를 도입한 바 있다. 그런데 회사정리제도는 회사재산을 빼돌린 기업인이 파산을 모면하는 수단으로 악용된다는 비난을 받아왔으므로, 정부는 1998년 초 파산법·화의법과 함께 회사정리법을 대폭 개정하여 악덕 기업인이 이를 악용할 수 있는 소지를 크게 줄였다. 이어서 2005년 종래의 파산법, 회사정리법, 화의법 및 개인채무자회생법을 아울러 이른바 통합도산법(채무자 회생 및 파산에 관한 법률)을 제정하였고, 이 법은 2006년 4월 1일부터 시행되고 있다.

1997년 갑자기 찾아온 외환위기는 잠재부실이 누적된 상황에서 변화된 경영환경에 적응하지 못하고 차익경영을 통해 무분별한 사업확장에 나섰던 대기업이 상당수 퇴출되는 상황을 야기하였다. 이를 계기로 부실기업에 대한 기업구조조정 문제가 본격적으로 논의되기 시작하였다.

과거 경제성장의 화두는 정부의 특혜에 의존한 산업고도화 및 수출산업 육성이었다면 80년대 중반 이후 진행된 시장개방은 기업 스스로의 능동적이고 효율적인 경영을 요구하는 경제환경으로 탈바꿈하는 계기가 되었다.

2008년 글로벌 경영위기 이후 국내외 경기회복이 지연되면서 국내주요기업 및 대기업의 재무상황이 크게 악화되고, 여러 가지 문제점이 발생하면서 기업부실을 모니터링하기 위한 체계적인 접근이 필요하게 되었다. 현재 운영되고 있는 기업구조조정제도는 기업부실을 사전에 방지하기 위한데 목적이 있기 보다는 은행건전성 유지를 목적으로 채권은행으로 하여금 기업의 채무상황을 감시하도록 하는 형식이기 때문에 그 효용성이 낮다고 볼 수 있다. 채권금융기관 주도의 기업구조조정 절차는 은행업 감독규정에 명시된 主채무계열에 대한 재무구조 개선약정과 기업구조조정 촉진법에 따른 워크아웃, 채권금융기관과의 자율협약에 의해 진행되고 있다. 그런데 이러한 방식은 외형상의 자율성과는 달리 금융당국의 개입가능성이 크고 형평성과 도덕적 해이 때문에 효율성이 낮다는 문제점이 지적되고 있다. 채권 금융기관이 주도적으로 추진하는 워크아웃은 기업경영의 전략과 대치되는 경우가 발생하였고, 문제 해결에 있어 主채권은행의 판단이 최우선시 되고 있으므로 금융당국의 개입이 용이해지는 부작용이 나타나게 되는 것이다.

또한, 채무기업의 입장에서 볼 때에도 자율 협약의 내용이나 정보 공개에 있어서 투명성이 확보되지 않으므로 많은 위험성을 안게 된다. 기업이 워크아웃을 개시한다는 것 이외에는 명확한 정보와 절차가 공개되지 않기 때문에 재무 부실에 대한 막연한 불안감과 재무구조개선 약정은 곧 파산의 전단계라는 신호가 되어 시장에서의 기업에 대한 평가를 왜곡시키게 되는 것이다.

이와 관련하여 정부는 '2015년 경제정책방향'에서 2015년 말 종료되는 기촉법을 보완, 상시화하여 부실징후 기업을 선제적이고 안정적으로 구조조정 할 계획이라고 밝혔다. 그 주요 내용을 보면 ① 소액채권이나 일정 비율이하의 채권에 대해서는 主채권단이 매입할 수 있도록 하여 채권단 합의에 소요되는 시간을 단축하도록 하고, 채권단 협의회에서 신규자금 지원안에 찬성하고는 정작 약정체결 단계에서 자금지원을 거부하는 금융기관에 대해서는 위약금이나 손해배상 책임을 지우도록 하는 방안, ② 관치금융 비판을 피하기 위해 채권금융기관조정위원회의 선제적 조정 기능을 보완하여 공적 중재기능을 강화하고 부당한 외부 압력에 대해서는 상법상 업무집행지시자의 책임을 물을 수 있게 하는 방안, ③ 워크아웃에 들어간 기업은 채권단의 기업신용위험평가 결과에 이의를 제기할 수 있고, 또 3년이 지나도 워크아웃을 완료하지 못한 경우는 외부평가위원회의 조사를 받는 방안, ④ 워크아웃에 반대하는 채권기관에게는 지분액의 1~5%의 낮은 청산가치를 적용하던 반대매수권의 가치는 청산가치+알파(α)를 적용하는 방안 등이 담겨있다. 또 기업이 새로운 사업 분야에 진출하기 위해 사업을 재편할 때 절차 특례 등을 지원하는 사업재편지원특별법(가칭)을 제정할 계획이라고 한다.

기업구조조정제도의 개선방향은 다음과 같이 정리할 수 있다. ① 기업구조조정·회생제도와 관련해 자율적 구조조정 수단인 '법정외 워크아웃 절차'와 함께 '법원 주도형 법정관리 절차' 등 다양한 구조조정 절차를 기업들이 재무상황에 맞추어 선택하도록 하는 것이 세계적인 추세이므로 우리나라도 이에 발맞출 필요가 있다. ② 한계기업 구조조정에 있어서는 기존 공적자금 투입방식인 베일-아웃(Bail-out) 방식만 고집할 것이 아니라, 기업과 은행 등 당사자가 부담을 감수하는 베일-인(Bail-in) 방식을 적극적으로 채택할 필요가 있다고 본다. 기업의 손실을 국민세금으로만 메울 것이 아니라 주주, 채권자, 경영자, 근로자 등 당사자들이 함께 부담하는 구조로 바꿀 필요가 있다. ③ 채권금융기관에 의한 기업구조조정제도의 문제점으로는 대상기업의 명확한 선정기준의 미흡, 관치금융, 전문성 결여 등을 들 수 있다. 즉, 채권은행의 채무변제에 우선을 둔 의사결정, 기업구조조정에 있어서 금융당국의 공공연한 개입, 국내금융기관의 전문적 지식부족 등에 대한 개선방안이 마련되어야 한다. ④ 채권자와 채무자 간의 합의에 의한 구조조정이라고 할지라도 추진단계에서 발생할 수 있는 이해관계 충돌을 막기 위하여 객관적·중립적 중재인을 참여시킬 필요가 있다. ⑤ 채권 금융기관이 채권 회수보다 기업의 잠재적 가치, 지속적 가치를 제고하는 전략을 수립하도록 기존의 경영진이나 대주주가 채권은행에 스톡옵션 등을 인센티브로 제공하는 방안을 모색할 필요가 있다. ⑥ 기업구조조정기구로서 사모투자전문회사의 활성화를 도모할 필요가 있다. 사모투자가 잘 발달된 미국과 EU의 경우에 펀드운용자 규제는 있지만 사모투자펀드자체에 대한 규제는 거의 없다. 사모투자펀드의 모집은 소수의 전문투자자를 대상으로 하므로 가능하면 사적 자치의 원칙에 따라 펀드운용에 있어 많은 자율권을 주는 것이 바람직하고 합리적인 조세지원 방안도 마련할 필요가 있다. ⑦ 부실기업의 경우 강력한 구조조정을 통해 피해를 최소화 하는 것이 필요하겠지만, 일시적인 위기에 빠진 기업에게는 스스로 회생할 수 있는 기회를 부여하는 것이 필요하다. 따라서 기업이 자율적으로 사전에 구조조정을 적극 추진할 수 있는 제도적 환경을 구축하는 것도 중요하다.

주주총회 운영의 활성화 방안

주식회사의 기관은 프랑스 혁명 이후 삼권분립의 정치사상의 영향에 의하여 회사의 대내적 의사결정기관으로서 주주총회와 이사회, 업무집행기관으로서 대표이사·집행임원 그리고 감독기관으로서 감사·감사위원회의 필요적 기관으로 분화되며, 또한 필요에 따라 임시기관으로서 검사인을 선임할 수 있다.

의용상법시대(1963년 이전)에는 주식회사에 있어서 기관의 3분화가 뚜렷하였으나, 현행상법은 법정의 의사결정기관으로 주주총회 이외에 영미법상의 이사회제도를 도입하였기 때문에 회사의 의사결정기관은 양분화 되었다. 즉, 1962년에 우리 상법은 이사회제도를 도입하였고, 1984년에 개정상법은 이사회의 권한을 크게 강화하였으므로, 이사회도 중요한 의사결정기관이 되었다고 할 수 있다. 2011년 개정상법은 이사회의 감독기능을 강화하고, 회사의 업무집행의 효율을 제고하기 위하여 이사회의 업무집행기능을 분리하여 이를 전담할 집행임원을 둘 수 있게하고 그 도입여부는 회사가 자율적으로 선택할 수 있게 하였다(상법 제408조의 2내지 제408조의 9).

한편 대내적 의사결정기관의 또 하나의 축은 주주총회이다. 주주총회는 주주의 총의에 의하여 회사의 내부에서 상법 또는 정관에 규정된 사항에 관한 회사의 의사를 결정하는 회사 최고의 의사결정기관이다. 종래에는 소위 주주총회 만능설에 의하여 주주총회는 회사의 모든 중요사항을 결정할 수 있는 최고기관으로서 그 권한이 극히 광범위하여 강행법규 또는 선량한 풍습과 사회질서에 반하지 않고, 정관에 의하여 그 권한을 스스로 제한하지 않는 한 회사의 기본조직과 모든 업무집행에 관하여 회사의 의사를 결정할 수 있었다.

그러나 점차로 기업의 규모가 확대되고 기업간의 경쟁이 심화되어 회사의 경제적 관계는 전문적인 지식이 있고 회사의 업무를 직접 담당하는 이사가 아니고는 파악할 수 없을 정도로 복잡하게 발전되면서 대규모 주식회사의 경영은 주주총회로부터 멀어지는 현상이 나타나기 시작하였다. 이러한 현상은 특히 회사의 주식이 고도로 분산되어 소유와 경영이 분리되는 경우 뚜렷이 나타나게 된다.

이러한 흐름에 따라 우리 상법은 이사회의 권한을 강화하고 반면에 주주총회의 권한을 축소하여, 이제 주주총회는 상법 또는 정관에 정하는 사항에 한하여 결의할 수 있는 기관이 되었다(상법 제361조). 그럼에도 불구하고 주주총회의 의사결정기관으로서의 중요성은 결코 과소평가 될 수 없다. 1997년 외환위기 이후 기업경영권의 집중과 주주총회의 형해화 현상에 대하여 계속적인 문제제기가 있었고, 이에 따른 법제개선의 노력도 진행되었다. 그러나 아직도 주주총회의 형해화 현상은 계속되고 있고, 기업지배구조의 변화라는 큰 틀 속에서 활성화 방안이 강구되어야 한다고 본다.

형해화된 주주총회를 활성화하기 위해서는 기관투자가의 의결권행사기능을 보다 강화하고 주주제안권의 행사요건도 완화하며, 주주총회 결의요건의 개선 등 주주참여의 확대방안을 계속 모색할 필요가 있다. 아울러 섀도우보팅제도의 폐지에 따른 여러 대책도 다각도로 검토하여야 한다. 특히 주주총회의 전자화는 회사의 의사결정의 신속성과 비용절감 등 효율성·경제성을 증진할 수 있다. 즉 주주의 입장에서는 총회에 출석하기 위한 비용과 시간을 절감할 수 있고, 전자적 방법에 의하여 손쉽게 회사의 각종 서류를 열람함으로써 의결권의 위임이나 주주의 의결권 행사를 용이하게 하는 효과도 기대할 수 있다. 또한 회사와 주주 및 회사채권자 등의 회사의 이해관계인간의 의사소통을 원활하게 하여 회사경영의 투명성을 제고하고 지배구조의 개선효과도 기대할 수 있다.

최근 인터넷 등을 통한 정보기술의 발전에 따라 우리나라 상법도 전자화와 관련된 중요한 법률적 장치들을 속속 도입하였다. 즉 2009년 1월 및 5월 상법개정에 의하여 '전자적 방법에 의한 회사의 공고,' '전자주주명부의 작성,' '전자문서에 의한 주주총회 소집청구,' '주주총회에서의 전자투표제도' 등이 새로이 도입되었거나 그 내용이 변경되었고, 2011년 4월 15일 상법개정(2012. 4. 15 시행)에 의하여 상법 회사편에 유가증권의 전자등록제도 근거 규정, 즉 '전자주식제도'와 '전자사채제도' 등이 새롭게 허용되었고 2011년 7월 4일 「전자단기사채의 발행 및 유통에 관한 법률」이 제정·시행 되었으며, 2016년 3월 「주식·사채 등의 전자등록에 관한 법률('전자등록법')」이 제정되어 공포 후 4년을 넘지 않는 범위 내에서 대통령령으로 정하는 날부터 시행되게 되었다. 그러나 아직도 전자주주총회가 활성화되기에는 극복해야 될 과제가 많다고 생각된다. 전자주주총회가 실무에서 보다 더 활용되기 위해서는 의결권행사의 전자화와 관련하여 다음과 같은 점이 입법에 적극 반영되어야 할 것이다.

첫째, 전자투표의 경우 주주본인 확인과 관련하여 전자서명법 등 법에 의한 직접규제 보다는 급속도로 발전하는 IT기술을 고려하여 각 회사의 사정과 선택에 따라 전자서명제도나 전자인증제도를 활용할 수 있도록 하는 것이 바람직할 것이다.

둘째, 전자투표를 시행할 경우 회사나 대주주에 의한 투표결과의 사전공개나 임의조작으로 인한 주주총회 결의의 공정성에 관한 문제가 제기될 수 있으므로, 전자투표의 공정한 관리를 위한 방안을 상법에 규정하는 것이 필요할 것이다.

셋째, 현재 한국예탁결제원이 인터넷 기관의 전자투표시스템을 구축하여 2010년 8월 23일부터 전자투표관리기관으로 운용되고 있는데, 현행법에서는 회사의 전자투표관리기관의 지정에 관한 규정만 있고, 전자투표관리기관의 선정과 자격요건 및 책임 등에 관해서는 아무런 규정이 없으므로 이에 대한 입법의 보완이 요구된다 하겠다.

넷째, 주주의 의결권 행사의 기한과 관련하여 법적 안정성을 위하여 전자투표의 행사기한을 명확히 입법하는 것이 필요할 것이다.

다섯째, 상법 제363조 제1항 전자통지의 수단으로서 "전자문서", 제289조 제3항 전자공고의 경우 "전자적 방법" 등 상법의 주주총회 IT화 관련 조항을 보면 "전자문서"와 "전자적 방법"이 혼용되고 있으나 이를 통일하여 "전자적 방법"으로 개정하고, 상법시행령에 "전자적 방법의 종류와 내용"을 구체적으로 규정할 필요가 있다.

여섯째, 기업지배구조 모범규준(2016개정)에도 각 회사의 홈페이지에 주주총회관련 사항을 게재하도록 권고하고 있으므로 발행주식총수의 100분의 1이하의 주식을 소유하는 주주에게는 주주총회 소집통지를 함에 있어, 현행 전자공시시스템을 확대하여 DART(Data Analysis Retrieval Transfer)의 소집통지로 갈음할 수 있도록 하는 웹공시제도를 새로이 도입할 필요가 있다.

일곱째, 상법상 전자공고는 공고방법의 증명에 관하여 회사가 책임을 부담한다고 규정하고 있을 뿐 그 절차나 방법에 관하여는 규정하고 있지 않다. 또한 결산공고의 경우 상장회사는 금융위원회의 공시시스템인 DART에 사업보고서를 게재하기 때문에 이미 전자공고가 되어있음에도 불구하고 이중의 공고를 하는 문제점이 남아있으므로 이를 시정하는 입법조치가 필요할 것이다.

여덟째, 중복공시의 비효율성과 비용 등을 고려할 때 전자공고기간을 2년에서 5년으로 연장하고 사업보고서 제출법인에 대한 결산공고 면제규정을 자본시장법에 신설할 필요가 있다.

아홉째, 2018년 섀도우보팅제도의 폐지에 따라 예상되는 총회운영상의 현실적 문제를 해결하기 위하여 의결정족수 완화 등 현실적 대안도 마련할 필요가 있다고 본다.

열째, 현재 현장 주주총회 대체형인 버츄얼주주총회를 당장 인정하기는 어렵다고 할지라도 장차 이 제도를 활용하여 주주총회가 활성화 될 수 있도록 법적장치를 도입할 필요가 있다고 본다.

이러한 주주의 의결권 행사의 전자화에 관한 보다 명확한 입법작업을 통하여 전자주주총회의 긍정적인 면을 더욱 부각시킨다면 주식회사의 실질적 의결기구로서의 주주총회의 위상을 강화하는 결과를 가져올 수 있을 것이고, 궁극적으로 주주의 권익을 보호하는 데도 기여할 수 있다고 생각된다.

사외이사제도의 바람직한 정책방향

우리나라는 대부분 창업자와 그 이해관계인들이 지배주식을 점유하고 있고, 기업경영은 지배주주의 선단적인 경영방식에 의존하였으므로 급변하는 경제 환경에 부응하지 못하였다. 이러한 상황에서 1997년 IMF체제의 외환위기를 맞이하면서 대기업의 지배구조의 문제점이 본격적으로 부각되고 기업지배구조에 대한 개선 논의가 활발하게 이루어졌다. 즉, 그동안 우리나라의 기업들은 새로운 기술개발이나 새로운 경영기법을 도입하는데 열중하기보다는 정부로부터의 독점적인 영업허가나 금융지원 등의 각종 특혜에 힘입어 문어발식 확장을 꾀하여 왔다. 또한, 대기업들은 정부로부터 각종 지원을 받기 위하여 사업의 타당성보다는 정부의 정책에 의존하여 무모한 투자결정을 하는 문제점을 안고 있었고, 이러한 대기업의 운영행태는 경영실패로 이어져 국가적 경제위기의 하나의 원인이 되었다고 할 수 있다.

이러한 문제의식에서 우리상법은 1998년 이후 계속적 개정작업을 전개하여 기업구조조정을 원활히 하기 위한 제도의 보완, 자본조달의 용이성 확보, 기업 경영의 효율성 제고 및 투명성 확보를 위한 제도 도입, 소액주주들의 이익을 보호하기 위한 장치를 마련하였다. 오늘날 세계시장은 국경을 넘어 하나의 시장으로 통합되고 있으며, 기업이 필요로 하는 자금 조달과 투자가 전세계적으로 확대되고 있다. 투자자들은 투명한 경영과 주주의 이익을 최대한 보장해 줄 수 있는 조직을 갖춘 기업을 투자대상으로 삼게 되고 오늘날의 기업은 이러한 환경에서 외국 투자자 등 많은 이해관계자들의 요구를 제대로 수용하여야만 한다. 따라서 이사회의 경영감시 기능 회복을 통하여 우리나라의 기업관행을 시정하고 기업경영의 투명성을 확보하는 것은 매우 중요한 과제라고 할 수 있다. 이와 같이 우리나라는 IMF관리체제 하에서 재벌총수 중심의 기업지배구조를 개혁하고 이사회를 개혁하여 경영의 투명성을 확보하기 위한 방안으로 사외이사제도를 도입하게 되었다.

이사회는 회사의 업무집행에 대한 의사결정권을 가지며, 이사는 직무집행에 대한 감시·감독권을 가진다. 그동안 우리나라 대다수의 대기업에서는 기업오너인 총수가 경영의 감시·감독기관인 이사회를 장악하여 이사회를 지휘하고 통제하여 기업경영을 독점했다. 즉 우리나라의 기업경영실상을 보면 이사선임과정의 객관성결여, 이사회의 형해화, 재벌총수나 지배주주의 전횡적 경영 등으로 경영의 투명성이 확보될 수 없는 구조이다. 따라서 이사회의 본래적 기능이 마비되어 비효율적이고 무리한 투자를 감행하는 등 불투명한 기업경영으로 많은 문제점이 나타나게 되었다. 또한 감사의 경우도 기업의 총수와 밀접한 관련이 있는 해당기업의 이사였거나, 이해관계인을 선임하는 경우가 빈번하였고, 기업오너 등 지배주주가 다수의 지분을 가지고 자신의 이해관계에 따라 감사를 임의적으로 선임하여 감사기능의 본질인 이사의 직무집행 및 회계에 대한 감사기능을 제대로 수행하지 못하고 있다.

이러한 관점에서 이사회가 이러한 비효율적 경영과 폐단을 방지하고 이사회의 경영감독기능을 회복하여 건전한 기업경영을 도모하고 업무집행의 전문성을 제고하기 위한 시도의 하나로서 사외이사제도가 도입된 것이다.

사외이사제도는 전문성과 독립성을 바탕으로 기업경영의 투명성을 확보하고 경영에 있어 조언이나 자문기능을 담당할 수 있는 긍정적 기능이 있다. 이러한 긍정적 기능을 살려 이사회의 활성화와 함께 기업경영에 관한 의사결정과 경영진의 업무집행에 대한 감시·감독기능을 활성화 하여 경영진이 선량한 관리자의 의무를 다하도록 하여 투자자인 주주의 이익을 극대화하고 궁극적으로는 기업의 건전한 발전을 도모하여야 한다. 특히 기업의 사회적 책임(회계의 투명성, 윤리경영 등)이 강조되고 있는 이 시점에서 사외이사제도의 올바른 정착은 우리나라 기업을 국제화하고 선진화하는데 있어 촉매제가 된다고 생각한다. 사외이사의 주요기능을 살펴보면 다음과 같다.

1) 경영진 감독·감시기능

사외이사는 이사회를 통해 대표이사나 업무담당이사인 사내이사, 즉 경영진을 감독·감시함으로써 그 업무집행의 적법성과 타당성을 확보하는 기능을 수행한다. 이는 독립적인 사외이사를 이사회 내지는 감사위원회 구성원으로 참여시켜, 형식적 기관으로 전락한 이사회를 활성화시킴으로써 대표이사를 비롯한 업무담당이사를 적절하게 견제·통제하자는 것이다. 또한 사외이사의 감독기능은 성실성 감독과 효율성 감독을 포함한다. 즉 성실성 감독은 경영진과 회사와의 이해가 충돌되는 경우에 경영진이 회사의 이익을 위하여 얼마나 성실하게 행동하는 가에 대한 감독을 일컫고, 효율성 감독은 경영진이 주주들의 이익을 극대화하는 최선의 노력을 다하는가에 대한 감독을 말한다. 사외이사는 이러한 감독을 통하여 경영진이 회사와 일반 주주의 이익을 위하여 최선을 다하도록 유도할 수 있다.

종래 사내이사만으로 구성된 이사회는 대표이사 등 경영진을 현실적으로 감독할 수 없었으므로 경영진으로부터 독립된 사외이사를 이사회에 참여시킴으로써 경영진의 업무집행을 실효성 있게 감독할 수 있게 될 것이다. 따라서 사외이사에게 요구되는 가장 중요한 역할은 경영진의 감시·감독기능이라고 볼 수 있다.

2) 자문 기능

사외이사는 자신의 특별한 전문적 지식, 경험을 바탕으로 선임되는 것이 일반적이므로 이사회에 대해 조언과 권고를 하고 기업의 경영통제 장치로서 경영악화에 대비하여 최고경영자의 의견이나 결심을 재검토하게 하여 기업의 미래에 대한 투자 전략에 대한 자문역할을 한다. 이러한 사외이사의 기능은 이사회의 정책결정의 수준을 향상시킬 수 있고, 회사의 현안을 객관적으로 판단하도록 한다. 사내이사는 업무집행책임 때문에 특정 주주, 경영자나 다른 이해관계집단의 이익을 앞세우기 쉽지만, 사외이사는 객관적인 입장에서 이사회의 현안문제에 올바른 판단을 할 것을 기대할 수 있다. 즉 사외이사는 회사의 사업전략을 수립하는데 있어 전문적 지식, 경험, 기술을 제공하기도 하고 이익충돌이 발생할 수 있는 문제에 관하여도 어느 쪽에도 치우치지 않는 공정한 의견을 제시하여 기업의 미래에 대한 올바른 방향을 정립하여 기업과 주주들의 이익을 다 같이 향상시킬 수 있게 한다.

3) 견제적·대체적 기능

사외이사는 적시에 의견을 제시하여 사장의 적정한 업무집행을 돕는 견제적·수동적 기능을 담당하고 회사의 긴급사태시 구원자로 투입되어 중요한 정책결정을 담당하기도 한다. 예컨대, 사장이 갑자기 사망하여 회사의 후계구도가 문제 될 때, 일시적으로 사장의 지위에 취임하여 회사 내의 세력다툼에 의한 분쟁을 예방하고 지배구조를 정상화시키는 기능을 담당하기도 한다. 또한 회사의 업무집행 임원이 현저한 위법행위를 저지른 경우에 적절한 조치를 통하여 회사의 명성을 유지하고 회사를 정상궤도에 올리는 역할을 담당할 수도 있다.

4) 이사회 활성화기능

상법상 이사회는 회사의 업무집행에 관한 의사 결정권과 이사의 직무 집행에 대한 감독권을 갖는다. 특히 이사회의 핵심 기능은 각 이사가 주주를 대신하여 경영진을 감독하고, 이사회 안에서의 활발한 토론을 통하여 다양한 이해관계자들의 의견을 반영하여 경영에 대한 전문지식을 경영진에게 제공하는 것이다. 이것은 사내이사가 아닌 사외이사가 그들이 가진 전문지식과 폭넓은 경험을 발휘하여 이사회의 합리적인 의사결정에 기여 하게 될 때 가능한 것이다. 이와 같이 사외이사는 종래의 사내이사로 인한 이사회 기능의 형해화를 개선하여 이사회를 활성화시키는 역할을 하게 된다.

현행 사외이사제도는 원래의 도입취지와 다르게 운영되는 실정이므로 사외이사제도의 문제점을 개선하여 사외이사의 독립성과 효율성을 확보할 수 있는 방안들을 모색할 필요가 있다. 그 방안은 대체로 다음과 같이 정리할 수 있다.

첫째, 사외이사제도를 도입하였다고 하여 회사경영의 투명성이 담보되는 것은 아니기 때문에 사외이사제도를 활성화하기 위하여는 먼저 업무집행기관과 감독기관을 분리하여 사외이사를 감독기관 및 감사기관에 참여시키는 토양이 마련될 수 있는 기업지배구조를 정립할 필요가 있다. 둘째, 상법을 비롯한 관련법령에서는 독립적 사외이사를 선임할 수 있는 자격요건을 명시적으로 규정하고 있으나, 실제로 사외이사로 선임 되는 경우를 보면, 회사의 전직 계열사임원 또는 지배주주와 지연과 학연 등으로 얽혀진 비독립적인 인사들이 많다. 따라서 당해 회사 및 계열회사의 임직원이었거나 중요거래관계가 있는 법인의 임직원이었던 자가 사외이사로 선임되는 것을 금지하는 냉각기간을 연장하고 대주주나 경영진으로부터 독립된 추천기관이 사외이사를 추천하도록 하여 사외이사후보의 자격을 더욱 강화할 필요가 있다. 셋째, 사외이사 선임의 독립성을 확보하는 방안을 사외이사 후보 추천과정에서 인력풀이 보다 원활하게 활용될 수 있도록 노력하여야 한다. 즉, 사외이사의 인력풀에 있어서 공익성과 공공성을 고려하여 사외이사 인력뱅크이외에 상장회사협의회, 코스탁상장회사법인회, 기타 비영리 증권유관기관 등이 운영주체가 될 수 있도록 제도를 정비할 필요가 있다. 넷째, 사외이사의 독립성을 확보하기 위하여는 선임과정에서 투자자의 감시를 위한 공시가 강화될 필요가 있다. 즉, 사외이사 선임을 위한 주주총회 소집통지서에는 최대주주와의 관계를 비롯하여 경영진과의 관계, 추천사유등을 보다 상세히 공시할 필요가 있다. 다섯째, 이사회의 감독기능을 활성화 하고 사외이사제도를 보완하기 위하여는 개정상법(회사편 제408조의 2 ~ 제408조의9)이 채택한 미국식 집행임원제도를 도입하여 업무집행은 집행임원에게 맡기고 이사회는 중요한 전략적의사결정과 업무집행에 대한 경영감독기능만을 담당시켜 업무집행과 경영감독을 제도적으로 분리할 필요가 있다. 여섯째, 현재 상장법인의 사외이사에 대한 지원조직은 매우 미미한 상태이므로 회의 안건의 의사결정에 관한 경영정보파악을 위해 사외이사를 보좌할 수 있는 조직의 설치와 공시를 강화하고 각 기업은 사외이사에게 매월 또는 일정분기별로 회사의 중요한 경영정보를 제공하고 사외이사에게 회사의 경영상황, 경영전략, 영업현황, 이사 직무수행규정등에 대한 정기적인 교육을 통하여 사외이사의 전문성을 제고하여야 할 것이다. 일곱째, 이사가 업무를 수행함에 있어 발생할 수 있는 위험과 불필요한 소송으로부터 이사를 보호하고 유능한 경영자를 영입하여 보다 적극적인 경영을 할 수 있도록 하기 위하여는 개정상법 제400조 제2항(이사의 회사에 대한 책임)이 채택한 바와 같이 사외이사의 책임을 정관이 정하는 바에 따라 그 행위를 한 날 이전 최근 1년간의 보수액이 3배를 초과하는 금액에 대하여 면제할 수 있도록 규정할 필요가 있다. 여덟째, 사외이사가 본래의 기능을 효율성있게 수행하기 위하여는 이사회 의장과 대표집행임원을 원칙적으로 분리하여 이사회의장은 원칙적으로 사외이사가 담당하도록 하고, 사외이사의 수를 5인 이상으로 확대하되 사외이사의 연속 재임기간을 최대 5년으로 제한하는 방안 등을 검토할 필요가 있다. 아홉째, 사외이사는 과다한 책임에 비하여 보상은 상대적으로 낮은 수준으로 인센티브 시스템이 미흡하므로 사외이사의 책임을 제한 또는 경감할 수 있도록 제도적 장치를 마련하고 임원배상책임보험을 현실화하여 적극 활용할 수 있도록 하며 「경영판단의 원칙」을 적용하여 사외이사의 책임을 제한할 필요가 있다.

끝으로, 미국식 사외이사 제도가 글로벌 스탠다드로 자리잡는 현실에서 각 기업들은 사외이사를 회사에 도움이 되는 건전한 감시자로 인식하고 회사경쟁력 제고를 위하여 유능한 사외이사를 선임하여 회사의 발전에 기여할 수 있도록 하고, 타사의 CEO를 사외이사로 활용함과 아울러 외국인 사외이사의 선임도 확대할 필요가 있다고 본다.

감사 및 감사위원회 제도의 개선방안

주식회사의 지배구조에 있어서 감사제도는 우리나라 상법의 개정 역사에 있어 가장 중요한 논제중의 하나였다고 생각된다. 기업경영의 불투명성과 기업지배구조의 후진성이 IMF경제위기 사태를 초래한 중요한 단초가 되었다는 지적이 있은 지 벌써 10년이 지났다. 현시점에서 지난 몇 년에 걸쳐서 이루어졌던 기업경영 투명성과 지배구조 개선작업의 일환이었던 감사제도가 원래의 의도대로 제대로 작동하고 있는가를 점검해 보는 것은 꼭 필요한 작업이라고 생각된다.

우리나라는 감사제도와 함께 미국식감사위원회를 도입하였고 일정한 규모의 금융기관의 경우에는 미국식 준법감시인(compliance officer)의 설치가 의무화되기도 하였다. 현행 상법 체계상 기업경영에 대한 내부적 감독 및 감사기관은 2가지로 되어있다. 즉 이사의 직무집행에 대한 감독기관으로서의 이사회와 이사의 직무집행에 대한 감사기관으로서의 감사 및 감사 위원회가 그것이다.

감사제도에 관한 외국의 입법례로는 ① 이사회의 과반 수 이상을 독립된 사외이사(outside director)로 구성하고 사외이사로 구성되는 감사위원회(audit committee)를 설치·운영하는 방식(미국), ② 3인 이상의 감사로 감사회(Aufsichtsrat)를 설치·운영하는 방식(독일), ③ 사외감사와 감사회를 활용하는 방식(일본) 등이 있다.

현행 상법은 1999년 개정에 따라 미국식의 감사위원회를 회사의 선택에 따라서 도입함으로써 주식회사는 이사회 내 위원회의 하나인 감사위원회 제도를 감사에 갈음하여 채택할 수 있으며, 감사위원회는 3인 이상의 이사로 구성하고 3분의 2 이상은 사외이사로 선임하도록 규정하고 있다(상법 제415조의 2). 따라서 이러한 감사위원회란 감사에 갈음하여 이사의 업무집행과 회계를 감사할 권한을 가진 이사회 내 위원회의 하나인 필요상설기관이라고 볼 수 있다. 이러한 감사위원회는 합의체의 의결기관인 점에서 감사가 수인이 있는 경우와 구별된다.

감사제도가 그 본래의 목적에 따라 효율적으로 작동하기 위해서는 기존의 제도들의 문제점을 파악하여 감사와 감사위원회가 그 소정의 역할을 다 할 수 있도록 체제를 정비해야 할 것이다. 특히 법정의 감사기관인 감사 및 감사위원회와 내부 감독기관(이사회) 간의 관계설정 및 역할 분담의 문제 그리고 법정감사기관과 내부통제기구 간의 관계설정 및 역할 분담 문제를 명확히 검토하여야 할 것이다.

이를 위해서는 현행 상법이 일괄하여 회사로 하여금 기존의 감사와 감사위원회를 선택하도록 하거나 또는 일정한 규모의 회사로 하여금 감사위원회의 설치를 의무화 한 것이 감사제도 본래의 취지를 훼손하는 측면은 없는가 하는 점을 점검해야 할 것이다.

이 밖에도 효과적인 감사위원회를 위해서는 감사위원회를 대표하는 위원장이 주주총회에서 감사위원회의 연간 활동사항에 대하여 보고하도록 하여 투자자들이 감사위원회의 활동사항을 객관적으로 평가할 수 있는 제도적 장치가 마련되어야 할 것이다. 따라서 기업이 자율적으로 회사정관에 감사위원회의 기능, 회의개최횟수 등 운영에 관한 사항을 규정하도록 하고 상장기업의 경우 관계법령에 감사위원회의 운영에 관한 최소한의 규정을 마련할 필요가 있다. 또한 감사위원회와 외부감사인은 회사의 내부통제제도에 관하여 의견을 교환하여 개선안을 모색하도록 하고, 외부감사인의 감사가 완료된 후에 외부감사인과 경영진간의 특정회계처리에 관하여 의견이 일치되지 않을 경우 외부감사인과 감사위원회가 의견교환을 하여 조정하는 역할을 하도록 해야 할 것이다.

아울러 현행법상 감사 및 감사위원회의 독립성 및 전문성 제고를 위한 제도적 장치가 중요하다고 생각되는 바, 일정 규모 이상의 상장회사에 대해서만 인정되는 상근 감사의 채택의무를 확대하여 모든 상장회사에 대하여 상근감사제도의 채택을 의무화 하는 방안을 고려해 보아야 할 것이다. 또한 외부감사와 내부감사, 내부통제기구간의 개념정립을 확실히 하여 혼동을 방지하고 회사의 규모와 기준을 고려하여 감사부속기구의 설치를 의무화 하는 방안도 검토할 필요가 있다. 끝으로 법정감사기능과 내부감사기능과의 효율적 업무 분담과 협조체계를 구축하기 위하여 각 체계별 직무 범위를 명확히 하여 이사회 및 경영진은 내부통제기능을 전담·감독하도록 하고 법정감사기관은 업무감사권과 회계감사권을 확실히 행사하도록 하여야 한다. 경영진의 내부통제기능과 법정감사기관의 감사기능 간의 역할 분담과 기능의 상호순환체계가 원만하게 구축되어질 때에 우리나라의 감사제도는 그 본래의 목적에 합당한 제도로 자리 잡게 될 것이다.

오늘날 정보기술의 발전과 국제회계기준의 확립은 자본시장의 국제적 통합을 가속화 시키고 있다. 투자자는 국경을 초월한 투자대상기업을 물색하고 있고, 기업은 국제적 자본시장에서 필요한 자금을 조달할 수 있게 되었다. 현행 주식회사제도는 완전히 성숙한 체제가 아닌 불완전한 모습을 지니고 있고 이에 따라 완전무결한 감사제도를 마련한다는 것이 쉬운 일은 아닐 것이다. 그러나 이러한 글로벌 경제시대에서는 투자자의 신뢰를 받을 수 있는 지배구조를 필연적으로 구축하여만 한다. 현행법상 감사위원회의 설치가 강제되는 대규모 상장회사를 제외한 일반회사의 경우에 어떠한 제도를 선택할 것인가는 회사의 자유이다. 종래의 감사제도를 유지하고 있는 회사의 경우 과연 투자자의 신뢰를 얻을 수 있는 제도적 장치가 되어 있는가를 점검할 필요가 있다고 생각된다. 감사위원회제도는 종래의 감사제도가 그 기능을 발휘하지 못하고 있다는 전제하에서 도입 되었으나 종래의 감사제도를 완전히 폐지하고 감사위원회제도를 획일적으로 모든 기업에 확대하는 것은 신중한 검토가 요구된다고 하겠다.

회사의 지배구조는 기업의 업종이나 규모 그리고 기업활동의 영역 등 여러 가지 요소를 고려하여 기업이 선택하도록 하는 것이 합리적이라고 생각한다. 감사 및 감사위원회제도가 효율적으로 운영되기 위하여는 기업규모를 불문하고 획일적인 감사제도를 강요할 것이 아니라 법적, 제도적 개선을 통하여 각 기업의 규모에 적합한 감사제도가 마련될 수 있도록 지혜를 모아야 할 것이다.

스튜어드십 코드의 도입방향

기관투자자의 의결권 행사를 적극적으로 유도하기 위한 스튜어드십 코드가 제정되어 2016년 12월 19일 공표되었다. 스튜어드십 코드는 연기금, 보험사, 자산운용사 등 기관투자자들이 기업의 의사결정에 적극 참여해 주주로서의 역할을 충실히 수행하고 위탁받은 자금의 주인인 국민이나 고객에게 이를 투명하게 보고하도록 하는 일종의 가이드라인이다. 한국지배구조원에 따르면, 현재 스튜어드십 코드 참여기관을 선언한 곳은 36개사인데, 연기금, 공제회는 아직 없고 자산 소유자로 위탁 운용사 선정과 관리 권한이 있는 보험사도 소극적이다. 현재 우리나라 스튜어드십 코드 참여기관은 1호인 JKL 파트너스(5월 24일)를 비롯해 이상파트너스(6월 7일), 스틱인베스트먼트(6월 8일) 등 총 3곳으로 나타났다. 이 3곳은 모두 국내 사모펀드(PEF)이다. 한편, 지금까지 기관 투자사가 스튜어드십 코드 도입을 망설인 가장 큰 이유는 지분보유 공시의무, 이른바 '5% 룰' 때문이었다고 한다.(5%룰은 5%이상 보유자가 주주제안권이나 임시주총을 소집하는 경우 '회사나 그 임원에 대한 사실상 영향력의 행사' 즉 경영참여로 간주한다.) 5%룰을 지키려면 매매 종목을 수시로 공개해야 하는데, 자산운용전략을 그대로 노출시킨다는 지적이 있었기 때문이다. 그런데 금융위원회와 한국기업지배구조원이 지난 6월 8일 배포한 스튜어드십 코드 관련 법령 해석집과 해설서에서 주식을 대량 보유한 기관 투자사의 공시부담을 줄여주는 내용을 담고 있다. 즉, 현재 자본 시장법 시행령에 경영참여를 목적으로 하는 기관 투자사의 경우, 5% 이상 보유중인 종목을 1% 포인트 이상 거래하면 5 영업일 이내에 보고한다고 규정되어 있으나, 이번에 배포된 금융위 법령 해석집에는 특정 상장사의 지분을 5% 이상 보유해도 경영참여 목적이 아니라면 지분 변동이 있던 달의 다음달 10일까지만 보고하도록 부담을 경감하였다.

스튜어드십 코드는 '해당기업이 싫으면 주식을 팔고 떠나면 된다'는 소위 월스트리트 룰(Wallstreet Rule)과 달리 기업지배구조와 주주정책 개선을 위해 지속적으로 대화와 점검을 한다는 원칙이다. 소극적이고 내성적인 투자의 시대가 가고, 적극적이고 투명한 투자의 시대가 오는 것이다. 전문가들은 스튜어드십 코드가 본 궤도에 오르면 저배당, 취약한 지배구조로 대표되는 코리아 디스카운트(Korea Discount; 한국적 상황으로 인해 주가가 상대적으로 낮게 평가받는 현상)를 일정부분 완화하면서 한국 증시가 재 평가받는 계기가 될 것으로 보고 있다. 스튜어드십 코드는 2010년 영국을 시작으로 캐나다, 스위스, 일본, 홍콩, 싱가포르 등 이미 10여개 국가가 도입한 바 있다. 우리나라도 금융위원회가 중심이 되어 2015년 3월 스튜어드십 코드 제정위원회가 출범한 이후 1년 9개월에 걸쳐 논의가 진행된 끝에 2016년 12월 19일에 공개되어 공표된 원칙안은 2015년 12월 나온 초안의 틀은 유지한 채 일부 문구 조정을 거친 것이다.

제정안은 기관투자자의 수탁자 책임에 관한 원칙으로 ① 수탁자 책임 정책 공개, ② 이해상충 방지정책 공개, ③ 투자대상회사에 대한 지속적 점검, ④ 수탁자 책임 활동 수행에 관한 내부지침 마련, ⑤ 의결권 정책, 의결권 행사 내역과 사유 공개, ⑥ 의결권 행사, 수탁자 책임 이행 활동 보고, ⑦ 수탁자 책임의 효과적 이행을 위한 역량·전문성 확보 등 7가지를 제시하고 있다. 즉, 기관투자자의 수탁자 책임에 관한 7개 항목의 내용을 구체적으로 보면 다음과 같이 되어 있다.

① 기관투자자는 고객, 수익자 등 타인 자산의 관리자·수탁자로서 책임을 충실히 이행하기 위한 명확한 정책을 마련해 공개해야 한다.(수탁자 책임 이행 위한 정책 마련 공개)

② 기관투자자는 수탁자로서 책임을 이행하는 과정에서 실제 직면하거나 직면할 가능성이 있는 이해상충 문제를 어떻게 해결할지에 관해 효과적이고 명확한 정책을 마련하고 그 내용을 공개해야 한다.(이해 상충 해결을 위한 정책 마련 공개)

③ 기관투자자는 중장기적인 회사가치, 그에 따른 투자자산 가치

의 보존·증진을 도모할 수 있도록 투자 대상 회사를 주기적으로 점검해야 한다.(투자 대상회사 중장기 가치 제고위한 주기적 점검)

④ 기관투자자는 투자 대상 회사와 공감대 형성을 지향하되, 필요한 경우 수탁자 책임 이행을 위한 활동 전개 시기와 절차, 방법에 관한 내부 지침을 마련해야 한다.(수탁자 책임이행 위한 내부 지침 마련)

⑤ 기관투자자는 충실한 의결권 행사를 위한 지침·절차·세부기준을 포함한 의결권 정책을 마련해 공개해야 하며, 의결권 행사의 적정성을 파악할 수 있도록 의결권 행사 내역과 각 경우의 사유 역시 공개해야 한다.(충실한 의결권 행사 및 행사시 내역과 사유 공개)

⑥ 기관투자자는 의결권 행사와 수탁자 책임 이행 활동에 관해 고객과 수익자에게 주기적으로 보고해야 한다.(이행 활동을 고객과 수익자에게 주기적 보고)

⑦ 기관투자자는 수탁자 책임의 적극적이고 효과적인 이행을 위해 필요한 역량과 전문성을 갖추어야 한다.(수탁자 책임이행 위한 역량과 전문성 확보)

이러한 스튜어드십 코드는 연성규범으로서 주주활동에 있어 무임승차 문제를 완화하여 기업지배구조를 개선하고자 하는 현행법의 한계를 보완해주는 의미가 있다고 할 수 있다. 다만, 법상의 특례조항 및 해석 등의 가이드라인을 마련해 기존 법제도와 상충될 가능성을 최소화하기 위한 정책당국 차원의 노력과 점검이 필요할 것이다. 이와 관련하여 재계(정우용 상장회사협의회 전무)에서는 '기관투자자의 활동이 경영에 대한 간섭으로 이어지면 곤란하다면서 기관투자자의 적극적 관여가 활성화될 경우 기관투자자들 중 일부는 경영진과 소통할 때 대중이 모르게 사적으로 우려와 비판을 전달하는 방식을 선호할 가능성이 높다면서 의결권 자문기관의 영향력이 확대되는 만큼 의결권 자문기관에 대한 규제를 신설해야 한다'고 주장하고 있다. (파이낸셜뉴스 2016년 12월 6일 화요일 16면 증권) 참조.

주식회사의 주주가 회사에 대해 갖는 지위를 주주권이라고 하며 이를 근거로 주주는 회사에 대해 여러 가지 권리를 행사할 수 있다. 우리나라의 경우에는 상법 및 자본시장과 금융투자업에 관한 법률(자본시장법)에서 주주의 주주권을 보장하고 있다. 이 가운데 국민연금기금이 요구받고 있는 주주권 행사는 법적인 의미에서 주로 소수주주권과 관련되어 있으며, 소수주주권에는 의결권, 대표소송 제기권, 증권관련 집단소송, 주주제안권 등이 포함된다. 참고로 한국지배구조원이 2013년과 2014년 상반기에 개최된 유가증권시장 상장회사 정기주주총회 안건에 대한 민간 기관투자자(2013년 84개사, 2014년 82개사)의 의결권 행사 공시내역을 분석한 결과에 의하면, 경영진이 제안한 안건에 1건이라도 반대한 기관투자자는 2013년에는 84개사 중 20개사, 2014년에는 82개사 중 22개사에 불과하고, 2015년에는 자산운용사 중 52.5%, 보험사 92%가 아무런 반대 의사표현을 하지 않은 것으로 나타나고 있다. 이러한 결과는 국내 민간 기관투자자들이 투자기업의 주주총회 개최 시 그 의결권 행사에 매우 소극적이라는 사실을 새삼 확인시켜 주고 있다.

국민연금기금의 주주권행사와 관련하여 주주권을 적극적으로 행사해야 한다는 견해와 주주권의 행사에 신중을 기해야한다는 견해가 대립되고 있다. 즉, 적극적 행사를 주장하는 견해는 대체로 주주권 행사가 열악한 기업지배구조를 개선하고 장기 투자자인 국민연금기금의 가치를 높일 수 있는 방법이라고 주장하고 있고, 신중한 주주권 행사를 주장하는 견해는 국민연금기금의 주주권 행사가 정부로부터 완전히 독립하지 못한 상태에서 이루어지기 때문에 정부의 영향력이 기업에게 미칠 수 있다는 우려를 이유로 들고 있다. 국민연금기금의 주주권 행사에 정부와 정치권이 개입하게 되면 기업경영의 자율성을 침해할 가능성이 크다. 따라서 국민연금기금의 지배구조가 독립적인 상태로 유지될 수 있도록 하는 조치가 선결되어야 한다고 본다.

국민연금과 국민연금 위탁운용사들의 적극적이고 독립적이며 공정한 의결권 행사를 유도하기 위해서는 공신력과 전문성을 갖춘 주총의안 분석기관의 서비스를 활용할 필요가 있으며, 이러한 공정성과 신뢰성을 갖춘 독립적 전문 기관에서 객관적이고 전문적인 주총의안 분석을 수행하여 국민연금을 비롯한 기관투자자들에게 제대로 된 서비스를 제공한다면 국민연금의 기금가치를 제고하고, 국내기업의 지배구조 개선에도 일조할 수 있다고 본다.

스튜어드십 코드와 관련해 간과하지 말아야 할 점은 제도 도입 자체보다는 사후 점검이 더 중요하다는 점이다. "스튜어드십 코드는 기관 투자가들이 채택 가능한 코드를 뽑아서 쓰는 형태이기 때문에 도입 자체가 어려운 것이 아니라 코드를 잘 이행하고 있는지 점검하는 것이 필요하다"라는 것이 전문가들의 견해이다. 참고로 스튜어드십 코드의 원조인 영국에서는 준 공적기관 성격의 재무보고위원회(FRC)가 작년부터 개별 기관 투자가들에 대한 코드 이행 평가 결과를 공개하고 있다. 우리나라도 향후 코드 이행을 점검할 제 3의 중립적인 독립 기관이 필요하다.

임원의 보수의 규제방향

임원의 보수는 회사업무수행에 대한 대가로 지급되는 것이므로, 회사의 업무수행에 적합한 합리적인 범위 내에서 책정되어야 하고, 회사의 재무적인 상황도 고려하여 적정성이 유지되어야 한다. 따라서 임원의 업적이나 회사의 재무 상태에 견주어 보아 과도한 임원의 보수의 책정은 회사의 자본충실을 해하게 되고 주주는 물론 회사채권자에게 손실을 안겨주게 될 염려가 있다.

우리나라 현행 상법 제388조에 의하면 임원(이사)의 보수는 정관 또는 주주총회의 결의를 통해서 정할 수 있으나, 임원의 보수의 종류를 확실하게 구분하여 정하고 있지 않고, 개별임원이 아닌 임원 전원에 대한 보수총액만 정하면 된다. 정관 또는 주주총회에서 한 번 임원의 보수액을 정한 이상 변경 할 때까지는 모든 정기총회에서 일일이 결의할 필요는 없고, 주주총회에서 이사의 보수의 구체적 분배에 관한 결정을 위임 받은 이사회가 그 분배의 집행에 관하여 대표이사에게 위임하는 것도 가능하다고 본다. 실제로 우리나라의 대부분의 상장회사는 정관 또는 주주총회의 결의로 이사 전원의 보수의 합계액의 상한액만을 정하고 그 구체적인 배분의 결정을 이사회에 위임하고 몇 년이 지나서 그 상한액에 근접하게 되면 주주총회에서 그 증액 제안을 하여 승인하는 형식을 취하고 있다. 그러나 아무리 회사의 정관이나 주주총회의 결의로 임원의 보수를 책정했다 하더라도 그 책정된 보수액 자체가 과다하다고 인정될 경우에는 그러한 회사의 정관규정 및 주주총회의 결의는 자본충실의 원칙에 위반되는 것으로서 무효라고 보아야 할 것이다. 또한 정관이나 주주총회의 결의를 통하여 이사회에 임원의 보수집행을 위임하였더라도 임원의 보수 결정이 적정성을 결여 하였다면 그 이사회의 결의도 무효로 보아야 한다.

임원의 보수수준이나 적정성 등은 기업규모, 업종, 기업문화, 경제환경 등 기업의 대내외적 상황에 따라 영향을 받게 된다. 보다 중요한 문제는 임원의 보수를 산출한 근거와 주체 및 과정, 즉 임원보수 산출기준을 충실히 반영한 제반 관련사항을 명확히 구체적으로 공시하는 것이다.

2013년 5월 「자본시장과 금융투자업에 관한 법률」(이하 자본시장법)이 개정되면서 연봉 5억 원 이상의 임원에 대한 보수공개가 2014년 처음으로 시행되었다. 그러나 임원보수의 공시에 대해서는 자본시장법이 개정될 때부터 찬성과 반대의 입장이 극명하게 대립되면서 계속 논란이 되어 왔고, 이와 관련한 새로운 쟁점이 제기되면서 관련법 개정을 위한 논의가 계속 되고 있다.

임원의 보수 수준이나 적정성 등은 기업 규모, 업종, 기업 문화, 경제 환경등 기업의 대내외 상황에 따라 다를 수 있다고 본다. 임원의 보수문제를 논함에 있어 더 중요한 것은 해당 보수를 산출한 근거와 주체 및 과정, 즉 보수와 관련된 구체적 상황이 담긴 내부 기준을 마련하고 해당 기준을 충실히 반영한 보수 산출 관련 사항을 구체적으로 공시하는 것이라고 생각된다.

우리나라는 5억 원 이상 등기임원의 보수 공개 2년차인 금년에 해당 임원의 보수 산출근거와 산정기준을 공시하도록 규정과 서식을 개정하였다. 즉 이번 서식 규정은 2014년 임원 개인별 보수 공시의 시행에서 나타난 문제점을 반영한 것으로 보수 항목별 산정기준 및 방법을 구분하여 기재하고, 특히 상여항목의 경우 회사가 실제로 적용하고 있는 산정 근거, 산정 항목, 산출 과정 등을 각각 구분하여 기재하도록 구체적 예시를 담음으로써 성과와 보수의 연계성 파악 측면에서 진일보한 측면이 있다고 볼 수 있다. 그러나 우리나라의 경우 임원보수의 규제와 공시문제에 있어서 앞서 살펴본 선진국의 입법례와 비교하여 볼 때 아직도 미흡한 점이 많다. 먼저 '5억 원 이상 등기 임원'이라는 법적 기준은 일부러 등기임원직을 사퇴하고 회사를 지배하려는 일부 경영진의 문제에서도 볼 수 있듯이 논란의 여지가 있다. 2014년의 경우 1700여개의 상장회사 중 임원 개인별 보수 공시를 한 회사는 30% 수준인 501개 회사에 불과했고 나머지 70%의 상장회사는 여전히 외부 감시의 사각지대에 놓여있다고 할 수 있다. 또한 현행 제도 하에서는 보수 공시 요건에 해당되는 일부 기업만 임원보수의 산정근거와 산출방식 등을 공시할 뿐 그 외 대다수 상장기업의 공시 현황을 살펴보면 형식적인 공시 행태를 보이고 있는 실정이다.

이러한 한계점을 보완하기 위해서는 단순히 전년도 실적에 대비한 계량지표만을 예시할 것이 아니라, 먼저 임원의 보수정책을 공개하고 성과평가를 위한 경영 목표치가 합리적으로 설정되었는지, 장기성과에 연동되어 있는지의 여부도 예시할 필요가 있다. 또한 보수금액과 산정기준 등을 조정하여 단계별로 적용 대상을 확대하는 방안을 마련할 필요가 있다. 특히 CEO(최고경영자)와 CFO(최고재무책임자)의 보수 공시는 그들이 경영상 주요 의사결정을 한다는 점에서 보수공개의 당위성을 찾을 수 있는데 특히 미국(Regulation S-K, Item 402)의 경우 CEO와 CFO 등 보수 총액 상위 5인 임원의 연도별 상세보수내역과 금액(급여, 상여금, 주식형급여, 주식매수선택권, 비자산형 상여금, 이연보수, 기타보수 등으로 세분화 되어 있음) 및 산정 근거 등을 구체적으로 공시하도록 의무화 하고 있다. 우리나라도 등기임원 이외에 CEO, CFO는 물론 그 밖에 보수 총액 기준 상위 3인에 대해 전 상장기업이 보수액의 산출근거와 산정방식에 관한 내부 규정을 마련하여 공시하도록 제도를 개선하여야 할 것이다. 아울러 임원보수의 공시서식 서술 방식이나 기준 등을 더욱 명확히 규정하고 보완할 필요가 있다.

이와 같은 임원 보수의 충실한 공시를 위한 정보공개 수준을 강화 하는 등 제반노력을 계속적으로 기울여 나갈 때 현재 현안으로 대두되고 있는 임원 성과 및 보수의 적정성에 관한 논란을 잠재울 수 있을 것이다.

집행임원제도

우리나라는 1962년 상법이 제정된 이래 50여년 가까운 세월이 흐르는 동안 여러 차례의 상법개정작업이 이루어졌고, 특히 IMF 외환위기 이후에는 기업의 지배구조개선에 초점을 맞춘 상법개정 노력이 꾸준히 전개되어왔다. 이와 관련하여 최근의 우리나라의 상법 개정경과를 살펴보면, 먼저 2009년에는 종전의 증권거래법, 선물거래법, 간접투자자산운용업법, 신탁업법, 종합금융회사에 관한 법률, 한국증권선물거래소법 등 6개의 중요한 법률이 통합된 「자본시장과 금융투자업에 관한 법률」(약칭 자본시장법, 2007년 8월 3일 법률 제8635호로 공포되어 1년 6개월이 경과한 2009년 2월 4일부터 시행됨)이 새롭게 탄생되었고 이어서 우여곡절 끝에 사외이사 및 상장회사에 대한 특례를 규정한 상법 일부 개정법률(법률 제9362호)이 2009년 1월 30

일 공포되어 2009년 2월 4일부터 시행되게 되었다.

곧 이어, 창업절차를 간소화하고 기업경영의 IT화 지원내용을 담은 상법일부개정법률(법률 제9746호)이 2009년 5월 28일 공포되었다.

법무부는 회사법개정작업에 특히 관심을 기울여 상법(회사편)개정특별분과위원회를 구성하여 2006년 10월 4일 상법개정시안을 입법예고하고 2007년 9월 20일 국회로 상법(회사편)개정안을 이송하였으나, 17대 국회가 회기만료되면서 이 법안은 자동폐기 되었고 이어 2008년 5월 27일 법무부는 다시 회사법개정안을 입법예고하고 2008년 10월 21일 국회에 제출하였다.

우리 상법은 이원적 이사회체제를 취하는 미국식의 이사회제도를 도입하여 이사회로 하여금 업무집행기능과 경영감독기능을 겸하게 하고 있다. 우리나라에서는 주식회사의 지배구조의 선진화·국제화를 도모하기 위하여 계속적인 노력을 전개하여 왔으며 이사회의 감독기능을 강화하기 위하여 감사위원회제도, 이사회 내 위원회제도, 사외이사제도 등을 속속 도입하였으나 그 효율적인 기능을 발휘하지 못하는 것으로 평가되고 있다. 또한 집행임원제도에 대해서는 현행법상 명시적인 규정이 없어 그 법적 성격 및 지위에 대하여 논란이 있었으며, 집행임원제도를 도입한 일부 금융기관 등에서는 이 제도를 둘러싼 법적 쟁송에 휘말리고 있고 우리나라 대법원에서는 집행임원의 법적지위를 부정하고 있다. 한편, 경영실무에서는 많은 기업들은 미등기이사를 임원 혹은 집행임원이라는 명칭으로 적극 활용하고 있으나 집행임원에 대한 법적근거의 미비로 인하여 문제점이 나타나고 있었으며, 이번 회사법개정안은 많은 논란이 있었던 집행임원제도를 도입하기로 한 것이다.

원래 집행임원(officer) 또는 업무집행임원이란 미국의 회사제도에서 유래한 것으로서, 미국 회사법에서는 집행임원에 관한 개념을 명확하게 정의하고 있지 않으며 다만, 집행임원의 직무유형 등에 대해서만 규정하고 있다. 또한, 일본은 미국의 officer제도를 참고로 하여 실무상의 필요에 따라 집행임원제도를 입법화하였는데 일본 신회사법의 규정을 보면 "집행임원은 이사회에 의해 선임되어 이사회에서 위임받은 사항에 대한 의사결정 및 업무집행을 담당한다"라고 되어있다(일본신회사법 제402조 제1항, 제2항).

우리나라에서는 집행임원의 개념에 관하여, "집행임원은 대표이사(사장)을 보좌하고 이사회에서 정하는 바에 따라 이 회사의 업무를 분장 집행한다"고 규정하면서 "집행임원이라 함은 등기된 이사가 아니면서 전무이사, 상무이사 등에 준하여 회사의 업무를 집행하는 자를 말한다"고 파악하고 있는 견해가 있고, "이사가 아닌 집행임원은 대표이사의 복대리인으로서 단순한 사용인이 아니라 중요한 위임관계에 있는 사용인이며 그 하위에 있는 다른 사용인을 지위, 감독하는 지위에 있는 자"라고 보기도 하고, "대표이사의 지위, 감독 하에서 업무를 담당하는 상급사용인"이라고 하기도 한다.

이사회가 집행임원을 선임하는 것은 이사회의 권한을 위임하는 것에 해당하여 이를 허용하는 것은 법적으로 문제될 것이 없다고 본다. 다만, 현재 문제가 되고 있는 부분은 정관에서 주주총회가 집행임원을 선임·해임할 것을 규정한 경우인데, 이 제도를 도입하고 있는 일부 기업은 집행임원의 법적지위에 대하여 실질적으로 이사에 준하는 지위를 인정하고 있으므로 단순한 상업사용인과는 구별하여 쓰여지고 있다고 볼 수 있다.

주주총회에서 이사회의 구성원인 이사를 선임하는 것은 회사의 경영권을 수임한 이사를 통하여 회사의 업무집행권을 행사할 집행임원에 대하여 통제를 할 수 있다는 의미로 해석할 수 있다. 따라서 주주총회를 통하여 집행임원의 선임·해임을 가능하도록 규정하는 정관규정도 유효하다고 본다. 그러나 대부분의 회사는 이사회에 집행임원의 선임권한을 부여하고 있다.

우리나라는 IMF 경제위기를 겪은 후 기업지배구조를 글로벌 스탠다드에 적합하게 개선해야 한다는 국민적 공감대가 형성되었고 이에 따라 사외이사제도와 감사위원회제도가 도입되었다. 이와 함께 집행임원제도의 채택여부를 둘러싸고 찬·반논쟁이 뜨겁게 전개되었다. 재계 일부에서는 집행임원제도를 상법에 규정하기 보다는 기업이 필요시 구체적인 권리와 의무 등을 정관으로 정하여 자율적으로 정하는 것이 바람직하다는 의견을 제시하였다. 아울러 지배구조관련 많은 제도들이 단기간 집중적으로 도입된 점을 감안하여 집행임원제도의 채택을 서두를 필요가 없으며 집행임원의 소극적인 회사 경영으로 인하여 회사의 발전기회를 저해시킬 우려가 있다는 점 등을 들어 반대의견을 피력하였다.

그러나 집행임원제도를 도입할 경우 회사의 경영감독기능과 업무집행기능을 분리하게 되어 기업지배구조의 투명성을 보다 강화할 수 있다고 본다. 또한 기업의 경영책임의 확립을 위해서는 집행임원의 책임추궁의 근거를 법적으로 명확하게 할 필요가 있다. 아울러 집행임원에 대한 책임강화는 건실한 기업경영을 유도할 수 있고, 적절한 책임부담은 오히려 창의력을 발휘시키고, 기업투자를 활성화할 수 있어서 회사와 주주의 이익이 되고 회사의 발전에도 도움이 된다고 생각한다. 이러한 관점에서 2008년 법무부의 상법개정안은 그 동안의 여러 논의 들을 종합하여 바람직한 입법방향을 제시한 것으로 평가된다.

2011년 개정상법에서는 이사회의 감독기능을 강화하고 회사의 업무집행의 효율성을 제고하기 위하여 이사회의 업무집행기능을 분리하여 이를 전담할 집행기관인 집행임원제도를 도입하였다. 이 제도의 도입여부는 개별 회사가 자율적으로 선택할 수 있다(제408조의 2~408조의 9). 집행임원이나 대표집행임원은 회사의 기관으로서 집행임원제도를 도입하지 않은 회사의 업무담당이사나 대표이사와 유사하지만 이사가 아니라도 될 수 있다는 점이 다르다.

무액면주식제도

우리나라는 1962년 상법제정시 액면주식제도를 채택한 이래 지금까지 액면주식만을 인정하고 무액면주식은 인정하지 않고 있다. IMF 경제환란이후 재계에서는 기업의 자본조달을 원활히 하기 위하여 무액면주식제도를 도입하자는 요청을 계속 제기하였으나, 1997년 12월의 증권거래법 개정에 이어 1998년의 개정 상법 제329조 제4항에서는 당시 5,000원이었던 주식의 최저액면금액을 100원 이상으로 하여야 한다고 하여 액면금액을 대폭 낮추는데 그쳤다. 우리 나라의 경제현실에서 볼 때 100원의 가치는 극히 적으므로 주식의 액면금액은 사실상 명목적인 것에 지나지 않는다고 할 수 있다. 현행 상법이 주식의 액면금액을 100원으로 하면서까지 액면주식제도를 고집하는 것이 타당한가에 관해서는 많은 의문이 제기되어 온 것이 사실이다. 따라서 2006년 상법 개정안 제291조에서는 현행 액면제도를 유지하되 무액면주식의 발행을 허용하여 회사는 액면주식과 무액면주식 중에서 하나를 선택할 수 있으며, 1개의 회사가 액면주식과 무액면주식을 동시에 발행하는 것은 금지하는 취지로 규정하고 있다.

주식은 액면금액이 있느냐 그렇지 않느냐에 따라 액면주식(par value share)과 무액면주식(no-par share)으로 나누어진다. 액면주식은 권면액에 상당하는 금액이 있는 주식으로서 주식을 발행할 때 그 발행가액은 그 액면금액에 의한 제한을 받게 된다. 무액면주식은 자본에 대한 주주의 비례적 지위를 나타낼 뿐 액면금액이 없는 주식을 말한다.

무액면주식은 기재식 무액면주식(stated no-par share)과 진정무액면주식(true no-par share)로 구분된다. 기재식 무액면주식은 주식에는 액면금액이 없으나 정관에는 그 최저 발행가액이 정해져 있어 주식을 발행할 때 그 금액 이하로 발행하지 못하는 주식을 말한다. 일본 구상법과 1998년의 독일 개정주식법이 채택하고 있는 무액면주식은 액면금액이 없다는 점에서 무액면주식이라고 하지만 실질적으로는 액면주식과 동일하다.

진정무액면주식은 정관에 주식의 발행가액에 대한 제한이 없는 주식을 말한다. 진정무액면주식은 그 발행가액에 대한 제한이 없으므로 주식을 발행할 때마다 시장가격에 따라 그 발행가액을 정하여 발행한다. 통상적으로 무액면주식이라고 하면 이 진정무액면주식을 일컫는다. 미국의 대부분의 주회사법은 이 진정무액면주식제도를 채택하고 있다.

액면주식은 주식의 액면금액이 주식발행가액의 최저하한선이므로 액면금액 미만의 주식발행은 제한된다. 주식발행가액은 적어도 액면금액과 동일하거나 그 이상이어야 한다. 따라서 모든 주주는 원칙적으로 액면금액 이상으로 주금액을 납입하여야 하므로 액면금액은 주주 사이의 평등과 공정을 보장하는 수단이 된다. 액면주식에 있어서는 다른 주식인수인들도 주식의 액면금액 이상으로 납입할 것이 확실하므로 주식을 인수하고자 하는 자는 안심하고 주식을 인수할 수 있다.

액면주식에 있어서는 회사가 주식을 발행할 때에 액면금액 이상으로 주식을 발행하여야 하므로 자본의 충실을 도모할 수 있다. 회사가 이익배당을 하는 경우에는 회사재산으로부터 이 자본금을 공제한 후 주주들에게 분배하므로 회사의 재산적 기초가 건실해지게 된다. 회사재산은 회사채권자의 담보가 되므로 동시에 회사채권자의 이익도 보호할 수 있다.

또한 회사가 신주를 발행할 때에 액면가와 발행가액의 차액은 그 회사에 신용을 제공하려는 자에게 신용제공 여부와 그 조건을 결정하는데 있어서 심리적인 판단기준으로 된다. 가령 재산적 기초가 튼튼하고 사업전망이 좋은 회사일수록 발행가액과 액면가액의 차액이 큰 것이 보통이다. 따라서 이 차액의 크기는 회사에 신용을 제공하려는 채권자에게는 신용의 제공여부와 그 조건을 정함에 있어서 하나의 고려기준으로 작용할 수 있다.

그러나 액면주식의 가장 큰 문제점은 주식의 시장가격이 액면금액보다 낮은 때에는 주식발행에 의한 자본조달은 불가능하게 된다는 점이다. 주식의 시장가격이 액면가를 밑도는 때에는 투자자로서는 시장에서 액면가 보다 낮은 가격으로 그 주식을 인수할 수 있으므로, 액면가로 주식을 인수할 경우 액면가와 시장가격의 차액만큼 스스로 손실을 부담하여야 하기 때문이다.

물론 이 경우 할인발행을 허용하여 액면가액 미만으로 주식을 발행하는 예외가 인정되나, 이 할인발행에 의한 자본조달도 용이하지 않다. 회사가 주식을 함부로 할인발행하는 것을 방지하기 위하여 주주총회의 특별결의를 얻도록 하는 등 그 요건이 엄격하게 제한되는데, 이 요건을 갖추는 것도 쉽지 않다. 그리하여 주식의 시장가격이 액면가를 밑도는 경우에는 장래의 사업전망이 밝더라도 주식발행을 통한 자기자본 조달의 길이 막혀 회사로 하여금 고금리의 사채를 얻어 쓰는 등 높은 금융비용을 부담시키게 되는 폐단이 생긴다.

액면가도 그 주식의 진정한 가치를 반영하는 것이 아니며, 시장가격과 일치하지 않는 경우가 많다. 주식의 시장가격은 회사 그 자체의 경제적 가치에 의하여 정해지고 주금액과는 관계가 전혀 없다. 그럼에도 불구하고 액면가가 시장가격을 밑도는 경우에도 액면가가 주식의 가치를 그대로 반영하는 것으로 잘못 오해하게 하는 요인이 될 수 있으며, 주주간의 공평성을 담보하는 기능도 더 이상 발휘할 수 없게 된다. 그리하여 사실상 투자자나 채권자는 액면가에 관심을 가질 필요가 없다.

특히 액면주식제도 아래서는 물탄주(watered shares)의 문제도 발생하기 쉽다. 물탄주는 현물출자의 경우 그 출자재산의 가치를 과대평가하여 실제의 가치를 훨씬 넘는 액면의 주식을 부여한 때의 그 주식을 말한다. 이 물탄주는 주주가 주식을 인수하였을 때 아무런 대가없이 액면가가 있는 다른 종류의 주식을 무상으로 부여하는 보너스주식(bonus shares)과 주식발행가액의 일부를 금전으로 납입하게 하고 그 나머지는 납입을 면제하는 할인주식(discount shares)의 경우에도 생기는데, 주식발행에 있어서 액면금액의 제한을 회피하기 위한 편법으로 이용되어 자본의 충실을 해치게 된다.

이에 비하여 무액면주식은 주식의 액면금액이 없으므로 회사가 주식을 발행할 때 그 발행가액의 산정에 있어서 액면주식과 같은 액면미달발행의 제한을 받지 않는다. 따라서 회사는 자본조달에 있어서 주식의 시장가격이 낮더라도 그 발행가격을 탄력적으로 정하여 주식을 발행할 수 있으므로 자본조달의 기동성과 편의성을 확보할 수 있다.

또 무액면주식은 증자시 이사회가 정하는 발행가액 중 자본과 자본잉여금의 비율을 적절하게 조절할 수 있게 한다. 자본잉여금은 준비금으로 적립하여야 하나 자본결손이 발생한 경우에는 결손전보에 충당할 수 있다. 따라서 자본에 결손이 발생한 회사는 신주를 발행할 때 필요한 자본잉여금을 계상하여 자본결손을 손쉽게 보전할 수 있게 되므로 무액면주식은 자본잉여금을 활용하는 편의를 꾀할 수 있게 한다.

또한 무액면주식은 액면가가 없으므로 주가가 높은 경우에는 주식분할을 쉽게 함으로써 주가를 안정시킬 수 있다. 자본을 감소하는 경우에도 주금액의 감소 등에 따른 주주들의 반발없이 쉽게 자본감소를 실행할 수 있으므로 합병과 회사분할 등의 구조조정을 용이하게 할 수 있다. 따라서 무액면주식은 회사가 경제사정의 변화에 비교적 탄력적으로 대응할 수 있게 한다.

다만 무액면주식은 그 발행가액과 잉여금의 비율의 결정에 있어서 회사가 발행가액을 낮게 정하거나 자본잉여금의 비율을 높게 정하는 때에는 자본금액이 극소화되어 회사의 자본충실을 해치고 회사의 신용을 떨어뜨려 신주발행에 걸림돌로 작용할 수 있다. 이렇게 되면 회사재산에 대한 회사채권자들의 담보가치도 감소하여 결국 회사채권자의 이익을 해칠 염려가 있다. 또한 회사자본의 감소는 주주에 대한 이익배당에도 영향을 미쳐 부당한 배당을 합법화하는 등 이익배당이 불공정하게 될 우려가 있으며, 그렇다고 하여 발행가액 전액을 자본으로 구성하게 하는 경우에는 자본잉여금을 계산할 수 없어 무액면주식에 의한 잉여금 활용의 이점도 없어진다는 등의 폐단이 지적되고 있다.

무액면주식의 장단점은 다음과 같이 정리할 수 있다.

(1) 무액면주식의 장점

1) 회사의 입장

회사의 입장에서 회사는 금융상의 편의를 도모할 수 있다. 자금조달을 하려는 회사 주식의 시장가액이 권면액을 하회하는 경우에 신주발행의 액면미달발행의 엄격한 요건을 갖추어야 하지만 무액면주식제도를 채택하게 되면 아무런 장애없이 자금조달이 가능하게 되고 이러한 점이 회사로서는 무액면주식제도에서 누릴 수 있는 최대의 장점이다. 또한 법제에 따라 다르기는 하지만 무액면주식의 발행대가를 회계적으로 처리하는데에 있어서 그 조절권한이 이사회에 맡겨져 있기 때문에 적절히 그 권한을 사용하는 한 표시자본의 크기를 결정하고 나머지 부분으로서 많은 범위의 납입잉여금을 계상할 수 있고, 이로서 손실이나 자본결손을 전보할 수 있게 된다. 또한 이로서 주주의 이익배당도 허용하는 경우가 있지만 이러한 권한을 남용하는 경우에는 회사·주주 기타 회사채권자에게 큰 피해를 줄 위험이 있다. 회사의 정리 또는 합병의 경우에는 자본의 감소를 수반하게 되는 것이 일반적인데, 이 때 주주로서는 주식의 액면총액이 감소됨에 따라 회사의 자본감소에 반대하기 쉬운데 무액면주식의 경우에는 주주가 냉정하게 감자의 이해관계를 고찰하여 회사는 정당한 감자안의 실행을 할 수 있게 된다.

2) 주주의 입장

주주의 입장에서 볼 때 무액면주식의 인수인은 회사채권자 또는 기존주주에 대하여 주식인수계약에 규정된 채무이상으로 책임을 지지 아니한다. 또한 현물·노무에 대한 과대평가로 인한 불확정책임이 면제된다. 무액면주식은 발행대가를 받고 발행하였으면 추징불능으로 취급되기 때문에 주주에게 더 이상의 책임을 지우지 않게 된다. 주주의 입장에서 강조하고 싶은 것은 투자자로 하여금 무액면주식의 실질가치를 탐구할 기회를 부여한다는 점이다. 어느 주식을 구입할 것인가를 결정하여야 하는 투자자의 입장에서 무액면주식의 경우에는 그 주권에 어떠한 형태이든 금전적 수치로서의 금액이 존재하지 않기 때문에 그 주식의 실질적 가치를 판단하도록 되어 있다. 권면액은 그동안 투자자의 주식에 관한 실질가치의 판단을 흐리게 하였으나, 무액면주식에서는 권면액이 제거됨에 따라 투자자는 그의 투자에 관한 결정에 있어 각종의 자료의 신빙성에 따라 판단하면 된다.

3) 회사채권자의 입장

무액면주식을 발행하면 회사채권자의 입장에서 그 채권의 변제가능성이 증대하게 되는 효과가 있다. 즉 주식의 시장가액이 권면액을 하회하는 경우에도 회사는 무액면주식을 발행함으로써 자금을 조달할 수 있게 되어 자기의 채권이 변제되리라는 기대를 할 수 있게 된다. 회사가 조달한 자금으로 직접 변제를 받은 채권자는 물론이고 그렇지 않은 일반채권자의 입장에서도 채권자에 대한 변제로 말미암아 일반채권의 공동담보가 증대하고 또한 무액면주식의 발행으로 회사의 자본이 증가하여 회사가 유보하여야 할 회사재산의 한도가 높아지고 따라서 회사채권의 변제가능성이 더욱 확실하게 된다. 또한 회사정리의 경우에 있어서 회사정리절차의 실패는 회사채권자의 전손을 초래하게 되지만 무액면주식의 발행으로 인한 회사자금의 조달로 회사정리가 성공할 가능성이 생기고 이로 말미암아 회사채권자의 채권만족의 기회가 증대하게 된다.

(2) 무액면주식의 단점

1) 회사의 입장

회사의 입장에서 무액면주식을 발행하는 경우 주식시장에서의 장애요인으로 될 가능성이 있다. 액면주식은 그 권면액의 심리적 효과로 말미암아 주식인수인을 모집하는데 도움을 받을 수 있지만, 무액면주식의 경우에는 단순히 권면액을 보고 투자하는 투자자들에게는 외면받을 가능성이 있다. 또한 일정한 금전적 수치가 없는 경우에는, 액면이 있는 때에 비해 주식의 판매전략상 불리한 조건이 될 수도 있을 것이다. 무액면주식을 발행하는 경우 회사의 신용을 해칠 염려가 있는데 그것은 액면주식의 경우에는 이익배당을 함으로써 회사의 순자산이 발행주식의 액면총액 이하로 내려갈 수 없다는 법률적 보장이 있는데 비하여 무액면주식은 그렇지 못하고, 주식인수인의 책임 및 현물출자의 평가와 관련하여 회사자산의 확보가 미흡한 경우가 생길 수 있기 때문이다. 법제에 따라서는 원칙적으로 주식의 발행대가 전부를 자본구성으로 하는 경우에, 재량에 따라 잉여금으로 계상하지 아니하였거나 할 수 없었을 때에는 오히려 잉여금 활용의 기회가 없어진다. 주식배당시에는 무액면주식으로도 가능하나 금전적 수치가 표시되어 있는 액면주식보다는 그 심리적 효과가 떨어진다는 점도 단점으로 작용할 수 있다.

2) 주주의 입장

무액면주식제도는 원래 주식사기를 방지하기 위하여 창안된 제도라고 하는데, 주주의 입장에서는 도리어 주식사기를 당할 염려가 있다. 즉 투자자로서는 회사의 계산서류에 의하여 주식의 진실가치를 파악하여야 하는데, 그러한 서류내용의 진실성이 담보되지 않는다면 무액면주식제도를 통하여 오히려 주식사기가 행하여 질 위험성이 높아지게 된다. 권면액을 제거하여 주식사기에 대한 주주의 자기방어를 도모하고자 하는 취지와 달리 잘못될 경우 종래 존재하던 권면액에 의한 법률상의 보상마저도 받지 못할 염려가 생긴다. 액면주식의 경우와 달리 무액면주식을 발행하는 경우 기존주주의 형평적 이익은 오직 형평적 최소한의 원칙에 의하여만 보호를 받게 된다. 만일 법원에서 이러한 형평적 최소한의 원칙에 입각한 보장을 하지 아니하는 경우에 주식의 소유는 회사 임직원의 양심과 판단에 따라 좌우될 수밖에 없다. 무액면주식의 발행을 허용하는 경우에도 주식의 발행대가로부터 자본을 구성하고 그 나머지 부분을 준비금으로 계상하게 되는데, 법제에 따라서 그 준비금을 즉시 이익으로 배당할 수 있게 하는 경우에 이익배당이 불규칙하게 되고 이는 또한 투기적 요소로 나타날 수 있다.

3) 회사채권자의 입장

회사채권자의 입장에서 볼 때 무액면주식제도에서는 회사가 자본의 구성 및 발행대가의 결정에 관하여 넓은 범위의 재량을 가지게 됨에 따라 회사채권자 기타 제3자는 이사회가 그 권한을 어떻게 행사하느냐에 따라 불측의 손해를 입을 위험이 많다. 자본구성의 자유는 회사채권자의 공동담보로서의 회사자산의 유지를 위태

롭게 한다. 무액면주식의 인수인은 회사채권자에 대하여 주식인수계약에 규정된 채무이상으로 책임을 지지 않는다. 이는 상대적으로 볼 때 액면주식의 경우에 비하여 주식인수인에 대한 회사채권자의 권리약화를 초래한다. 무액면주식제도에서는 표시자본과 준비금의 구분비율이 자의적으로 되어 명확하지 않게 될 가능성이 있고 이는 회사채권자의 지위의 불안정을 초래할 염려가 생긴다. 따라서 유보되어야 할 회사자산의 최저한을 나타내는 표시자본의 불명확성은 회사채권자의 불이익으로 될 수 있다.

종전 상법과 (구)증권거래법은 액면주식제도를 유지하면서 회사의 자본조달과 구조조정을 보다 쉽게 하기 위하여 주식의 최저액면금액을 100원으로 인하하였으나, 액면금액 100원은 액면금액으로서의 실질적 기능을 기대하기는 어렵다. 기업의 입장에서 기동성 있는 자금조달을 위해서는 무액면주식의 도입을 적극적으로 검토할 필요가 있다. 그러한 관점에서 2006년도 회사법 개정안이 무액면주식제도를 명문으로 도입하려고 한 점은 긍정적으로 평가할 수 있겠다. 무액면주식제도를 통해서 주식분할을 쉽게 하고 주식분할을 쉽게 함으로써 회사합병시 합병당사회사의 주식의 합병비율을 조정하기 쉬워 회사의 M&A를 활성화할 수 있으며 유통주식의 수량을 증대하여 시장성을 제고할 수 있고 이는 결국 자본조달을 쉽게 할 수 있는 유인책이 될 것이다.

다만 무액면주식을 도입하는 경우에는 회사내부의 경영감시기능을 보다 활성화하고, 이사회에 의한 발행가액의 자의적인 결정과 자본구조의 부실화 가능성에 대한 대비책을 아울러 마련하여야 할 것이다.

즉 무액면주식제도에서는 발행가액과 자본구성을 결정함에 있어서 공정성을 확보하는 것이 반드시 전제되어야 하므로 시가발행제도에 의하여 발행가액의 공정성이 확보될 수 있는 주권상장법인이나 코스닥상장법인에 한하여 제한적으로 도입되는 것이 타당하다. 그리고 발행가액의 결정은 이사회 또는 주주총회의 결의사항으로 하고, 구주의 가치를 희석시켜 기존주주의 이익을 침해하지 않기 위하여 공정한 시가를 발행가액의 결정기준으로 삼는 것이 합리적이라고 생각된다. 또한 무액면주식의 발행가액 중 자본금에 전입할 금액과 납입잉여금으로 계상할 금액의 비율을 결정하는 자본구성의 문제에 있어서 이사회의 재량을 폭넓게 인정하고 납입잉여금의 활용기회를 확대하여 손실이나 자본결손을 전보하는 등 재무관리상의 편의를 도모할 필요성도 있다. 그러나 자본충실의 원칙에 따라서 회사자본을 안정적으로 확보하고 회사채권자의 이익을 보호하기 위하여 납입잉여금에 할당할 수 있는 금액을 일정 비율 이하로 한정하는 것이 바람직하다고 본다.

참고로 2011년 개정상법에 의하면 회사는 정관에서 정한 때 주식의 전부를 무액면주식으로 발행할 수 있게 되었고, 이러한 경우 액면주식은 발행할 수 없게 된다(제329조 제1항). 또한 정관으로 정하는 바에 따라 발행된 액면주식을 무액면주식으로 전환하거나 무액면주식을 액면주식으로 전환할 수 있다(제329조 제4항).

이중대표소송제도

이중대표소송(double derivative suit)이란 모회사 또는 지배회사의 소수주주가 자회사 또는 종속회사의 이사의 책임을 추궁하는 대표소송을 제기하는 것을 말한다. 일반 대표소송의 경우는 당해 회사의 소수주주가 자기 회사의 이사 등 경영진의 책임을 추궁하는 소를 제기하는 것인데 비하여, 이중대표소송은 모회사 또는 지배회사의 소수주주가 자회사 또는 종속회사의 경영진을 상대로 그 책임을 추궁하는 소를 제기하는 것이다.

이중대표소송제도는 상법이 당해 회사의 소수주주에게 인정하는 소송권을 모회사 또는 지배회사의 주주에게까지 확장하여 인정한다는 의미에서 주주대표소송의 당사자 적격을 확장한 것으로 볼 수 있다. 이와 같은 의미에서 이중대표소송은 '주주인 회사의 주주'

가 소를 제기할 수 있다는 개념이다. 모회사의 주주가 자회사를 위하여 제기하는 주주대표소송을 이중대표소송이라고 하는데, 모회사의 주주가 손회사를 위하여 제기하는 대표소송은 3중대표소송(triple derivative suit)라고 한다. 두 개의 회사가 지배·종속관계에 있거나 또는 여러 회사가 두 단계 이상에 걸쳐 계속적으로 지배·종속관계에 있는 경우에 지배회사의 주주가 종속회사를 위하여 제기하는 대표소송을 통틀어 다중대표소송(multiple derivative suit)이라고 한다.

이중대표소송제도는 회사가 이사의 책임을 추궁하지 않을 경우에 주주가 회사를 대신하여 이사의 책임을 추궁하는 것으로서 주주가 소송에서 이길 경우에도 그 이익은 회사에 귀속되는 것이므로 지배회사, 종속회사 및 주주 모두에게 유익한 제도가 된다. 즉 자회사의 이사의 불법행위나 임무해태행위로 인하여 자회사에 손해를 끼치고, 그 결과 모회사의 이익이 침해되는 경우에 자회사의 주주나 모회사의 경영진이 아무런 조치를 취하지 않고 있거나 취할 의사가 전혀 없는 경우에는 모회사의 소수주주가 직접 자회사의 이사의 책임을 추궁할 수 있도록 할 장치가 요구되는데, 자회사가 그룹의 대부분의 자산을 가지고 있는 경우에는 이와 같은 소를 제기할 필요가 클 것이고, 비상장 자회사를 이용한 각종 편법·불법행위를 이중대표소송을 통하여 차단하여 주주이익을 보호할 수 있는 이점이 있다.

최근 우리나라는 금융지주회사법의 제정(2000년) 및 2001년 개정상법의 '주식의 포괄적 교환과 이전'에 관한 규정의 마련 등 일련의 입법조치로 인하여 지주회사제도가 크게 활성화되었고 우리나라에서 지주회사제도는 지배구조의 투명성을 확보하기 위한 수단으로 인식되고 있다. 그런데 종속회사의 경영자를 견제할 수 있도록 주주에게 주어진 회사법상의 장치로서 '이사의 선임과 해임', '보수의 결정', '위법행위의 감독제도' 등이 있으나, 지주회사의 주주는 이와 같은 권리를 종속회사에 직접 행사할 길이 없으므로, 지주회사 또는 지배회사의 소수주주 보호 차원에서 입법이나 해석에 의해 주주대표소송의 원고적격을 확대하여 이중대표소송을 허용할 필요가 있다는 주장이 제기되고 있다.

이중대표소송을 인정할 필요가 있다고 하더라도 이를 우리 회사법에 도입하여 명문의 규정을 마련해야 할 것인가에 관하여는 견해가 나뉘어 있다. 미국은 판례 및 ALI의 기업지배구조원칙의 해석을 통하여 이중대표소송을 인정하고 있음에 비하여, 우리나라 대법원 판례는 이와 같은 종류의 대표소송을 인정하지 않고 있다. 이와 같은 판례의 태도를 비판하면서 미국판례의 해석론을 근거로 하여 이를 인정하여야 한다는 견해가 있는가 하면, 이중대표소송제도를 회사법에 입법화해야 한다는 견해가 제기되고 있다. 한편 현행법의 해석상 이중대표소송은 인정되기 어려우며, 상법의 개정 또는 포괄적인 '모자회사관계법' 등의 제정을 통하여 허용하여야 할 것이라는 주장도 있다.

이와 관련하여 입법찬성론과 입법반대론을 살펴보면 다음과 같다.

1. 입법찬성론

입법을 찬성하는 견해로는 「미국법 계수론」과 「제한적 인정론」을 들 수 있는 바, 「미국법 계수론」은 우리 상법이 미국의 대표소송제도를 도입한 이상, 미국 판례에서 인정되어 온 이중대표소송제도 역시 도입하여 미국법과 동일한 기준으로 이를 인정하여야 한다는 견해이고, 「제한적 인정론」은 지배회사 스스로가 종속회사의 이사의 부정행위에 대한 책임추궁을 하기 어려운 경우에 한해 예외적으로 지배회사의 주주에게 이중대표소송을 인정하여야 한다는 견해이다. 이중대표소송을 입법할 경우 위협소송이나 남소 등을 방지하기 위하여 미국의 경우와 같이 제소청구요건을 강화하여야 한다고 주장한다.

한편 국제통화기금(IMF)은 2003년 11월 우리 정부와의 연례협의에서 최근 다수의 한국기업이 지주회사로 전환하고 있는 상황에서 기업지배구조개선의 방안으로서 다중대표소송제도의 도입을 권고하였고, 참여연대는 2004년 SK(주)가 최대주주인 SK해운(주)의 이사의 책임을 묻고자 양 회사 이사회에 각각 제소청구를 하였으나 받아들여지지 않자, 2007년 3월 직접 모회사인 SK(주)의 주주를 모집하여 대표소송을 제기한 바 있다.

2. 입법반대론

(1) 단순대표소송 충분론

이 견해는 지배회사의 이사에 대한 종래의 주주대표소송, 즉 단순대표소송(single derivative suit)만으로도 종속회사에 대한 감시목적을 충분히 달성할 수 있기 때문에 이중대표소송은 허용할 필요가 없다는 견해이다. 지배회사의 주주는 지배회사 이사회에 종속회사의 주주로서 대표소송을 제기하라는 제소청구를 할 수 있다. 또한 만약 지배회사의 이사회가 대표소송을 제기하지 않는 경우, 종속회사의 손실이 지배회사의 직접적인 손실로 이어지는 한, 지배회사의 주주가 지배회사 이사를 상대로 그들이 지배회사의 종속회사에 대한 투자분을 보호하는 조치를 취하지 않는 데 대한 책임을 물을 수 있다. 따라서 이중대표소송은 불필요하다고 한다. 특히 부당내부거래는 독점규제 및 공정거래에 관한 법률상 부당내부거래 규정, 이사의 횡령, 배임 등의 불법행위는 형법 및 특정경제범죄 가중처벌 등에 관한 법률상 업무상 횡령죄, 배임죄의 규정, 이사와 회사간의 거래는 상법상 이사의 자기거래 승인규정 및 (구)증권거래법상의 공시규정, 이익의 부당제공의 경우에는 세법상의 증여의제, 추징 규정 등 기존제도로서도 규제가 충분히 가능하다고 한다.

(2) 이사회의 책임증가로 인한 소극적인 기업경영의 우려

최근 제조물책임법, 증권관련집단소송제도, 소비자의 단체소송 등 새로운 소송제도의 도입으로 이사들의 책임이 크게 가중되고 있는 추세인데, 주주의 대표소송과 증권집단소송에 이어 이중대표소송까지도 법정될 경우 경영진의 입장에서는 과감한 투자를 회피하고 소극적이고 안전한 경영만을 추구하게 될 우려가 있다고 한다. 이렇게 되면 신속하고 과감한 투자결정을 지연시켜 회사경영에 차질을 가져올 수 있고, 나아가 민감한 사안에 대하여는 의사결정을 회피하려는 경향이 생겨나 유능한 이사 및 사외이사의 영입에도 장애가 된다는 주장이다.

(3) 남소의 가능성

국내기업을 인수합병하려는 투기성 외국자본이 이중대표소송제도를 악용할 경우 대책이 없게 되고, 이중대표소송제도 도입의 주요 목적이 소수주주권을 보호하는 데 있지만, 이 제도가 악용될 경우 남소의 가능성이 있다는 주장이 제기되고 있다. 특히 국제투기자본이 국내 상장회사의 자회사에 이중대표소송을 제기한 후 이를 이용하여 경영권에 개입하거나 이중대표소송의 제기로 인해 하락한 모회사의 주식을 매입한 후 소를 취하하여 단기차익을 노리는 경우에는 이른바 작전세력으로 부상하게 되는 문제점이 발생한다고 한다. 이중대표소송제도의 도입과 함께 자회사의 장부열람권까지 부여되므로 부수적으로 영업기밀이 유출될 가능성도 생겨난다고 한다.

(4) 기타

이 밖에 입법반대론으로 제시되는 논거들을 살펴보면, 현행 상법상 자회사의 이사에 대하여 손해배상책임을 추궁하거나 그 책임을 면제할 권한은 당연히 자회사의 주주가 가짐에도 불구하고 모회사의 소수주주가 자회사의 주주의 의사를 무시하고 이중대표소송을 제기한다면 자회사의 주주의 권리를 침해하는 결과가 될 수 있으며, 특히 모회사와 자회사의 이해가 상반되는 거래가 있는 경우, 자회사의 이익을 고려하여야 함에도 모회사의 주주의 이익을 고려하여야 하는 모순이 발생할 수 있다고 한다.

또한 자회사의 손실이 지주회사의 지분가치의 감소와 반드시 일치하지 않고 지주회사의 손해는 자회사 자산의 감소로 인한 주식가치의 하락이라는 간접적인 손해로 나타나게 되므로 손해의 인과관계를 입증하기 어려워 이중대표소송을 인정하는 것은 문제가 있고, 지배회사의 손해를 산정하기 어려우므로 종속회사의 손실에 대하여 지배회사의 책임을 묻는데도 어려움이 있다고 한다.

이중대표소송이 미국의 판례에서 인정되고 있으나, 미국의 판례의 경우에도 모회사와 자회사가 실제로는 하나의 회사인 경우 등 매우 엄격한 요건하에서만 인정되는 경향이 있으며, 무엇보다도 이중대표소송을 정면으로 회사법에 규정한 입법례가 거의 없다는 것도 이 제도 도입에 있어 큰 문제점으로 지적되고 있다.

법무부의 2006년 상법개정안에 따르면 상법 제406조의 2(이중대표소송 등)에서 '①발행주식의 총수의 100분의 1 이상에 해당하는 주식을 가진 모회사의 주주는 자회사의 이사의 책임을 추궁할 수 있다. 이 경우 제403조 내지 제406조를 준용한다. ②발행주식의 총수의 100분의 3 이상에 해당하는 주식을 가진 모회사의 주주는 자회사의 회계장부열람권을 행사할 수 있다. 이 경우 제466조를 준용한다.'고 하여 자회사 이사의 부정행위를 억제하여 모회사 전체 주주를 보호하고 자회사의 손해전보의 효과를 기대한다고 되어 있고, 이중대표소송의 실효성을 확보하기 위하여 모회사의 주주에게 자회사의 회계장부열람권을 행사할 수 있도록 하고 있는데, 이 경우 소수주주권은 발행주식 총수의 100분의 3 이상에 해당하는 주식을 가진 주주에게 인정하고 있다.

이렇게 되면 종속회사의 50% 이상 지분을 소유하고 있는 지배회사의 주주, 즉 모회사의 주식을 1% 이상을 소유하고 있는 소수주주는 자회사의 이사나 감사가 법령이나 정관을 위배하였거나, 그 임무를 해태함으로써 자회사의 손실이 발생하였고 그 영향으로 인해 모회사가 간접적으로 손해를 본 경우에 자회사의 이사 등을 상대로 이중대표소송을 제기할 수 있게 된다. 아울러 이러한 이중대표소송의 실효성을 확보하기 위하여 모회사 주식의 3% 이상 소유한 주주들에게 자회사의 회계장부를 열람할 수 있는 권한이 부여되게 된다. 그러나 이렇게 상법이 개정되는 경우 우리나라는 이중대표소송제도를 세계 최초로 입법화하는 국가가 된다. 미국의 경우에도 일부 판례를 통하여 극히 제한적으로 허용하고 있는 제도를 상법에 도입하게 될 경우 경영권을 크게 위축시킬 가능성이 높다고 본다.

이중대표소송제도를 도입하려는 기본취지는 출자총액제한제도가 폐지될 경우에 대비하기 위한 것이라는 주장도 있다. 그러나 이러한 접근방식은 바람직한 방향이 아니라고 본다. 즉 규제를 폐지

한다고 하면서 그것을 대체할 또다른 수단을 찾는다면 별 의미가 없게 되는 것이다. 기업들이 요구해 온 경영권 보호장치는 외면하면서 소액주주의 권익만 과도하게 보호한다면 불합리한 결과가 될 것이다.

우리나라의 현실에서 볼 때 이중대표소송은 경영투명성을 보다 높일 수 있다는 장점은 있으나, 주주대표소송도 활성화되지 않는 현실에서 이 제도를 도입하는 것이 과연 실효성이 있는 것인지도 의문이다.

따라서 이중대표소송의 요건을 상법 속에 규정할 것이 아니라 개별 사례별로 판례법으로 인정하는 것이 타당하다고 생각한다.

증권집단소송제도

증권시장에서는 다수의 투자자들이 기업의 자본구성에 참여하고 있으나 불공정거래행위 등으로 인하여 피해를 보는 사례가 증가하고 있다. 증권시장에서의 불공정거래행위 등으로 인하여 집단적 피해의 발생이 빈번하게 일어나지만 피해자들이 그 손해를 회복하기란 쉽지 않다. 즉 피해자가 다수 발생하는 경우에 개인이 직접 단독으로 소송을 수행하는 것은 증거수집의 어려움과 비용부담의 문제 및 소송절차에 대한 이해부족으로 인하여 만족할 만한 손해배상을 받기가 매우 어려운 것이 사실이다. 따라서 공통적인 이해관계를 가지고 있는 집단의 이익을 최소한의 비용과 노력으로 실현시킬 수 있는 제도가 필요한데 그것이 집단소송의 형태라고 할 수 있다.

집단소송제도는 동일한 소의 이익을 가지고 있는 동일한 사건에 의한 피해자가 그 손해배상을 공동으로 이루어 내는 제도이다. 특히 피해를 본 집단의 규모가 크면 클수록 일반적인 민사소송제도에 의해서 피해를 회복하는 것은 그 절차의 복잡성 및 소송비용의 부담으로 인하여 소송제기가 현실적으로 만족하게 이루어지기란 쉽지 않다. 그러나 집단소송제도는 공통의 이익을 가진 다수의 피해자 중 일부가 소송을 제기하여 그 결과의 혜택을 집단 전체가 누리도록 함으로써 소송절차에 익숙하지 않은 피해자나 입증책임의 수단을 효과적으로 가지지 못하는 투자자들에게 피해보상을 해줄 수 있는 좋은 제도라고 할 수 있다.

우리나라의 증권집단소송제도는 많은 논의를 거쳐 1998년 하반기에 처음으로 증권관련집단소송법률안시안이 마련되었다가 폐기된 바 있고 대량 소액 다수의 증권투자자집단에 한하여 집단소송제도의 도입에 대하여 정부와 국회에서 논의를 거듭한 끝에 2004년 1월 20일 법률 제7074호로 제정되어 2005년 1월 1일부터 시행되게 되었다.

집단소송은 유사한 소의 이익을 가지고 있는 집단을 대신하여 그 집단의 일부가 집단의 대표자로서 소송을 제기하거나 소의 제기를 당하였을 때 그 결과가 전체 구성원들에게 미치게 하는 제도를 말한다. 소송법상 어떠한 한 집단이 소송을 제기하는 경우, 즉 넓은 의미의 집단소송의 형태를 대륙법계에서는 단체소송이라고 하여 왔고, 미국에서는 집단소송(class action)이라고 부르는데 지금 우리 나라에서 논의되고 있는 것은 바로 미국식의 집단소송 또는 대표당사자소송이라고 할 수 있다. 현행 민사소송법에는 집단관계

분쟁의 해결에 사용될 수 있는 제도로서 선정당사자소송제도가 규정되어 있으며 이 때문에 증권관련집단소송법의 도입에 반대하는 논자들은 이미 유사한 제도가 법에 있다는 점을 지적하기도 한다. 그러나 미국식의 집단소송, 즉 집단 중의 일부가 수행한 소송의 결과가 소송에 직접적으로 참여하지 아니한 전체 구성원에게 미치는 경우를 의미하는 형태의 소송과 현행 민사소송법상 규정되어 있는 선정당사자소송제도와는 상이한 것이다. 즉, 현행 민사소송법상 선정당사자제도는 다음과 같은 몇 가지 한계가 있다. 첫째, 대표자선정에 참여하지 않은 자들에 의한 별도의 소송이 제기되어 동일한 사건에 대한 여러 가지 소송이 중복될 가능성이 있을 뿐만 아니라 관할 법원이 상이한 여러 개의 동일한 사안에 대한 사건에서는 경우에 따라 전혀 다른 내용의 판결이 나올 수 있고 그 결과 법원에 대한 신뢰에도 문제가 있을 수 있다. 둘째, 다수의 당사자로부터 당사자선정을 위하여 시간이 낭비되고 선정절차의 결정 및 선정비용의 지출로 인하여 신속한 제소가 어렵다는 문제점이 있다. 셋째, 승소의 결과 판결이 집행될 대상인 피고의 재산이 적을 경우 먼저 소송을 제기한 피해자만 손해배상을 받게 되고 나중에 소송을 제기했던 피해자는 제대로 손해배상을 받을 수 없게 되어 피해자간의 불평등성이 야기될 수 있다. 넷째, 선정당사자는 소송대리인이 아니고 소송당사자이기 때문에 소송수행에 있어 화해·소의 취하·청구포기 등을 할 수 있으므로 만일 이러한 부분에 관하여 당사자들간에 존재하는 내부적인 제한이 있더라도 법원이나 상대방에게 대항할 수 없다는 단점이 있다.

집단소송제도의 특성은 먼저 법적인 면에서 다수를 대신하는 소수의 대표자에 의한 소송수행의 결과가 명시적인 소송권한의 위임을 하지 않은 전체구성원에게 미친다는 것으로서 소송법의 일반원칙에 벗어난다는 점을 들 수 있고, 입증책임의 문제에 있어서도 통상적인 소송에 있어서 원고가 피고의 고의 내지 과실을 입증할 책임을 부담하는 것에 비해서 상당히 완화된 경우가 많고 또는 입증책임이 전환되는 경우가 많다는 점을 들 수 있다. 경제적인 면에서는 손해배상책임존재와 관련하여 당해 시장의 규모를 확대시키는 경향이 생겨나게 된다. 즉 증권시장의 경우에는 손해배상책임제도가 없다면 잠재적 피해자는 거래를 피할 가능성이 높고 그로 말미암아 시장에서의 거래 규모가 축소되며 결과적으로 기업들의 자본조달비용을 증가시킬 수도 있다. 한편 피해를 보는 자의 입장에서도 손해배상책임제도가 있다고 하여서 무책임하게 행동하게 되지는 않을 것이고 피해를 입지 않기 위한 방어적 행동 내지 자기판단이 있게 된다. 이러한 점은 투자행위가 이루어지는데 있어서 주어진 최선의 상황에서 책임 있는 투자결정을 내리게 할 수 있다. 한편 집단소송은 개인에 의한 단독소송과는 달리 소송의 핵심을 이전시키는 작용을 하기도 한다. 즉, 집단소송은 단순히 집단의 이익을 대변하여 대표자가 소송을 수행한다는 차이뿐만 아니라 소송수행의 핵심이 당사자가 아닌 유능한 변호사에게로 이전되고 손해배상액의 액수보다는 변호사의 보수로, 그리고 소송수행(litigation)보다는 합의(settlement)로 결말이 난다는 특성이 있다.

집단소송제도의 효용성은 다음과 같이 정리할 수 있다.

(1) 소송경제상의 이점

집단소송은 동일한 또는 유사한 소송이 반복되는 것을 피할 수 있는 소송경제상의 장점이 있다. 이러한 점은 집단소송에 있어서 매우 긍정적인 평가를 가능하게 하는 부분이다. 미국 연방민사소송규칙(Federal Rules of Civil Procedure) 제23조인 FRCP Rule 23의 입법초기에 있어서도 공정한 소송의 진행과 시간·비용에 있어서의 소송경제를 실현한다는 것이 주요목적이었던 것이 사실이다. 한편 소송경제의 측면을 다른 각도에서 접근하는 시각도 있는데, 즉 집단소송의 결과 발생하는 손해배상은 개개인의 각 원고에게는 별로 중요하지 아니한 경제적 회복이지만 피고에게는 엄청난 경제적 부담으로 작용하기 때문에 기업에게는 부담이 된다는 것이다. 그러나 손해배상이 피고기업의 부담으로 된다고 하더라도 경제적 열세에 놓여있는 개인투자자에게는 회복할 수 없는 손해의 발생을 방지하게 된다는 점에서 이러한 비판은 옳지 않다고 생각한다.

(2) 법원의 부담경감

집단소송은 개인이 입은 경제적 손해가 미미하여 개인적 소송을 통하여 이를 회복하는 것이 힘든 경우에 국가공권력의 하나인 법원을 통하여 손해회복을 할 수 있도록 도움을 줄뿐만 아니라 동일한 소의 이익을 가진 수많은 사건들을 처리하여야 하는 법원의 부담을 경감시킬 수 있다. 즉 집단소송제도는 많은 소송을 다루어야 하는 법원이 소의 이익이 동일한 많은 사건들을 한꺼번에 처리하도록 함으로써 법원의 과중한 업무와 시간적 부담을 경감시켜 주는 장점이 있다. 또한 집단소송제도의 존재는 소송절차를 진행하게 됨으로써 발생하게 되는 장기간의 시간적 낭비와 증거수집의 어려움을 가지는 소송당사자들로 하여금 소송을 진행하지 않고 화해절차를 택할 수 있는 기회를 줌으로써 양 당사자간의 이익을 도모할 수 있다는 장점이 있다.

(3) 법적·경제적 정의의 실현과 분배의 형평성의 제고

집단소송은 대기업과 다투는 개인에게 분쟁해결을 함에 있어 평등한 토대를 제공한다는 점에서도 의미가 있다. 즉 개인이 혼자 변호사를 선임하여 막대한 소송비용을 부담하면서까지 소송수행을 하게 되면 아예 소송을 포기할 수도 있으나, 유사 혹은 동일한 소의 이익을 가진 여러 분쟁들을 한꺼번에 해결할 수 있는 길이 열린다면 소송경제상의 이익과 개인의 소송비용의 부담을 경감함으로써 결국 법적·경제적 정의의 실현이 가능하게 된다. 회사제도와 관련된 최근의 추세는 기업의 경제활동에 있어서는 기업의 자율성을 최대한 보장하고 각종의 규제를 완화하는 것이다. 그러나 회사라고 하여 영업활동이 아닌 분쟁해결에 있어서도 우월적인 지위를 제공받는 것은 정의에 반하는 것이고 기업의 경제활동과 수반되어 생겨나는 경제적, 사회적 문제는 회사제도의 폐해로 지적되고 있다. 따라서 회사가 회사라는 제도에 의해서 이익을 누리면서 동시에 불법행위 등으로 인한 책임으로부터 면제되는 모순이 없도록 하는 것이다.

(4) 소송수행의 어려움 극복

집단소송은 고도로 발달된 현대 산업환경 하에서 거대기업과의 거래로부터 피해를 보고있는 소비자들에게 소송수행의 어려움을 덜어준다는 장점이 있다. 즉 엄청난 소송비용과 장기간의 소송수행에 대한 부담으로 인하여 예상되는 손해배상을 포기할 수밖에 없는 일반적인 개인투자자들에게 집단소송은 소송수행의 어려움을 극복하는데 큰 도움을 주는 제도라고 할 수 있다. 더구나 집단소송의 경험이 많은 유능한 변호사를 선임하여 소송수행의 어려움으로 인하여 소송제기 자체를 하지 못하는 동일한 소의 이익을 가진 집단을 대신하여 소송을 수행토록 하고 그 이익을 분배한다는 점에서 투자자를 보호하는 긍정적인 효과가 나타날 수 있다. 또한 원고 개개인이 막대한 소송비용을 부담한다는 것은 매우 힘든 일이기 때문에 회사를 상대로 하여 소송을 시작하는 일은 매우 어렵고 소송수행에 필요한 중요한 자료들이 대다수 회사의 수중에 있기 때문에 이를 확보하는 일도 쉽지 않다. 따라서 집단소송제도는 이러한 원고 개개인의 행위를 대신하여 소송수행에 필요한 지원을 해주는 역할을 할 수 있다.

증권관련집단소송법이 제정·시행됨으로써 증권거래에 있어서 증권발행기업 등의 불법행위로 인하여 손해를 입은 대량 소액 다수의 증권투자자들은 집단소송제도를 통해서 기업과 실질적으로 대등한 소송주체가 되어 효율적으로 손해배상청구권을 보다 쉽게 행사할 수 있게 되었다. 그리고 대량 소액 다수의 증권투자자들의 손해배상청구권의 행사를 쉽게 할 수 있게 함으로써 증권거래에 있어서 증권발행기업 등의 불법행위에 대한 제재와 앞으로의 위법한 증권의 발행을 방지하는 효과를 동시에 달성할 수 있게 되었다. 집단소송제도는 소송수행을 함에 있어서 경제적·법률적 약점을 가지고 있는 원고에게 크게 도움을 줄 수 있는 제도라고 할 수 있고 대기업을 상대로 하는 손해배상청구소송이 대중투자자에게도 어느 정도 가능하게 되는 긍정적인 면이 있다고 하겠다.

물론 이러한 제도가 남용되었을 때 나타날 수도 있는 문제점과 부작용도 있을 것이다. 이 증권관련집단소송제도의 도입에 있어서 특히 문제가 된 것은 집단소송이 남용되는 경우에 기업측의 새로운 부담이 되고 자칫 기업활동을 위축시킬 우려에 관한 부분이다. 즉 집단소송이 남용될 경우 기업측의 대외적 신용에 큰 상처를 주고 재판에서 시비가 가려지기도 전에 매스컴에 의한 일방적으로 매도될 가능성이 있다. 이리하여 이번에 제정된 증권관련집단소송법은 남소방지를 직접·간접으로 엄격하게 규정하고 있다.

생각건대 증권집단소송제도는 제대로 운영되기만 한다면 우리나라의 경제현실에 비추어 볼 때 획기적인 개혁입법으로 평가될 수도 있을 것이다. 집단소송제도는 증권사기의 피해자들이 다수여서 현실적으로 소송제기가 불가능한 경우 이를 가능하도록 소송참여절차를 간소화하는 제도일 뿐 새로이 기업활동에 규제를 가하는 법은 아니다. 일부에서는 집단소송제가 도입되어 운영되는 것에 대해 크게 우려하고 있으나 경영의 투명성과 지배구조개선을 위하여 대주주와 경영진의 불법행위를 견제할 수 있는 좋은 장치가 될 수 있다고 생각된다. 또한 집단소송제는 주가조작이나 분식회계 등 이미 법이 엄격히 금지하는 증권사기행위로 피해를 입은 경우에만 제기할 수 있고 결코 단순히 주가가 하락했다고 해서 제기하거나 경쟁기업이 음해의 목적으로 제기할 수 있는 소송은 아니다. 또한 집단소송은 다른 일반소송과는 달리 사전에 법원의 허가를 얻어야 진행되고 법원은 증권집단소송의 제기가 있을 경우 과연 집단소송의 대상이 되는 주가조작이나 분식회계의 의혹이 있는지, 대표당사자가 전체피해자를 대표하기에 적당한 사람인지, 피해자가 다수이어서 일반소송으로 하기에 적합하지 않은 것인지를 심사하여 허가여부를 결정하도록 되어있다. 따라서 대부분의 선량한 회사들은 소수의 범법자들로 인하여 증시가 침체되고 자본조달이 경색되고 주식의 저평가 등 많은 고통을 받아 온 점을 고려할 때 이 제도가 원만하게 운영된다면 도리어 혜택을 받을 소지도 있다고 생각된다. 증권집단소송은 증권시장에서 투자자들이 투자결정을 함에 있어서 기업에 관한 정보를 정확하게 제때에 접하여 이를 바탕으로 하여 책임 있는 투자결정을 내리는 데도 꼭 필요한 제도라고 할 수 있다. 공시제도의 중요성이 강조되고 있는 이 시점에서 증권집단소송의 중요성도 같이 고려되어야 한다고 생각된다. 다만 집단소송제도가 미국에서 발달한 제도인 점에 비추어 우리의 현행 민사소송법체계와의 충돌과 모순을 극복하여 통일성과 적합성에 관한 실제적이고 보다 깊은 연구가 수반되어야 할 것이다.

준법지원인제 잘 활용하면 득이다

준법지원인의 의무채용내용을 담은 상법개정안이 국회를 통과한데 이어 최근 국무회의에서 심의·의결 되었다. 따라서 앞으로 일정규모이상의 상장회사는 법령을 준수하고 회사경영을 적정하게 하기 위하여 임직원이 그 직무를 수행할 때에 따라야 할 준법통제기준과 절차를 마련하고 이를 점검할 준법지원인을 두어야만 한다.

이 제도의 도입과 관련하여 기업들은 기업내부에 준법지원인제와 유사한 감사기능이 많은데, 옥상옥의 규제를 새로 만들어 변호사들의 밥그릇만 챙겨주는 이중규제라고 불만을 터뜨리고 있는가 하면, 일부 변호사 단체들은 기업의 준법의식과 경영투명성이 높아지고, 결과적으로 기업의 수익성도 좋아진다는 주장과 함께 변호사 과잉공급 상황을 해결할 실마리가 마련되었다고 하여 이 제도의 채택을 적극 환영하는 분위기이다.

원래 준법지원인제도는 기업의 의사결정 및 업무집행과정에서 법률전문가가 상시적으로 법적 위험을 진단하여 분쟁을 사전에 예방하기 위한 바람직한 제도이다. 물론 기업의 내부통제장치로는 사외이사와 상근감사, 감사위원회가 설치되어 가동되고 있으나, 기존의 제도들은 회사의 업무파악 및 실질적인 감사기능의 수행에 한계가 있고, 회사조직의 특성상 신속한 의사결정과 중요 업무에 대한 사전통제의 역할을 제대로 수행하기에는 역부족인 측면이 있다.

따라서 준법지원인제도는 기존의 제도와 기능과 역할에 있어 차이점이 있고 기존회사가 지니고 있는 내부통제제도의 빈틈을 메워, 사전적 감시·감독을 통한 기업경영의 실효적 통제를 가능하게 하여 기업과 주주의 이익을 다 같이 도모하는 제도로 기능할 수 있다고 본다.

최근의 기업경영 환경을 보면 위법경영현상에 대한 국내외적 제재가 크게 강화되고 있고, 기업의 지속가능한 경영을 위해서는 내부에서의 사전적 감시와 예방이 필요하며, 준법윤리경영이 필수적인 과제가 되고 있다.

이에 따라 개정회사법은 기업경영의 투명성을 제고하기 위한 여러 제도중의 하나로 준법지원인 제도를 채택한 것이다.

이는 최소한의 내부통제 시스템조차 갖추지 않은 채 무리한 경영을 하다가 대주주의 횡령·배임으로 주주들의 피해가 속출하고, 부도사태를 맞거나, 사회적으로 물의를 빚는 코스닥 상장기업들이 생겨나는 우리의 현실에 비추어 적합한 선택이라고 생각된다. 이 제도의 도입과 관련하여 변호사들만의 밥그릇 챙기기라고 비판만하는 것은 문제가 있다고 본다. 준법지원인의 자격요건에는 변호사 이외에 법률학 조교수 이상의 직에 5년 이상 근무한 사람, 그 밖에 법률적 지식과 경험이 풍부한 사람을 포함하고 있기 때문이다.

기업의 윤리경영과 투명경영 분위기를 만드는 것은 국제적인 흐름이므로, 우리 회사법도 글로벌 스탠다드에 맞게 계속 개정되어야 하고, 기업도 응분의 사회적 책임에 항상 관심을 기울여야 한다. 다만 이 제도의 도입의 범위나 속도 등은 기업현실에 맞추어 적절히 조절하고 앞으로 공청회 등을 통하여 기업과 학계 등의 여론을 폭넓게 수용하여 시행령을 마련할 필요가 있다고 본다. 즉 시행과정에서 적용대상 기업 수를 적정화하고, 채용된 변호사를 유용하게 활용하는 등의 보완장치를 마련하여 기업부담을 줄일 수 있도록 운영의 묘를 잘 살려야 할 것이다.

또한, 이번 기회에 상법 회사편에 내부통제에 관한 기본규정을 신설하여, 업무분장도 확실히 하고, 자본시장법·은행법 등 11개의 법률에 산재되어 있는 내부통제 규정도 통합·정리할 필요가 있다고 본다.

아울러 대통령령에서 준법지원인을 두어야 할 상장회사의 범위를 정할 때에는 특별법에 의하여 이미 내부통제기준 및 준법감시인을 두고 있는 상장회사는 제외하는 것이 바람직할 것이다.

사외이사제도 활성화 하자

1997년 외환위기 극복과정에서 기업비리를 차단하고, 경영의 투명성을 담보하기 위하여 새로이 도입되었던 사외이사제도가 시행된 지 어언 12년의 세월이 흘렀다. 사외이사란 지배주주나 경영진으로부터 독립된 이사로서 미국에서 처음 발달하여 우리나라와 일본에 계수된 제도이다.

최근의 사외이사 관련 보도자료에 의하면 지난 2009년 상반기 중 매출액기준 상위 30개 기업이 개최한 총 250회의 이사회 회의록을 분석한 결과 총 729개의 처리안건 중 사외이사가 반대한 안건은 단 2건으로 집계되었다고 한다. 이러한 사실을 놓고 일부에서는 사외이사제도가 무용지물이라고 하면서 아예 제도를 폐지하거나 기업의 자율규제사항으로 하자는 주장이 제기되고 있다. 그러나 이러한 주장은 법의 취지와 부합되지 않을 뿐만 아니라 기업의 경영 투명성을 보장하는 최소한의 장치를 제거하자는 것으로서 일부의 편향된 의견으로 보여 진다. 즉, 이사회를 사내이사로만 구성한다면 실질적인 지배권을 가진 지배주주나 대표이사의 전횡을 막을 수 없고, 경영의 투명성 또한 확보될 수 없기 때문이다. 또한 사내이사는 정실에 의해 선임이 이루어지기 쉽고, 지배주주나 대표이사의 지시에 의하여 피동적으로 업무를 집행하기 때문에 경영의 전문성을 기대할 수 없게 된다.

상법의 규정을 보면 이사는 주주총회의 보통결의에 의해 선임되고, 대표이사는 원칙적으로 이사회의 결의로 선임되고 예외적으로 정관의 규정에 의해 선임된다. 그러나 우리나라의 기업현실을 보면 대부분의 이사를 지배주주가 선임하고, 대표이사 또한 그 이사들 가운데 선임되므로 이사회의 업무집행과 감독기능은 형해화될 수밖에 없다. 이사들로 구성된 이사회는 대표이사의 업무집행을 감독하여야 하나 실제로는 이사들의 선임이 지배주주의 권한에 속하게 되어 그 감독기능이 발휘될 수 없는 구조이다. 즉, 이사회에 참석하는 대부분의 이사들은 대표이사의 업무집행에 대한 감독과 비판을 하기보다는 단순히 대표이사가 제시하는 정책이나 방향에 대한 추인내지 약간의 의견제시 만을 할 수 있을 뿐이다.

주식회사의 이사회 기능이 제대로 작동하기 위해서는 1인 또는 소수의 이사가 아닌 탁월한 식견과 전문성을 겸비한 사외이사의 의견이 충분히 종합적으로 반영되어야 한다. 특히, 회사경영이 심각한 위기에 직면했을 때 유능한 사외이사가 활동하지 않는 한 그 위기의 원인을 정확히 진단할 수 없고 위기극복의 묘책도 제시할 수 없게 되어 그 회사의 부활은 불가능하게 된다. 최근 일본의 도요타 자동차 사태에서 목도했듯이 황제경영 체제하에서 그의 경영실책을 견제할 만한 효과적인 제도적 장치가 마련되지 않는다면 결국은 경영부실로 치닫게 되어 그 회사는 국제경쟁에서 도태될 수밖에 없을 것이다.

참고로 사외이사제도의 발상지인 미국의 경우를 보면 대부분의 주식회사가 이사회의 운영의 효율을 기하고 의사결정의 객관성을 확보하며 전문성을 보다 높이기 위한 대책으로 이사회내에 감사위원회, 보수위원회, 집행위원회, 지명위원회, 공공정책위원회, 재무위원회 등의 각종 위원회를 설치하여 그 기능을 활성화하고 있다. 또한 이러한 위원회의 전원 또는 대다수가 사외이사로 구성되어 역동적으로 활동하고 있는 사실을 우리는 주목할 필요가 있다고 본다.

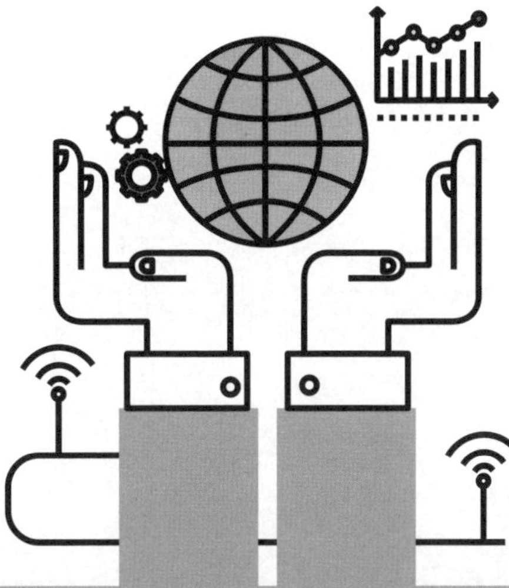

제1부 기업법의 정립 방향

기업법의 개정 방향

1. 기업을 숨쉬게 하는 상법을...
2. 상법개정 서두르자
3. 회사법 개정안, 더 이상 미룰 수 없다
4. '극약처방' 필요하다
5. 포이즌 필의 도입이 시급하다
6. 종류주식 다양화로 기업 활력소 불어 넣자
7. 「기업지배구조 상법개정안」 신중히 처리되어야 한다
8. 준법지원인제도의 도입
9. 경영판단의 원칙을 도입하자

기업을 숨쉬게 하는 상법을...

(2006년 10월 26일 조선일보)

- 이중대표소송, 회사 기회 유용 금지 등 새 '회사법', 경영 위축 시킬 내용 많아

법무부는 '기업하기 좋은 나라'를 만들겠다며 회사법 개정작업에 착수, 최근 새로운 개정안을 입법 예고했다. 이 개정안에는 기업지배구조 분야에서 이중대표소송제, 집행임원제도의 도입과 이사의 자기 거리 승인범위 확대, 회사의 최고 의사 결정기관인 주주총회의 전자화 및 결의요건 강화 등 새로운 내용들을 담고 있다.

그런데 이번 개정안을 자세히 들여다보면 원래 취지와는 달리 여러 문제점이 노출되고 있다. 먼저 이중대표 소송제의 신설이다. 이 제도는 기존 주주 대표 소송을 모자회사 관계로 확장한 것으로 비상장 자회사에서 이사, 감사의 위법행위가 발생한 경우 모회사의

주주로 하여금 소송을 제기할 수 있도록 길을 터주어 자회사 이사의 부정행위를 억제하고 소수 주주의 권익을 보호한다는 것이 입법 취지이다. 이 제도를 도입하면 세계 최초로 입법화하는 국가가 된다. 미국도 판례를 통해 극히 제한적으로 허용하고 있는 제도를 상법에 규정하게 되면 기업 간 독립경영원칙이 저해되고 회사 신뢰도에도 타격을 주며, 외국 기업과의 합작 등 다양한 경영전략의 선택권이 제약될 가능성이 있어 소극적 경영을 할 수밖에 없을 것으로 우려된다. 만일 소수 주주의 보호를 위해 불가피하게 이중대표소송을 도입할 수밖에 없다면 소송 남용 방지를 위해 이중대표소송 요건에 형식적 요건과 함께 실질적 요건을 명문화할 필요가 있다.

집행임원제도도 현행 상법과 증권거래법상 감사위원회 구성의 3분의 2 이상을 의무적으로 사외이사로 구성하게 되어 있어 이사회의 업무감독기능이 이 제도에 비해 떨어진다고 보기 어렵다. 현행 제도하에서도 개별 기업들이 각 기업 환경에 맞게 자율적으로 운용의 묘를 살리면 충분히 달성 가능한 것을 굳이 기업들에 혼란만 가중시킬 수 있는 제도를 도입할 필요가 있는지 의문이다.

'회사 기회 유용 금지조항'도 악용될 소지가 많다. 이사가 장래 회사에 이익이 될 수 있는 사업 기회를 유용해 본인 또는 제3자의 이익으로 취득하지 못하도록 금지하는 제도라고 하지만 사업 기회의 개념이 모호해 과잉 규제, 소송 남발 등으로 이어지면 경영활동을 크게 위축시킬 것으로 우려된다.

이번 개정안은 '기업하기 좋은 환경을 만들자'는 목표에 비해 오히려 기업 환경을 악화시킬 가능성이 매우 높다. 상법의 기본 이념이 기업의 유지와 기업활동의 원활화, 확실화라는 점에 있음을 감안할 때 기업 경영의 현실을 고려해 보다 충실한 개정이 이뤄지도록 다시 지혜를 모아야 할 것이다.

상법개정 서두르자

신묘년 새해가 밝았다. 2011년은 우리의 전래문화속에서 친숙한 토끼의 해이다. 꾀로서 위기를 벗어나는 별주부전의 토끼와, 보름달 계수나무 아래 불로장생의 선약(仙藥)을 만드는 설화 속의 토끼, 항상 다정한 한 쌍으로 번식력이 왕성한 특성으로 그려지는 민화 속의 토끼는 우리에게 지혜와 장수, 그리고 화합과 풍요의 가치를 깨닫게 해주고 있다. 이러한 뜻 깊은 새해의 의미를 살려 우리 모두 각자 맡은 바 분야에서 최선을 다하여 좋은 결실을 맺는 한 해가 되었으면 한다.

일찍이 독일의 법학자 골드슈미트는 "상법은 하류에서는 만년설이 흘러내려 침전물과 용해되어 녹아내리지만, 상류에서는 계속 새로운 만년설을 형성하는 빙하와 같다"고 언급하였고, 독일의 법철학자 라드브르흐는 "어떤 법역의 법보다도 상법의 법역은 살아있는 법이고 지면위의 법이 아니며 법문에서 읽어 아는 법이 아니고 법 생활상의 거래에서 직접 볼 수 있는 법이다." 라고 갈파 하였다. 이 말은 상법은 끊임없이 변화되는 경제현상과 기업환경의 새로운 조류에 발맞추어 진화 되어야 한다는 점을 강조한 것으로 풀이할 수 있다. 우리나라 상법은 1962년 제정된 이래 어언 50년 가까운 세월이 흘러가고 있으며 그동안 우리상법은 1984년 처음 개정된 이래 1991년, 1995년에 개정이 있었고, IMF이후에는 1998년, 1999년, 2001년, 2007년, 2009년, 2010년에 이르기까지 숨가쁜 개정이 이루어져 왔다.

최근의 개정경과를 살펴보면 먼저, 2009년에는 종전의 증권거래법, 선물거래법, 간접투자자산운용업법, 신탁업법, 종합금융회사에 관한 법률, 한국증권선물거래소법 등 6개의 중요한 법률이 통합된 「자본시장과 금융투자업에 관한 법률」(약칭 자본시장법, 2007.8.3. 법률 제8635호로 공포되어 1년 6개월이 경과한 2009.2.4부터 시행됨)이 새롭게 탄생 되었고, 우여곡절 끝에 사외이사 및 상장회사에 대한 특례를 규정한 상법 일부 개정법률(법률 제9362호)도 2009.1.30. 공포되어 2009.2.4부터 시행되고 있다. 이러한 개정으로 증권거래법상의 상장회사에 관한 특례규정 중 회사의 지배구조에 관한 부분은 상법으로 편입되고 회사의 재무관리에 관한 부분은 자본시장법에 그대로 남겨두게 되었다.

곧 이어, 창업절차를 간소화하고 기업경영의 IT화 지원내용을 담은 상법일부개정법률(법률 제9746호)이 2009.5.28. 공포되었다. 이 법안은 법무부가 2005년부터 추진해온 창업절차 간소화 노력이 결실을 맺은 것으로 경제위기 극복을 위한 시급한 필요성을 인식하여 창업절차간소화 규정 등을 다른 상법 개정안과 분리하여 신속하게 처리한 것이다. 이러한 상법개정의 의미는 ① 창업절차의 획기적 간소화 ② 소규모기업에 대한 과감한 규제개선 ③ 기업경영의 IT화 지원을 위한 녹색성장 구현의 세 가지로 요약될 수 있다. 창업절차 간소화 부분은 공포일인 2009.5.28로부터 즉시 시행되었고, 기업경영의 IT화 지원 부분은 공포일로부터 1년 후인 2010.5.28부터 시행되고 있다.

한편, 1962년 상법이 제정된 이래 거의 개정작업이 이루어 지지 못했던 상법총론의 규정들도 기업을 둘러싼 환경의 급격한 변화에 따라 개정될 필요성이 절실하였다. 이에 따라 법무부는 2009.1.5 「상법총칙·상행위편 개정안」을 국회에 제출하고, 2010. 5.14 「상법총칙·상행위편의 개정 법률」이 공포되어 2010.11.15부터 시행되고 있다. 이 개정 법률은 빠르게 발전하는 금융리스·가맹업·채권매입업 등에 대한 기본적인 법률관계를 규율하고, 신용카드·전자화폐 등 지급결제업무의 인수를 새로운 상행위로 규정하는 등 현행 상법규정의 미비점을 보완하였다. 또한 그동안 꾸준히 제기 되었던 공중접객업자의 임치물에 대한 비현실적인 엄격책임을 완화하고 상법상 회계기준과 기업회계기준과의 불일치를 해소하는 등 변화된 경제현실을 반영한 점을 특색으로 들 수 있다.

한편 주지하다시피 회사편·보험편 개정법안 및 항공운송편 제정법안과 적대적 M&A방어법제·신탁법과 복합운송규정등 현안이 되고 있는 사항들에 대하여 입법 작업이 이루어지지 못하고 있다. 특히 회사법은 국제기준에 맞추기 위하여 2006년과 2008년에 걸쳐 개정안을 마련하였으나 2006년 개정안은 제17대 국회 회기만료로 인하여 자동폐기 되었고, 2008년 회사법 개정안도 현재 각종 이해관계 집단의 갈등과 반목으로 인하여 국회 심의가 지연되고 있고 통과가 난망한 상황이다. 실로 안타까운 일이 아닐 수 없다. 이번 회사법 개정안을 보면 글로벌 스탠다드를 지향하여 기업지배구조와 관련해서는 집행임원제, 이사의 자기거래승인범위 확대, 이사의 책임제도 개선 등에 관한 내용이 담겨져 있고, 기업재무구조에 대하여는 주식종류의 다양화, 무액면주식제도의 도입, 사채제도의 개선, 법정준비금제도 개선, 회계규정 정비, 새로운 회사형태의 도입 등에 대한 내용이 들어 있다.

상법의 개정은 정치적 이해관계와 상관없이 조속히 처리되어야 한다. 근본적인 개정이 이루어지지 않은 채, 일부의 땜질식 처방만 계속되는 점은 유감이 아닐 수 없다. 우리나라 기업이 지표로 삼아야 될 상법의 전반적인 개정은 빠를수록 좋다고 생각한다. 상법 개정을 둘러싸고 여러 의견들이 활발히 개진되고 있으나 이해관계대립에 기한 세부적인 논쟁에 휘말려 큰 숲을 보지 못한 채, 법안이 또다시 표류하는 일은 결코 없어야 할 것이다. 국회는 현재 계류중인 회사법을 비롯한 상법개정안을 조속히 심의, 통과 시킬 것을 다시 한 번 촉구한다.

이와 함께 우리 모두는 글로벌 스탠다드에 적합한 최상의 상법이 조속히 만들어 질 수 있도록 상법개정위원회를 상설기구화 하고,

공론의 장을 보다 활성화 하는 등 다 같이 지혜를 모아야 할 것이다.

회사법 개정안,
더 이상 미룰 수 없다

(2010년 10월 20일 조선일보)

우리나라는 1945년 해방 이후 일본의 상법을 의용하여 사용하다가, 1962년 최초 우리 고유의 상법을 제정하였다. 1960년대 이후 우리 경제는 금융시장 기능이 아닌 정부지배하의 은행을 통해 자금을 배분하는 관료주도의 개발국가 모델로 급속한 경제성장을 이루었다. 그러나 이로 인하여 기업의 높은 부채비율과 주식 소유의 집중 현상이라는 부작용이 발생하였고, 그로 인하여 결국 자본시장이 제대로 발전하지 못하였고, 재벌이라는 우리나라에만 특유한 기업지배구조가 형성되었다.

1980년대에 들어와 경제성장, 민주화, 세계화 등으로 기업지배구조의 변화에 대한 요구가 있었으나, 기존의 개발국가 모델에 집착한 경제실적위주의 경제운용을 계속한 결과 회사법을 국제적 기준에 맞추어 개정하지 못하고 우리 경제는 1997년의 경제위기를 맞기에 이르렀다. 그로 인하여 우리 회사법은 IMF나 IBRD 같은 국제금융기관의 요구에 의하여 1998년, 1999년, 2001년 잇달아 타율적으로 부분적인 개정을 하여야만 하였다.

IMF 위기를 벗어나자 법무부는 회사법을 국제기준에 맞추기 위한 개정작업에 착수하였고, 2006년과 2008년에 걸쳐 개정안을 마련하였다. 2006년 개정안은 제17대 국회 회기만료로 인하여 자동폐기되었고 2008년 회사법 개정안도 현재 각종 이익집단의 이해관계 갈등 또는 무관심으로 인하여 국회 심의가 지연되고 있으며 개정작업에 아무런 진전을 보이지 못하고 있다.

이번 회사법 개정안은 그동안 각계의 개정요망사항을 최대한 수렴하여 마련한 것으로, 상법 회사편 총 696개 조문 중 274개 조문을 개정하는 건국 이래 가장 방대한 개정사업이다.

그 결과, 기업지배구조에 대하여는 집행임원제, 이사의 자기거래 승인범위 확대, 이사의 책임제도 개선 등에 대한 개정안이 마련되었고, 기업재무구조에 대하여는 주식종류의 다양화, 무액면주식제도의 도입, 사채제도의 개선, 법정준비금제도 개선, 회계규정 정비, 새로운 회사형태의 도입 등에 대한 개정안이 마련되었다.

이번 회사법 개정은 더 이상 미룰 수 없는 국가경제의 중대과제이다. 우리 회사법은 이미 1980년대 경제성장, 민주화, 세계화 등으로 인한 기업현실의 변화에도 불구하고 회사법을 신속히 개정하지 아니하다가 1997년의 경제위기를 맞고, 국제금융기관에 의한 타율적인 회사법 개정을 하게 된 뼈아픈 경험이 있다.

현재 지구촌의 화두가 되고 있는 글로벌 금융위기 등 경제 세계화의 흐름을 보더라도 글로벌 스탠다드를 도입하는 회사법의 개정을 더 이상 미루어서 대한민국의 국가경제 발전의 발목을 잡는 우를 다시는 범하지 말아야 할 것이다.

물론 이번 회사법 개정안이 모든 이해관계를 조정하는 완벽한 법안이라고 할 수는 없을 것이다. 학계에서도 새로운 개정안에 대한 여러 의견들이 활발히 개진되고 있다. 하지만 일단 큰 틀에서의 논의를 확정시킨 후 세부적인 조정을 거치는 것이 순리라고 생각한다. 이해관계 대립에 기한 세부적인 논쟁에 휩싸여 큰 숲을 보지 못하는 일은 없어야 할 것이다.

'극약처방' 필요하다

우리나라 대표 기업인 삼성전자의 경우 외국인 보유 지분이 47%에 달하고 특수 관계인을 포함한 대주주 지분은 15%에 불과하다. 현대자동차도 외국인 지분이 34%이고 대주주 지분은 20% 정도이다. 이러한 지분 구조는 자칫 방심하는 사이 우리 기업들이 외국 기업의 먹잇감 표적이 될 수 있는 위험성을 내포하고 있다. 실제로 2003년 소버린이 SK를 공격한데 이어 2004년에 에르메스가 삼성물산을, 2006년에 칼아이칸이 KT&G를 상대로 각각 적대적 M&A(인수합병)를 시도하여 재계를 긴장시킨 바 있다. 이제 우리 기업은 호시탐탐 먹잇감 사냥 기회를 엿보고 있는 불순한 외부 세력을 의식하지 않을 수 없게 되었다. 자연히 적대적 M&A로부터 기업 경영권을 방어하는 수단의 하나인 '포이즌 필(신주인수선택권, 일명

'극약처방')' 제도에 대한 관심이 커지고 있다.

최근 법무부는 빠르면 2011년부터 '포이즌 필' 제도를 도입할 것을 검토하고 있다고 발표했다. '포이즌 필' 제도가 시행되면 기존 주주들은 주주총회의 특별 결의 등을 거쳐 시가보다 싸게 신주를 살 수 있게 된다. 결과적으로 기존 주주들은 적은 돈으로 소유 지분을 늘릴 수 있는데 반하여, 적대적 M&A를 통해 경영권을 차지하려는 측은 자금 부담이 커지면서 목적한 바를 쉽게 이룰 수 없게 된다. 문제는 제도의 운용이다. 법무부의 상법 개정안에는 '포이즌 필'의 발동 요건을 매우 까다롭게 규정하고 있어서 기업 입장에서 그림의 떡에 불과하며, 사실상 제도 이용이 불가능 하다는 지적이 제기되고 있다.

개정안을 살펴보면 회사 정관에 미리 규정을 넣은 경우에만 '포이즌 필'을 발동할 수 있고, 주주총회의 특별 결의 요건을 명시함으로써 기업들이 이 제도를 쉽게 활용할 수 없도록 하고 있다. 주주총회 특별 결의는 출석 주주 의결권의 3분의 2 이상, 발행주식 총수의 3분의 1 이상의 찬성을 얻어야 하는데 우리나라의 현재 기업 여건상 그 요건을 충족하기가 매우 어렵다.

물론 이 제도가 남용될 것을 우려하는 목소리도 있으나 '포이즌 필'을 비롯한 종류주식은 지배권의 배분과 자금조달의 효율성, 그리고 적대적M&A에 대한 방어수단으로서 그 기능이 매우 다양하다는 장점을 지니고 있다. 이에 미국에서는 일찍부터 다양한 유형의 종류주식을 인정하여 왔고, 이미 20 여 년 전에 '엑손-플로리오' 법을 제정하여 기간산업에 대한 외국인의 M&A를 정부 직권으로 막을 수 있도록 했다. 일본도 2001년 개정 상법에서 종류주식의 다양화를 도모하면서 새로운 유형의 종류주식을 도입하였고, 유럽국가도 황금주(주주의 거부권 행사를 통한 경영권 방어수단)나 복수의결권주식(적은 지분을 이용한 경영권 방어수단)을 채택하여 기업의 방어 장치를 튼튼하게 마련하고 있다.

이왕 정부가 '포이즌 필'을 도입하기로 하였다면 이 제도가 우리 기업의 걱정을 덜어 주고 보다 실효성 있는 제도로 정착될 수 있도록 도입 요건을 대폭 완화할 필요가 있다고 생각된다. 글로벌화에 따라 우리 기업들은 주식제도와 관련한 보다 경쟁력 있는 자본 조달 수단을 갈망하고 있다. 이러한 상황에서 '포이즌 필'을 비롯한 종류주식의 다양화는 회사의 자금 조달과 지배권의 유지, 사업 영역의 확대, 구조조정의 필요 등 다양한 경영상의 목적을 달성할 수 있는 매우 유용한 수단이 된다. 자본 시장의 글로벌화와 국제적 자본 거래 활성화에 걸맞게 우리나라도 선진국의 기업 규제 완화 추세를 적극적으로 반영하는 일이 시급하다.

포이즌 필의 도입이 시급하다

IMF이후 우리나라는 외자유치와 기업구조조정을 위해 의무공개매수제도 및 외국인 주식취득한도 폐지 등 대부분의 기업경영권 보호장치를 제거함에 따라 국가안보와 우리나라의 국가경제에 중추적 역할을 담당하고 있는 기업들마저 외국자본들의 적대적 M&A의 대상이 되고 있다. 즉 소버린이 SK그룹을, 에르메스가 삼성물산을, 칼 아이칸과 스틸 파트너스가 연합하여 KT&G에 대하여 적대적 M&A를 시도한 경우를 비롯하여 최근에 발생한 삼성물산과 앨리엇 사태에서 경험한 바와 같이 외국계 자본에 의한 국내기업에 대한 적대적 기업매수의 문제가 화두로 떠오르고 있다.

몇 해 전 법무부는 기업하기 좋은 법제 정비의 일환으로 외국자본에 대한 국내기업의 적대적 인수합병의 위협을 막기 위한 경영권 방어제도의 도입을 추진하기로 하고 상법개정안을 마련하였지만, 국회 입법과정에서 무산되고 말았다. 이와 관련하여 특히 논란이 되고 있는 것이 포이즌 필 제도이다. 포이즌 필 제도는 적대적 M&A로 인해 경영권상실 위기에 처한 경영진이 극약처방을 통하여 용이하게 경영권을 방어하는 수단이다.

즉 포이즌 필(poison pill)이라 함은 어느 특정한 기업을 상대로 적대적 M&A의 시도가 있는 경우 그 기업의 주주로 하여금 특별한 권한을 행사할 수 있도록 하는 것을 의미한다. 이는 적대적 M&A에 직면한 상황에서 주식가치의 희석화를 통하여 인수시도자(매수자)와 대등하게 교섭하는 것을 가능하게 하는 수단이다. 포이즌 필은 "삼킨 후 시간이 지나서부터 독이 퍼지는 알약"을 처방해 주는 것을 이미지화하고 있다. 폐해가 있는 적대적 M&A("질병")에 대비한 "약"(pill)을 대상회사가 보통 때부터 복용하다가, 인수시도자가 실제로 대상회사를 매수하여 "삼켰을"때에 그에게 "독"(poison)이 퍼지는 것을 비유하고 있다.

포이즌 필은 일반적으로 적대적 인수자가 회사의 주식을 일정한 비율 이상 취득하는 경우에 이사회가 대상회사의 다른 주주들에게 대상회사의 주식을 저렴한 가격으로 인수할 수 있는 선택권을 부여하거나, 또는 공개매수자가 대상회사를 흡수 합병하여 존속회사로 남는 경우에 대상회사의 소멸 전에 대상회사의 주주에게 존속회사의 주식을 낮은 가격으로 매수할 수 있는 권리를 부여하고, 적대적 M&A가 시도되는 경우에 당해 주주로 하여금 그 권리를 행사하게 함으로써 적대적 주식취득자가 보유하는 주식의 비율적

가치를 희석시키고, 그 비용부담을 가중시켜 적대적 M&A를 방어하는 수단이다.

선진국의 포이즌 필에 대한 동향을 보면, 먼저 미국에서의 포이즌 필은 적대적 M&A에 대하여 가장 강력한 방어수단으로서의 위치를 점하고 있고, 일본의 경우에도 2001년 상법개정에 의하여 신주예약권이 도입된 이후, 이를 이용하여 포이즌 필을 구성하는 방식으로 적대적 M&A에 대한 방어가 이루어지고 있다. 또한 미국의 포이즌 필은 이사회가 주도한다는 점이 특색이지만, 일본의 경우는 주주총회의 관여가 제도적으로 허용되어 있다는 점에 차이가 있다. 종전에 마련되었던 법무부의 상법개정안을 살펴보면 포이즌 필의 남용을 우려하여 그 행사요건을 미국이나 일본에 비해 까다롭게 규정하고 있다.

회사의 가치나 일반주주의 이익을 해치려는 기업의 적대적 매수자의 공격에 대응하여 이에 상응하는 회사의 방어체계를 구축함으로써 대상회사와 그 소수파 주주들의 이익을 옹호할 수 있는 제도는 반드시 필요하다고 생각된다. 포이즌 필은 미국, 일본, 프랑스 등 선진 각 국에서 인정되고 있는 글로벌 스탠다드에 적합한 제도로서 이를 도입하는 것은 우리기업의 역차별적 족쇄를 풀어주고 동등한 경쟁 환경을 조성하기 위한 것이라고 할 수 있다. 일부 논자들은 포이즌 필의 도입 시 무능한 경영진의 교체에 문제가 생길 것이라고 우려하고 있으나 포이즌 필은 주주들의 의사에 반하는 기업파괴자가 나타났을 때에만 작동하는 것이기 때문에 현재의 주주들이 주주총회를 통해 무능한 경영진을 심판하고 교체하는데 아무런 제약이 없다. 포이즌 필을 도입하기 위해서는 주주의 2/3이상의 동의를 얻어야 하기 때문에 주주의 의사에 반하여 도입할 수 없으며, 제3자 배정도 금지되기 때문에 특정주주를 위한 특혜를 부여할 수는 없는 구조이다. 만일 이를 남용할 경우에는 발행절차, 방식 등이 부당하면 주주가 회사를 상대로 금지가처분이나 발행무효 소송을 제기할 수 있으며 경영진에 대해서는 민·형사상 책임까지 물을 수 있도록 되어있다. 즉, 강화된 견제장치가 함께 마련되기 때문에 남용 가능성은 없다고 생각된다. 또한 일부에서는 외국인 투자나 M&A 시장의 위축을 초래할 것이라는 우려를 제기하기도 하나 외국인 투자 중 그린필드형 투자는 경영권방어수단과 전혀 무관하며 우호적 방법에 의한 M&A 투자 역시 방어수단 유무와 무관하기 때문에 방어수단으로 인하여 외국인 투자가 위축될 가능성도 거의 없다.

우리나라는 상대적으로 외국인 주식보유 비중이 높은 편임을 감안할 때, 우리기업들은 여전히 적대적 M&A에 노출되어 있는 상황이다. 우리기업들은 경영권불안으로 투자보다는 과도한 자사주 매입이나, 현금 확보 등에 치중하는 경향을 보이고 있으므로 경영권 방어수단의 도입필요성은 오히려 높아졌다고 볼 수 있다. 기업이 자사주 매입 등 경영권 보호를 위해 사용되었던 자금을 투자 등 생산적 자금으로 전환할 수 있다는 점에서 포이즌 필과 같은 방어수단 도입은 적극적 투자환경 조성에 긍정적인 효과를 낳을 수 있다고 본다.

기업의 글로벌화에 따라 우리기업들은 주식제도와 관련한 보다 경쟁력 있는 자본조달 수단을 갈망하고 있다. 이러한 상황에서 '포이즌 필'을 비롯한 종류주식의 다양화는 회사의 자금조달과 지배권의 유지, 사업 영역의 확대 등 다양한 경영상의 목적을 달성할 수 있는 유용한 수단이다.

포이즌 필 도입의 찬성론자들은 ① 적대적 M&A의 역기능 억제 효과, ② 적극적 투자 환경 조성 및 기업성과 향상, ③ 중소·중견기업을 위한 방어수단, ④ 외국인 투자의 건전성 제고 효과, ⑤ 적대적 M&A를 위한 외국 투기자본의 차단 효과 등을 들어 이 제도의 도입을 적극 찬성하고 있다.

참고로 적대적 M&A의 순기능으로서는 ① 비효율적인 경영진을 보다 효율적인 경영진으로 교체할 수 있고, ② 소액주주도 프리미엄의 형태로 기업지배권거래에 참여할 수 있는 기회가 생기게 되며, ③ 국가 경제적으로는 산업구조조정의 촉진 및 국제경쟁력 제고를 도모할 수 있는 점을 들 수 있다. 이에 반해 적대적 M&A의 역기능으로서는 ① 경영진이 회사의 장기적인 발전보다는 단기적인 경영성과에 치중하게 되고, ② 인수회사는 인수자금을 조달하는 과정에서 부채가 더 증가하게 되어 경쟁력이 약화되며, ③ 대상회사도 막대한 방어비용을 투입하여야 하는 부담요인이 발생하게 되고, ④ 시장실패의 경우에는 주주, 채권자, 지역사회 등 이해관계자의 이익을 침해할 수도 있다는 점이 지적되고 있다. 기업의 적절한 방어수단이 존재하지 않는다면 무분별하고 부적절한 M&A가 성행할 수 있고 우리나라 기업 경쟁력은 약화될 수밖에 없다. 기업이 경영권 방어를 위하여 투하되는 과다한 방어비용은 투자위축과 이에 따른 실업문제, 장기성장동력의 상실 등으로 이어질 수 있다. 따라서 포이즌 필 제도의 적절한 도입은 적대적 M&A의 역기능을 억제하되 순기능을 훼손하지 않는 방향으로 기능할 수 있게 된다.

최근 코스닥 업체가 신기술을 개발하자 이에 위협을 느낀 경쟁업체가 적대적 M&A를 시도하는 사례가 있었는데, 기업이 R&D나 과감한 설비투자를 하기 위해서는 경영권 안정화가 매우 중요하다는 점을 지적할 수 있다. 미국의 대표적인 기관투자자 자문사인 ISS(Institutional Shareholder Service)는 최근 보고서를 통해, 경영권 방어수단을 잘 갖춘 기업이 그렇지 못한 기업들에 비하여 3년, 5년, 10년의 기간 중 어떤 것을 기준으로 하여도 주가상승률이 뛰어 났으며, 수익성, 배당성향, 재무운영 등이 충실하다고 발표했다.

적절한 경영권 방어수단의 도입은 자사주 매입 등 경영권 보호를 위해 사용되었던 자금을 투자 등 생산적인 자금으로 전환할 수 있어 적극적 투자환경 조성에 긍정적 효과로 작용할 수 있다. 포이즌 필의 도입이 시급히 요청되는 시점이다.

종류주식 다양화로 기업 활력소 불어 넣자

정부가 2008년 10월 국회에 제출한 상법(회사편)개정안중 일부는 2009년 2월과 5월 두 차례에 걸쳐 개정된바 있으나 기업의 자금조달의 중요한 수단이 되는 주식제도에 관해서는 아직도 개정이 유보되고 있다. 트래킹주식, 거부권부주식, 임원임면권부주식 같은 종류주식의 일부는 원래 회사법 개정위원회에서는 도입하기로 하였으나, 트래킹주식은 법률관계가 복잡하고 주주간 이해충돌로 인하여 분쟁의 소지가 많다는 이유로, 거부권부주식과 임원임면권부주식은 경영권방어수단으로서의 남용 가능성 때문에 도입되지 않았다고 한다. 또한 포이즌 필(Poison Pill)이나 신주예약권과 같은 옵션형 잠재주식제도에 대해서도 경영권방어수단으로서의 남용가능성이 높다는 이유로 도입이 보류되었다고 한다. 미국의 경우에는 일찍부터 다양한 유형의 종류주식을 인정하여 왔고 이미 20여년 전에 '엑손-플로리오'법을 제정하여 기간산업에 대한 외국인의 M&A를 정부직권으로 막을 수 있도록 하였고, 일본도 이미 2001년 개정 상법에서 종류주식의 다양화를 도모하여 새로운 유형의 종류주식을 도입하였고 유럽국가도 황금주나 복수의결권주식을 채택하여 기업의 방어장치를 튼튼하게 마련하고 있다.

최근 보도를 보면 법무부는 다시 포이즌 필(Poison Pill)의 도입을 검토하고 있다고 한다. 포이즌 필은 적대적 M&A(인수합병)으로부터 기업의 경영권을 방어하기 위한 수단으로서, 포이즌 필이 시행되면 기존 주주들은 주주총회의 특별결의 등을 거쳐 시가보다 싸게 신주를 살 수 있게 된다. 기존 주주들이 적은 돈으로 자기의 지분을 늘릴 수 있는데 비하여 반대로 경영권을 차지하려는 측은 그 만큼 자금 부담이 커지게 된다. 그런데 법무부의 상법개정시안을 보면 포이즌 필의 발동요건을 매우 까다롭게 규정하고 있어서 기업의 입장에서는 그림의 떡에 불과하고 사실상 제도의 이용이 불가능하다는 지적이 제기되고 있다. 즉, 개정안을 보면 회사정관에 규정을 넣은 경우에만 포이즌 필을 발동할 수 있고 주주총회의 특별결의 요건을 요구함으로써 기업들이 쉽게 활용할 수 없게 되어 있다. 포이즌 필을 비롯한 종류주식은 지배권의 배분과 자금조달의 효율성, 그리고 적대적 M&A에 대한 방어수단으로서 그 기능은 매우 다양하다고 볼 수 있다.

글로벌화에 따라 기업들은 주식제도와 관련하여 보다 경쟁력 있는 자본조달수단을 갈망하고 있는 것이 사실이다. 종류주식의 다양화를 통하여 회사는 자금조달과 지배권의 유지, 사업영역의 확대, 구조조정의 필요 등 다양한 경영상의 수단으로서 그때 그때 필요한 주식을 쉽게 설계하고 발행할 수 있도록 하여야 한다. 자본시장의 글로벌화에 따라, 국제적인 자본거래가 활발해짐에 따라 우리나라도 선진국의 기업규제완화추세를 적극적으로 반영하여 글로벌 기준에 맞게 상법규정을 정비하고, 기업의 자금조달시장에 활력소를 불어 넣어야 할 것이다.

2011년 개정상법은 종전에 비하여 다양한 종류주식을 규정하고 있다. 그러나 회사법개정위원회에서 도입하기로 결정하였던 종류주식의 일부, 예컨대 황금주나 이사임면권부주식, 신주예약권이 다음 기회로 미루어진 점은 아쉽다고 생각되며, 국가기간산업을 보호하기 위한 미국의 엑슨·플로리오법과 유사한 방어장치들이 마련되지 않은 점은 문제점으로 지적될 수 있다. 이들 적대적 M&A에 대한 방어수단은 M&A 시장에서의 공정한 게임을 위하여 도입되어야 할 것이고, 각 기업의 규모에 걸맞은 다양한 자금조달수단에 관한 계속적 연구를 통하여 기업하기 좋은 환경이 조성될 수 있도록 최선을 다해야 할 것이다.

「기업지배구조 상법개정안」 신중히 처리되어야 한다

법무부는 최근의 글로벌 금융위기 이후 전 세계적으로 바람직한 기업지배구조에 관한 관심이 고조되고, 국내에서도 경영투명성 제고를 위한 제도 개선의 필요성이 제기되고 있다고 하면서 기업지배구조 관련 상법 일부개정법률안을 입법예고하였다. 법무부에 따르면 새로운 기업지배구조 상법개정안의 제안이유는 이사 및 감사위원회 위원의 선임 절차를 개선하고, 이사회의 기능과 역할을 정비하는 한편, 경영진의 위법행위에 대한 사법적 구제수단을 확대하며, 주주총회의 활성화를 도모함으로써 투명하고도 건정한 경영 및 기업문화를 유도하기 위한 법적 기반을 구축하는데 있다고 한다. 주지하다시피 그동안 회사법을 중심으로 한 상법개정논의는 2005년부터 시작되어 6년여를 끌다가 우여곡절 끝에 2011년 4월

14일 새로운 회사법이 공포되었고, 새 회사법은 공포된 후 1년이 경과한 2012년 4월 15일부터 시행되고 있다. 2011년 개정회사법은 장기간의 논의를 거쳐 250개 조문을 개정한 건국이래 상법개정으로서는 최대의 규모로 이루어졌던 것이다. 새로운 개정회사법이 시행된지 1년 3개월 정도의 시간이 경과된 상황에서 또다시 기업지배구조 관련 상법개정안이 입법예고됨으로써 많은 논란이 제기되고 있다.

그 주요내용을 보면 ① 다중대표소송제의 도입, ② 이사회의 업무감독 기능강화(집행임원제도의 도입), ③ 집중투표제 단계적 의무화, ④ 감사위원회 위원 분리선출 방식 도입, ⑤ 전자투표제 단계적 의무화로 되어 있다.

이러한 제도들은 경영투명성을 높이고 경제민주화를 실현시키기 위한 좋은 취지도 있으나 이것을 기업에게 의무화할 경우 많은 문제점과 부작용이 생길 수 있으므로 신중한 접근이 요구된다고 본다.

첫째, 다중대표소송은 경영투명성을 보다 높일 수 있다는 장점은 있으나, 주주대표소송도 현재 활성화되고 있지 않는 현실에서 이 제도를 도입하는 것이 과연 얼마나 실효성이 있을지 의문이다. 기업들이 요구해온 '포이즌 필' 같은 경영권보호장치는 외면하면서 소액주주들의 권익만 과도하게 보호하는 것은 한쪽에 치우친 것으로 균형이 맞지 않는다. 만일 다중대표소송을 도입할 경우 우리나라는 세계 최초로 이 제도를 입법화하는 국가가 되고, 미국도 일부 판례에서만 극히 제한적으로 허용하고 있는 제도를 새로이 채택할 경우 기업의 경영권은 크게 위축될 수밖에 없을 것이다.

둘째, 집행임원제도는 회사의 경영감독기능과 업무집행기능을 분리하게 되어 기업지배구조의 투명성을 보다 강화할 수 있는 장점이 있다. 따라서 2011년 개정상법에서는 이사회의 감독기능을 강화하고 회사의 업무집행의 효율성을 제고하기 위하여 이사회의 업무집행기능을 분리하여 이를 전담할 집행임원제도를 도입하였고, 채택여부는 주주와 기업의 선택에 맡겼던 것이다. 선진국에서도 광범위한 정관자치가 인정되고 있는 이 제도를 현 시점에서 구태여 강제할 필요는 없다고 본다.

셋째, 집중투표제도는 동일한 주주총회에서 2인 이상의 이사를 선임하는 경우에 소수주주가 1주마다 선임할 이사의 수와 동일한 의결권을 가지는 제도로서 이사선임에 관한 일종의 비례대표제라 할 수 있다. 그러나 이 제도를 도입할 경우 이사회의 효율적인 운영이 어려워질 수 있고 소수주주를 대표하는 이사와 최대주주를 대표하는 이사가 이사회에 공존하여 당파적인 행위를 할 가능성이 높다. 실제로 2006년 영국계 해지펀드가 다른 외국계 기관들과 손잡고 집중투표를 통해 KT&G의 경영진 교체요구 등 경영권을 간섭한 선례가 있다. 또한 실무상으로도 집중투표제도는 기업의 업무부담과 불필요한 비용을 야기할 수 있다.

넷째, 감사위원의 강제분리선출은 최대주주의 이사선임권을 제한하는 것으로 외국계 펀드가 이사회 구성에 큰 영향력을 행사할 수밖에 없고 이는 기업경영 간섭을 초래하고 경영효율성을 악화시킬 가능성이 크다. 이사회는 기업의 전략적 의사결정과 업무집행의 가장 중요한 역할을 수행하는 집합체로 감사위원도 이사회의 구성원이 된다. 이사회는 기업의 중요한 의사결정 기관으로 '1주 1의결권 원칙'에 따라 이사회가 구성되어야 하며 최대주주가 가장 큰 영향력을 행사하여 개별기업의 경영환경에 적합한 이사를 선출할 수 있도록 하는 것이 타당하다고 생각된다. 특히 감사위원의 분리·선임 및 해임제도와 3%의결권 제한 연계방안은 기업지배구조 체계와 경영전반에 혼란을 가중 시킬 가능성이 높고 기업의 투명성 확보를 이유로 정부가 적극 권장했던 지주회사체제가 오히려 역차별을 받는 결과가 발생할 수 있어 정책집행의 모순이 된다는 문제점이 발생하게 된다. 감사위원 선임의 의결권 제한 규정은 다른 나라에서 찾아볼 수 없는 우리나라에만 존재하게 되는 독특한 제도로서 기업에게는 지나친 규제가 된다고 볼 수 있다.

다섯째, 전자투표제도는 회사의 의사결정의 신속성과 비용절감 등 효율성 · 경제성을 증진할 수 있는 좋은 제도이다. 그러나 현행 상법에서도 주주들의 의결권행사를 활성화하기 위한 제도적 수단으로 '서면투표제', '의결권대리행사' 등의 여러 장치가 마련되어 있고 자본시장법상 Shadow voting제도가 폐지되어 상장회사는 주주의 의결권 행사를 독려하기 위한 다양한 방안을 모색하고 있는 시점에서 구태여 이 제도를 의무화하여 기업에게 부담을 줄 필요는 없다고 생각한다. 참고로 미국, 일본, 영국, 독일 등에서는 전자투표제도를 도입하여 시행하고는 있으나 거의가 '이사회 결의' 등 회사 자율로 전자투표제도를 채택할 수 있도록 하고 의무화 하고 있지는 않다.

결론적으로 상법은 결코 기업을 옥죄는 법이 아니라, 기업활동을 원활하게 하고 기업을 유지·발전 시키는데 기본이념이 있다는 점을 인식할 때, 기업에게 부담을 가중시키는 입법보다는 기업의 부담을 완화해주는 방향으로 입법이 이루어져야 할 것이다. 최근 일부 재벌기업 총수의 잘못된 기업경영으로 인하여 국민의 따가운 시선이 있는 것도 사실이나, 현재의 국내외 경제여건을 고려할 때에 '기업가 정신'을 강조하여 기업들이 보다 과감한 투자를 통하여 경제를 살리는데에 보탬이 되도록 하여야 할 것이다. 세계 어느 나라도 기업지배구조를 획일적으로 강요하고 있지는 않으며, 이미 치열한 논쟁을 거쳐 개정된 회사법이 시행된 지 1년여 남짓한 이 시점에서 또 다시 논쟁이 재연되는 것은 결코 바람직하지 않다고 본다.

준법지원인제도의 도입

상법 회사편 개정안이 2011년 3월 11일 국회를 통과하여, 국무회의를 거쳐 4월 14일에 공포되었고, 1년 후인 2012년 4월 15일부터 시행되고 있다. 2011년 개정회사법은 건국이래 최대 규모인 약 250개의 조문에 걸쳐 개정이 이루어졌다. 이번 개정회사법의 취지는 자유롭고 창의로운 기업경영을 지원하고 투명한 기업경영으로 공정사회를 구현하여 국제 기준에 맞게 회사제도를 선진화하여 글로벌 경쟁력을 강화하는데 있다고 볼 수 있다. 개정회사법의 주요내용은 크게 새로운 기업형태의 도입, 기업지배구조의 개선, 기업재무구조의 개선 등으로 나누어 볼 수 있다. 이 중 기업지배구조개선과 관련하여 새로이 도입된 제도 중의 하나가 준법지원인제도이다.

역사적으로 볼 때 우리나라 기업들은 오랫동안 정경유착, 관치금융 등의 타성에 젖어 있었고, 경영투명성이 확보되지 못하여 불법행위가 발생하는 등 많은 비판을 받아 왔다. 특히 1997년 외환위기에 따른 IMF관리 체제는 기업과 금융회사의 내부경영에 광범위한 공적규제를 불러오게 되었다. 즉, 기업에게는 사외이사, 감사위원회 등 모범적 지배구조와 내부회계관리제도의 채택이 의무화 되었으며, 금융회사는 이에 더하여 포괄적인 내부통제시스템과 준법감시인제도의 설치를 법령상 요구 받게 되었다.

내부통제 및 준법감시제도는 이미 주식회사의 외부감사에 관한 법률, 은행법, 자본시장법 등의 금융관계법에 법제화 되어 있지만, 국내외의 기업환경을 고려할 때 금융기관이외의 기업도 준법경영을 위한 법제가 필요하다는 판단 하에 상법에 새로이 준법통제제도를 도입하게 된 것이라고 할 수 있다.

준법지원인제도는 일정규모이상의 상장회사에게 준법통제기준을 설정하고 이에 관한 직무를 수행하는 준법지원인 선임을 강제하는 제도이다.

원래 준법지원인제도를 도입하는 상법 제542조의13은 법무부에서 마련한 정부 제출안이 아니라 노철래 의원이 대표발의한 의원발의 법안 이었으나 정부안과 함께 상정되어 논의 되었다. 법안의 취지가 기업의 준법경영을 제고하기 위한 것이었고, 도입대상회사의 범위도 대통령령으로 정하도록 위임되어 있었기 때문에 국회 논의 과정에서 법무부뿐만 아니라 국회의원 어느 누구도 문제를 제기하지 않았다. 그러나 법안이 국회를 통과한 이후 기업 측에서 준법지원인을 두는 것이 부담이 된다고 하면서 이 제도는 변호사 등 특정

직역의 이익을 위한 것이라고 비판하였고 이로 인하여 상법 회사편 전체에 대하여 대통령 거부권 행사가 거론되는 등 사회적으로 큰 이슈가 되었다.

개정 상법은 준법통제기준의 설정과 준법지원인의 선임이 강제되는 상장회사의 규모에 관한 결정을 시행령에 위임하고 있다(개정 상법 제542조의13 제1항).

한편 개정상법의 시행에 발맞추어 2012년 4월 3일 국무회의에서 의결되어 2012년 4월 15일부터 시행되고 있는 상법시행령개정령은 2011년 개정된 상법회사편의 시행을 위한 것으로, 모법인 회사편 개정 법률이 상당부분을 대통령령으로 위임함에 따라 조문 수도 27개에서 49개로 대폭 늘어나게 되었다. 특히 준법지원인 제도의 시행과 관련하여 여러 문제점이 제기 됨에 따라 시행령마련에 많은 시간이 소요되었다.

2012년 4월 15일 전면 개정된 상법 시행령이 시행됨으로써 2011년 4월 상법개정으로 시작된 준법통제제도의 법제화가 마무리 되었다. 즉, 일정규모이상의 상장회사에게 준법통제기준을 설정하고 이에 관한 직무를 수행하는 준법지원인 선임을 강제하는 준법지원인 제도가 입법되었다.

원래 준법지원인제도는 기업의 의사결정 및 업무집행과정에서 법률전문가가 상시적으로 법적 위험을 진단하여 분쟁을 사전에 예방하기 위한 바람직한 제도이다. 물론 기업의 내부통제장치로는 사외이사와 상근 감사, 감사위원회가 설치되어 가동되고 있으나, 기존의 제도들은 회사의 업무파악 및 실질적인 감사기능의 수행에 한계가 있고, 회사조직의 특성상 신속한 의사결정과 중요 업무에 대한 사전통제의 역할을 제대로 수행하기에는 역부족인 측면이 있다.

따라서 준법지원인제도는 기존의 제도와 기능과 역할에 있어 차이점이 있고 기존회사가 지니고 있는 내부통제제도의 빈틈을 메워, 사전적 감시·감독을 통한 기업경영의 실효적 통제를 가능하게 하여 기업과 주주의 이익을 다 같이 도모하는 제도로 기능할 수 있다고 본다. 준법지원인제도는 회사의 내부통제의 여러 제도 중 하나로서, 업무위험통제, 재무회계통제와 함께 이루어져야 그 기능을 제대로 발휘할 수 있다. 그런데 우리나라 상법은 준법통제만을 우선 도입한 것이다. 준법통제제도를 도입하는 회사는 법령을 준수하고 회사경영을 적정하게 하기위하여 임직원이 그 직무를 수행할 때 따라야할 준법통제에 관한 기준 및 절차를 마련하여야 한다. 우리나라의 내부통제제도는 체계적으로 도입되지 못하고 내부통제의 일부가 특별법에서 각각 개별적으로 규정되고 있다. 따라서 준법지원인과 준법감시인으로 나눠진 부분을 통합하고 내부통제제도에 관한 법체계를 통일적으로 규율하는 방안을 모색해야 할 것이다.

일부에서는 이 제도가 변호사의 직역확대수단으로 작용하지 않을까 우려하고, 준법지원인의 활동에 대한 독립성 및 책임성을 담보할 장치가 미흡하여 준법지원인이 기업의 실질적인 감시자의 역할을 제대로 수행할 수 있을지에 대한 의문을 제기하기도 한다. 그러나 준법지원시스템은 준법경영을 위한 사전점검 및 조언을 하는 경영진의 보호 조직이자 지배구조의 내부적 취약점을 보완하는 제도라는 점에 착안 할 필요가 있다. 준법통제제도가 준법경영이나 윤리경영의 안정장치로 기업에 뿌리 내리기 위해서는 실제로 기업에서 이 제도를 긍정적이고 우호적인 제도로 인식하는 기업문화의 조성이 중요하다고 생각한다. 준법통제기준이 더욱 발전하기 위해서는 다양한 준법지원부서의 구성, 준법통제체제에 관한 공시제도, 준법통제체제의 IT화 등에 대해서도 계속적인 연구가 필요할 것이다.

또한 개정상법상 준법지원인 제도는 일정규모 이상의 상장회사에 대해서 의무적으로 설치하도록 하고 있으므로 이 제도의 실효성을 확보하기 위한 노력이 병행되어야 한다. 또한 성공적인 준법지원인제도의 정착을 위해서는 적법한 준법지원인 시스템을 구축·운용하는 회사들에게는 보다 많은 인센티브가 제공될 수 있는 방안을 모색할 필요가 있다.

끝으로 기업의 윤리경영과 투명경영 분위기를 만드는 것은 국제적인 흐름이므로, 우리 회사법도 글로벌 스탠다드에 맞게 계속 개정되어야 하고, 기업도 응분의 사회적 책임에 항상 관심을 기울여 나아가야만 한다. 다만 이 제도가 시행됨에 따라서 발생되는 문제점은 기업과 학계 등의 여론을 폭넓게 수용하여 계속해서 보완해 나아가야 할 것이다.

경영판단의 원칙을 도입하자

몇 년 전 스티브 잡스가 청바지 차림 애플 아이폰 시연 광고를 한지 불과 몇 시간 후에 삼성 갤럭시 폰의 출시를 알리는 TV화면이 공개되면서 스마트폰 시장의 열기가 전세계적으로 후끈 달아오른 기억이 생생하다. 경영의 최고 책임자가 가장 편한 청바지 차림으로 신상품을 들고 나와 소비자에게 다가가는 모습을 연출하는가 하면, 공동투자를 과시하며 전문가가 말쑥한 양복차림으로 나란히 등장하여 드라마틱한 기업홍보전을 펼치는 모습은 아찔하기 까지 하였다. 휴대폰 시장에 있어 애플사의 아이폰과 삼성의 갤럭시 폰과의 뜨거운 경쟁은 아직도 지속되고 있다. 2011년 미국에서 특허전쟁이 시작되기 전 삼성과 애플 관계는 긴밀했고 애플은 이전부터 삼성에서 아이폰과 아이패드에 탑재되는 메모리 등 핵심부품을 조달했다. 하지만 삼성이 갤럭시 시리즈를 출시하며 점유율이 급격히 늘어나자 애플은 "삼성이 아이폰 디자인과 운영체제 특허를 침범했다"며 소송을 제기했고 이 소송은 아직도 진행중이다. 미국법원은 "갤럭시 S2·S3, 노트1·2는 애플 상용특허 3개를 침해해 1억2000만달러를 배상해야 한다"고 했고, 이어 "아이폰 4·4S·5, 아이팟 4·5는 삼성 상용특허 1개를 침해해 15만8000달러를 배상해야 한다"고 판결했다. 두 회사는 모두 항소하여 재판이 진행 중인데 그 배상액이 천문학적 규모임을 알 수 있다.

이러한 상황을 목도하면서 기업의 급변하는 경영환경과 함께 시대를 앞서가는 경영자의 경영전략과 미래를 조망하는 판단력이 기업의 앞날에 얼마나 지대한 영향을 미치게 되는 것인가를 새삼 실감하게 된다. 최근에 발생한 사건을 보더라도 일본의 경우 도요타 자동차가 자만경영에 빠져 변화에 적응하지 못하고 추락한 것이나, 소니사가 아날로그 시장에만 안주 하다가 디지털환경에 적응하지 못하고 삼성이나 LG와 같은 후발 경쟁사에 뒤진 사례는 기업경영자의 판단력과 순간의 방심이 엄청난 결과를 가져온다는 점을 웅변으로 증명하였다. 또한 우리에게 다른 어떤 국가 보다도 강직하고 빈틈없는 국가 이미지를 가지고 있는 독일의 대표 간판 기업인 폭스바겐 자동차가 최근 배출가스 조작 문제로 전 세계를 놀라게 하며 몰락하고 있는 사건은 기업경영에서 경영진의 사고와 철학이 얼마나 중요한가를 다시 한 번 일깨워 주고 있다.

기업경영에는 필연적으로 어느 정도 리스크가 수반된다. 시시각각 변천하는 경영환경 속에서 이사의 경영상의 결정에 따른 결과가 회사에 손해로 돌아올 경우에 경영상의 결정을 내린 이사에게 손해배상책임 등을 쉽게 인정한다면, 이사로서는 경영상의 실패에 따른 책임을 면하기 위해 소극적인 경영을 펼칠 수밖에 없을 것이다. 기업의 발전과 성공을 위해서는 이사에 대한 책임추궁에 집착하기보다는 이사가 어느 정도의 위험을 감수하고 적극적으로 경영에 참여하여 본인이 가지고 있는 기업가정신을 최대한 발휘할 수 있도록 하는 것이 요구된다.

이러한 관점에서 미국에서는 일찍부터 학설과 판례를 중심으로 '경영판단의 원칙'에 대한 논의가 전개되어 왔다. 우리나라에서도 약 15년 전부터 '경영판단의 원칙'의 법리에 대하여 학계에서 많은 논의가 있었지만 다른 사안에 밀려 아직까지 명확한 개념과 운영방향이 정립되지 못하고 있는 상황이다. 1998년 서울지방법원 '제일은행 주주대표소송사건' 판결 중 '이사의 주의의무'가 '경영판단의 원칙'에 의하여 완화 될 여지가 있다는 취지의 판결 내용이 나오고, 2000년 대구지방법원 '대구종합무역센터사건' 판결에서 '경영판단의 원칙'이 처음으로 적용된 후, 10여개의 대법원 판결에서 '경영판단의 법리'를 원용하는 등 실무에서는 본격적으로 이 제도를 적용하는 양상을 보이고 있다. 한편 '경영판단의 원칙'과 관련하여 초기에는 경영진의 임무해태로 인한 손해배상 책임문제가 논의의 중심이 되었지만, 최근에는 경영진의 업무상배임행위 등 형사책임에도 이를 적용하자는 주장도 나오고 있다.

'경영판단의 원칙'은 이사가 본인의 권한 내의 경영사항에 관하여 합리적인 근거에 의하여 성실하게 회사에 최상의 이익이 된다고 신뢰하는 바에 따라 적법한 정보와 절차에 따라 독자적인 결단을 하였다면 그 결과 회사의 손해가 발생하더라도 이사에게 손해배상책임을 물어서는 안 된다는 원칙을 의미한다. 즉 "이사가 업무를 집행함에 있어 회사의 기능 및 자신의 권한범위 내에서 합리적인 근거를 가지고, 일정한 경영상의 결정에 도달하였으며, 그 독자적인 재량과 판단의 결과에 따라 성실하게 행동하였다면, 법원은 결과적으로 초래된 손해에 관하여 배상책임을 부과하기 위하여 회사의 내부적인 경영사항에 간섭하고 법관의 판단으로써 이사의 판단을 대신해서는 안 된다는 원칙"이라고 정의할 수 있다.

이러한 '경영판단의 원칙'을 우리 회사법상에 도입할지 여부와 관련하여 찬반양론이 첨예하게 대립하고 있다. 찬성론의 견해는 기업경영판단의 특수성을 감안하여 유능한 전문 경영인을 보호하고 적극적인 기업 활동을 지원하는 취지에서 이사에게 사후적인 죄책에 대한 우려 없이 능동적이고 효과적인 경영정책의 수립을 위해 재량권의 부여가 필요하다는 입장이고, 반대론의 견해는 '경영판단의 원칙'은 소유와 경영의 분리를 전제로 한 공개회사에 적용되는 법리로서 경영진의 보호보다는 소액주주 등 회사관련 이해관계자를 보호하는데 중점을 두어야 한다고 하면서, 대부분이 폐쇄회사로 되어 있는 우리나라에서의 도입은 시기상조라고 주장한다.

반대론은 '경영판단의 원칙'이 도입될 경우 기업의 경영투명성이 악화되고, 소송요건의 강화로 소수주주보호에 소홀하게 되고, 이사의 주의의무 기능의 실효성이 상실된다고 주장하나, 곰곰이 생각해 보면 몇 십 년 후를 내다보며 기업의 과감한 투자 결정이 요청되는 시점에서 유능한 경영진의 확보를 통하여 능동적이고 진취적인 투자 결정 효과를 거둘 수 있고, 이사에 대한 책임 추궁의 남소 사태를 방지하고 기업경영에 관한 사법적 판단을 최소화 할 수 있다는 측면에서 도입찬성론이 더 설득력이 있다고 생각된다.

최근의 우리나라 기업환경을 보면 지배구조개선 및 책임경영 강화에 따른 사회적 요구와 각종 제도적 법적 규제망으로 인하여 기업경영의 자율권이 크게 위축되고 있는 상황이다. 기업경영의 본질상 기업경영은 전문적이고 가변적이며 모험적인 판단을 수반하게 된다는 관점에서 의사결정의 전체적인 과정과 적합성을 무시하고 결과만을 중심으로 경영자들을 처벌하거나 배상책임을 부과하는 것은 기업가정신을 크게 위축시킬 우려가 있다고 생각한다.

'경영판단의 원칙'은 미국을 비롯하여 영국, 독일, 오스트리아, 호주 등 여러 국가에서 이미 명문 규정화 되었거나 판례 및 학설에 의하여 인정되고 있다. 회사법의 세계적인 흐름을 볼 때 우리나라 상법전에도 '경영판단의 원칙'에 관한 규정을 새로이 도입할 필요가 있다.

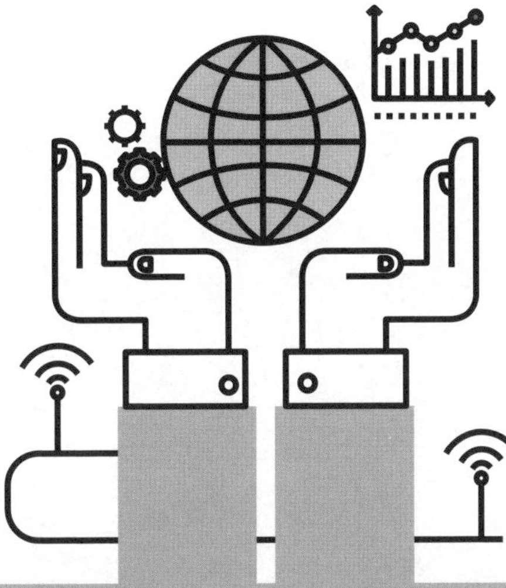

제1부
기업법의 정립 방향

노사관계

1. 노동개혁 왜 지금해야 하나
2. '집단적 노사관계'의 현실 진단과 대안
3. 공기업 노동이사제 도입, 신중하게 접근해야

노동개혁 왜 지금해야 하나

한국 경제는 지금 저성장·고실업 구조로 전락하고 있다. 최근 한국 경제의 잠재성장률은 3% 초반까지 하락하고 있고 금년에는, 3% 성장도 쉽지 않다는 우울한 전망이 나오고 있다. 이렇게 가다보면 일본형 장기 불황으로 치닫게 되는 것이 아닌가 하는 불안감도 점점 커지고 있다. 현재 우리의 경제 현실은 고용불안이 증가 되어, 영세 자영업자만 늘어나고 특히 청년실업은 10.2%로 급등하여 청년 실업자가 44만5천명에 이르고 있는 상황이다. 또한 취업준비생, 구직단념자 등을 포함한 잠재실업자의 숫자는 67만6천명에 이르는 것으로 나타나고 있고, 이를 모두 합한 체감실업자는 112만1천명, 체감실업률은 21.8%에 달하고 있다. 다시 말해, 청년 경제활동인구 434만7천 명 중 약 20%는 일자리가 없다는 의미가 되기도 한다. 오늘날 취업에 실패한 젊은이들은 졸업, 취업, 결혼, 출산, 등 평범한 인생 경로가 먼 나라 이야기가 되었고 '3포세대(연애·결혼·출산포기)', '5포세대(연애·결혼·출산·취업·주택포기)'에서 최근에는 '7포세대(연애·결혼·출산·취업·주택·인간관계·희망포기)', '9포세대(연애·결혼·출산·취업·주택·인간관계·희망·외모·건강포기)'가 되었다는 이야기가 인구에 회자되고 있다.

이와 같이 암울한 잠재성장률과 고용문제를 해결하기 위해서는 고용의 유연성과 임금안정이 필수적으로 요구된다. 그러나 우리나라의 고용경직성은 세계적으로도 매우 높은 상황이고 임금수준도 상당히 높은 현실에서 최근에는 통상임금범위확대, 최저임금인상, 생활임금도입, 근로시간단축, 정년연장 등 임금인상이 필연적으로 수반되는 목소리가 점점 커지고 있는 실정이다. 세계경제포럼의 자료에 의하면 한국의 노사협력, 해고비용, 노동시장진출입은 조사대상 144개국 중 각각 132위, 120위, 106위로 최하위권을 기록하고 있다.

지난 8월6일 박근혜 대통령은 대국민 담화문을 발표하고 남은 임기 중 노동개혁, 공공개혁, 교육개혁, 금융개혁 등 4대 부문의 개혁을 중점적으로 추진하겠다고 밝힌 바 있다. 그 내용을 보면 (1) 노동개혁은 ① 실업급여, 평균임금 50%에서 60%로 상향, 지급기간 30일 연장, ② 공무원 임금체계는 능력과 성과에 따라 결정, ③ 올해 중 임금피크제 공공기관 도입 완료, ④ 노사정위원회 조속히 재가동, 대타협 요청 등으로 되어있고, (2) 공공개혁은 ① 공공기관 중복 및 과잉 기능, 핵심 업무 중심으로 통폐합, ② 국가보조금 부처 간

유사 중복사업 통폐합, ③ 재정정보 투명한 공개 등이 그 내용이다. 또한 (3) 교육개혁은 ① 내년부터 자유학기제 전면 확대, ② 선 취업, 후 진학 시스템 발전, ③ 대학 구조개혁 강력추진 등이며 마지막으로 (4) 금융개혁은 ① 크라우딩 펀딩, 인터넷 전문은행 도입 지원, ② 담보 및 보증과 같은 낡은 보신주의 관행 개선이 주된 내용이다.

현안으로 대두되고 있는 이러한 4대 부문(노동, 공공, 금융, 교육)의 구조개혁 중 노동개혁이 가장 시급하고도 중요한 과제라고 생각한다.

청년고용절벽, 장년고용불안, 격차문제해결을 통해 일자리의 양을 늘리고 질을 개선하기 위해서는 지속적인 노동시장의 개혁이 추진되어야 한다. 노동시장 개혁에 있어서는 다음과 같은 사항을 중심으로 기본적 논의를 전개할 필요가 있다. ① 세대 간 상생고용을 촉진하기 위하여 임금체계개편을 통하여 청년 고용 여력을 확보할 필요가 있다. 즉 청년 고용 확대를 위한 시급한 대책으로서 취업난이 심각한 인문계 전공자를 위한 취업 촉진 방향을 마련하고 효율적 해외 취업강화 방안도 마련할 필요가 있다. ② 원·하청 상생협력을 적극적으로 지원할 필요가 있다. 즉 원청의 하청기업근로자 근로조건 개선 노력을 유도하여 상생협력기금(원청이 하청근로자의 근로조건 개선 목적으로 상생협력기금의 출연 시 출연금의 7% 세액 공제를 통한 세제지원)과 근로복지기금(원청이 하청기업 사내근로복지기금 또는 공동근로복지기금을 출연하여 하청기업·협력업체 근로자 복지 향상에 기여할 경우 세제 및 재정 지원)을 마련하여 예산과 세제지원을 강화할 필요가 있다. ③ 정규직과 비정규직 간의 상생 촉진을 위하여 비정규직 근로자의 보호를 강화할 필요가 있다. 즉 기간제 사내 하도급 근로자 및 특수 형태업무종사자 보호 강화를 위한 고용형태 별 맞춤형 가이드라인을 제정하고 비정규직 근로자 다수 고용 사업장을 대상으로 기간제 단시간 파견 근로자의 차별적 처우 등에 대한 지도 점검을 실시하고 비정규직 근로자의 정규직 전환 장려를 위한 지원금을 본격 지원하여 정규직 전환 활성화 방안을 마련하여야 한다. ④ 통상임금, 근로시간 단축 등 불확실성을 해소하여야 한다.

노사정위원회는 노·사·정 및 공익단체가 참여하여 경제 사회 문제에 대한 합의를 도출하고 이를 통해 사회적 갈등을 해결하기 위해 만들어진 기구인데, 현재 그 기능을 제대로 수행하지 못하고 있다. 그동안 노사정위원회는 노동시장구조개선의 원칙·방향에 대한 기본 합의(2014. 12. 23.) 이후 100여 차례 논의를 통해 의견접근을 시도하였으나 일부 쟁점에 대한 이견으로 결렬되고 말았다. 한국의 노사정위원회는 합의주의에 입각하여 모든 것을 결정하고자 하였지만 출범하자마자 노동시장을 경직시키고 구조개혁을 어렵게 만드는 역할 밖에 하지 못한 것으로 평가되고 있다. 주지하다시피 민노총은 1998년에 노사정위원회에 잠시 나왔다가 줄곧 불참하였고, 한국노총은 2014년에 처음 참여하였지만 지난 4월에 회의장을 박차고 나가버렸다. 한국노총은 8월18일 중앙집행위원회(중집위)를 개최하여 노사정위 복귀 문제를 확정하려 했으나 일부 노조원이 회의장을 점거해 버려 회의 자체를 열지 못했고 오는 8월 26일 중집위를 열 예정이지만, 대화 재개 여부는 불투명한 상황이다. 금속·화학노련등은 '취업규칙 변경 조건 완화'와 '일반 해고 가이드라인 제정' 등에 대해 "정규직을 손쉽게 해고하는 등 사용자 마음대로 한다는 것은 교섭대상이 될 수 없다."고 노사정위 복귀를 강력히 반대하고 있다.

한국노총이 8월 26일 중집위를 통해 대회 재개를 결정하더라도 저(低)성과자 해고 등 고용유연성을 확보하지 못하면 청년실업 해소와 일자리 창출이라는 노동개혁의 취지는 크게 후퇴할 것이다.

지난 번 노사정 대화에서 제시된 5대 수용불가 사항, 즉 ① 비정규직 사용기간 연장 및 파견 대상 업무 확대(다양한 고용계약 형태의 출현을 거부) ② 휴일근로를 연장근로에 포함 시키는 주52시간제 단계적 시행, ③ 정년 연장 및 임금피크제 의무화(고령자의 노동시장 참여 제한), ④ 임금체계 개편(생산성에 부합하는 임금체계의 도입을 통해 다양한 노동수요를 확보하는 방안), ⑤ 일반해고 및 지역 규칙 불이익 변경요건 완화(급변하는 노동시장 여건을 반영하여 노동시장의 역동성을 제고하려는 노력 거부) 등은 결국 노동시장의 역동성 제고에 부정적 영향을 미칠 것이 확실해 보인다. 노동시장개혁은 정부의 입장에서 볼 때 상당한 정치적 부담으로 작용할 수 있으나 독일의 경우 정치적 부담을 기꺼이 감당하여 노동시장 개혁에 성공한 전례에 비추어 볼 때 정부는 과감한 노동시장 개혁의 청사진을 마련하여 구체적 실천방안을 차질 없이 추진해 나아가야 할 것이다.

노동계는 노사정위 복귀 조건으로 '일반해고(저성과자 해고) 가이드라인' 및 '취업규칙 불이익변경(임금피크제 도입)'을 노사정위 의제에서 제외할 것을 요구하고 있다. 이에 맞서 정부는 노사정위 논의 테이블에 모든 의제를 올려놓자는 입장이다. 일반해고 및 임금피크제는 노동개혁 성패를 가를 중요한 과제로 꼽히고 있고, 이들 과제는 국회 차원의 입법이 아닌 노사정간 대 타협이 필요한 사안이다.

영국의 노동개혁을 주도한 마거릿 대처는 ① 노사갈등에는 법과 원칙을 적용해야 하고 ② 노사정위원회는 없애고 정부 단독으로 노동개혁을 추진해야 한다고 말한 바 있다. 또한 게르하르트 슈뢰더 전 독일 총리는 2015년 5월 21일 전경련에서 행한 '독일 어젠다 2010의 경험과 한국에 주는 조언'이라는 강연에서 "노동시장 개혁을 할 때 노동자와 사용자 등 이해당사자들에게 결정권을 주어서는 안 된다."고 하면서, "개혁안을 만들기 위해 정부와 노조, 사측이 한 테이블에 모여 의논을 했지만 노사가 모두 적대적 위치에서 정부의 요구만 했기 때문에 노사정위원회를 통한 개혁은 불가능하다는 결론을 내렸다."고 말한 점은 현재 우리의 상황에서 참고 할 만하다고 하겠다.

마거릿 대처는 대처리즘을 통하여 ① 사유재산제도를 확대해야 한다 ② 법과 원칙을 지켜야 한다 ③ 세계 평화를 보장하도록 노력해야 한다 ④ 영국 헌법은 유지되어야 한다고 하면서 특히 2002년 출간된 저서 "국가경영"에서 자유시장경제 철학을 다음과 같이 밝혔다.

첫째, 사유재산이 반드시 있어야 한다. 둘째, 사회가 법의 지배를 받아야 한다. 셋째, 기업친화적인 문화가 있어야 한다. 넷째, 조세제도는 사람들의 의욕을 부추길 수 있어야 하고 규제는 적어야 한다고 밝혔다. 또한 마거릿 대처가 수행한 구조개혁은 그 성공 요인으로 예산 삭감, 조직개편으로 작은 정부를 만들고, 법과 원칙의 적용으로 노사 안정을 이루며, 공기업의 민영화 성공으로 영국을 세계 최초의 민영화 수출국으로 만들고, 빅뱅으로 불린 금융개혁에 성공하고 규제완화 및 철폐로 기업과 경제를 살리고 시장 친화적 분배정책을 실시하고 교육평등주의를 깨뜨린 점을 들 수 있다.

현재 논의되고 있는 여러 사항 중 ① 통상임금 ② 근로시간 단축 ③ 비정규직 사용기간 연장 등은 시급히 해결해야 할 대표적인 입법과제라고 할 수 있다.

대법원 전원합의체는 2013년 12월 18일 정기성·일률성·고정성을 기준으로 정기 상여금을 통상임금으로 간주한다는 취지의 판결을 내린 바 있고, 당시 노사정은 대법원 전원합의체 판결을 토대로 통상임금의 정의와 제외 금품 기준을 입법화 하는데 의견을 모은 바 있다. 근로시간 단축과 관련해서는 장시간 근로관행 개선 등을 위해 오는 2020년까지 1인당 근로소득이 연 1800시간대로 단축될 수 있도록 적극 협력하기로 하였고, 이를 위해 휴일근로를 연장근로에 포함하여 주당 52시간(기준 근로시간 48시간+연장근로시간 12시간)으로 근로시간을 단계적으로 단축하되 특별 연장근로를 허용하는데 공감대를 이루었다. 이와 같이 노사정간 공감대가 형성된 입법과제들은 국회에서 빨리 논의를 시작 하여야 한다. 통상임금 및 근로시간 단축은 '근로기준법', 비정규직 사용기간 연장은 '기간제 및 단시간근로자 보호 등에 관한 법'을 개정해야하기 때문이다. 현재 '비정규직 사용기간 연장'에 대해선 야당이 입법화에 난색을 보이고 있고 나머지 통상임금과 근로시간 단축은 어느 정도 여야가 타협할 수 있을 것으로 전망된다. 여야는 각자의 손익계산서를 토대로 내년 총선에서의 표심만을 고려할 것이 아니라 국가 대계를 위한 노동개혁에 보다 적극적으로 나서야 할 것이다.

최근 보도를 보면, 저성장 기조 속에서 청년 일자리가 덩달아 줄어드는 이른바 고용절벽 문제 해결을 돕기 위한 대기업 차원의 구체적 지원 방안이 속속 발표되고 있는데 이는 매우 고무적인 현상으로 평가된다.

먼저 삼성그룹은 내년부터 임금피크제를 전면 시행하고, 청년 취업 기회를 확대해 고용 절벽 문제 해결에 나선다고 한다. 삼성은 2017년까지 총 3만 명에게 청년 일자리 및 교육 기회를 제공하는 내용의 '청년 일자리 종합 대책'을 8월 17일 발표했는데, 취업 인건비 및 교육 프로그램 운영 등에 투자될 금액을 따지면 1000억 원 규모다. 삼성전자 반도체 평택단지, 호텔신라 면세점과 신라스테이, 삼성바이오로직스 2·3공장 증설, 에버랜드 파크호텔 등 신규 투자로 2017년까지 1만개의 일자리를 새로 만들 계획이라고 한다. 이를 위해 삼성그룹은 '청년과 일자리 나누기' 차원에서 내년부터 그룹 전 계열사에 임금피크제를 시행하는데 이는 2014년 도입했으나 시행하지 않았던 임금피크제를 2016년부터 적용하는 것이라고 한다. 만 56세를 기준으로 정년은 60세로 늘리되 매년 전년도 연봉의 10%씩 감액하는 조건이다. 5년간 10% 씩 전체적으로 전체 연봉의 약 60% 초반 수준까지 감액되는데 기타 복리후생은 종전과 동일하다고 한다.

또한 SK그룹은 청년 일자리 창출 2개년 프로젝트를 통해 2만 4000명에게 기회를 제공하는데 구체적으로는 SK 고용 디딤돌로

4000명, 청년 비상 프로그램 2만 명 등을 지원한다고 한다. 즉 SK는 고용 디딤돌로 매년 2000명을 뽑아 협력 업체 맞춤형 직무교육과 인턴십을 진행한다. 선발된 인재는 SK그룹에서 2~3개월 직무교육, 협력업체에서 3~4개월간의 인턴십을 거치게 된다. 교육과 인턴기간 중 150만원의 급여와 교육비는 SK그룹이 지급한다. 청년 비상 프로그램은 3단계로 운영된다. 먼저 수도권, 대전·충청권의 25개 대학과 공동으로 설립한 창업지원센터에서 매년 1만 명씩 2년간 2만 명의 청년들에게 창업교육과 컨설팅, 창업 인큐베이팅을 지원한다.

한화그룹도 2017년까지 1만7569개의 청년 일자리를 새로 만든다. 올해 하반기엔 상반기 보다 2771명 늘린 5729명을 채용하고, 2016년 5140명, 2017년 6700명 등 지속적으로 청년 일자리를 확대할 계획이다.

한편 현대자동차그룹은 임금피크제 도입과 함께 매년 1000명 이상의 청년을 새로 고용할 계획이고 내년부터 전 계열사에 임금피크제 도입 방침을 발표했지만 노조의 반발로 시행 여부는 불투명한 상황이다.

김무성 새누리당 대표는 지난 7월 '표를 생각하지 않고 노동개혁을 추진하겠다.'고 했지만 실제 노동개혁은 한 발짝도 전진하지 못하고 있다. 정부는 노총을 노사정위에 끌어들이려는 노력만 기울일 것이 아니라 이제는 보다 과감한 결단을 해야 할 때라고 생각한다. 노동개혁은 기득권을 깨는 것이 가장 중요하다. 지금처럼 한 번 채용하면 내보내지 못하고 그래서 정규채용이 아니라 기간제만 늘리는 경직적인 노동 시장에서는 고용율을 높일 뾰족한 방법이 없다. 정부는 일자리를 노조투쟁의 볼모로 잡힌 상태에서 눈치만 볼 것이 아니라 결단을 내려야 한다고 본다. 노사정위에 더 이상 기대할 것이 없다면 독자적 방안을 마련하여야 한다.

'집단적 노사관계'의 현실 진단과 대안

사인간의 법률관계는 기본적으로 사적자치의 원칙에 따라 자유롭게 설정할 수 있어야 한다. 계약자유의 원칙은 강행법규나 사회상규에 위배되지 않는 범위 내에서는 존중되어야 하고 노사관계라고 하더라도 예외가 될 수는 없다. 다만 노사관계의 경우에는 현실적으로 힘의 불균형이 존재하기 때문에 노사 양자가 대등한 위치에서 합리적인 법률관계를 설정할 수 있도록 배려 할 필요가 있다. 우리나라 헌법 제32조는 인간의 존엄성을 보장하도록 근로 조건의 기준을 정하는 취지에서 "모든 국민은 근로의 권리를 가진다. 국가는 사회적 · 경제적 방법으로 근로자의 고용의 증진과 적정 임금의 보장에 노력하여야 하며, 법률이 정하는 바에 의하여 최저임금제를 시행하여야 한다."고 하고 있고, 아울러 헌법 제33조는 "근로자는 근로조건의 향상을 위하여 자주적인 단결권 · 단체교섭권 및 단체행동권을 가진다."고 규정하여 근로조건의 유지 · 개선과 근로자의 경제적 · 사회적 지위 향상을 도모하도록 하고 있는 것은 바로 노사자치를 실질적으로 보장하겠다는 헌법적 표현의 일환이라고 할 수 있다.

최근 나온 언론 보도를 보면 지난 7일 삼성중공업노조가 파업을 강행한데 이어 현대자동차와 현대중공업 노조가 7월 19일부터 한 시적으로 부분파업을 동시에 벌이고 있는데, 현대차 노조는 1조와 2조 근무자가 7월 19일 오전과 오후 각각 2시간씩 모두 4시간 부분 파업에 들어가 오는 22일까지 나흘 동안 부분 파업을 벌일 예정이며, 현대중공업 노조도 7월 19일 오후 2시부터 3시간 동안 설비지원사업본부의 부분 파업에 이어 7월 20일부터 이틀 동안은 전 조합원이 파업에 참여할 계획이라고 한다. 자동차와 조선업을 대표하는 두 노조의 이번 파업은 현대그룹 산하 노조로 있을 당시인 1993년 이후 23년 만에 나온 것으로 회사 측을 강하게 압박하기 위한 연대투쟁 양상을 보이고 있다. 단일노조로는 국내 최대인 현대차와 현대중공업이 동시파업에 나서면서 산업계에 '하투'에 따른 위기감도 커지고 있다. 노동계가 20일 총파업에 이어 연대투쟁을 이어갈 경우 국내 제조업 경쟁력 약화와 극심한 노사갈등에 따른 사회적 비용 증가, 국민 불편 등을 우려하는 목소리가 크다. 현대차는 이날 부분파업으로 1700여대의 생산차질과 390억 원의 금전적 손실을 입을 것으로 전망했다. 파업이 장기화되면 회사 손실은 눈덩이처럼 불어날 수 있다. 이러한 상황은 노조가 집단적 노사관계법을 근거로 하여 강력한 집단적 권력을 휘두르고 있는 것으로서 브렉시트와 환율전쟁, 주요 산업의 구조조정과 최악의 청년실업, 수출부진과 내수침체 등 심각한 국내외 경제여건을 고려하면 크나큰 문제가 아닐 수 없다.

우리나라는 비교적 짧은 시기에 경제성장과 민주화를 동시에 달성하였지만 노사관계는 여전히 불안정한 상황을 탈피하지 못하고 있다. 그 주된 이유는 노사 자치에 입각하여 노사간 관계가 형성 · 발전되지 못하고 시대적 상황에 따라 정치적 · 경제적 논리에 따라 노사관계가 왜곡되어 왔기 때문이라고 생각된다. 앞으로 우리나라의 노사관계를 보다 안정적으로 발전, 정착시키기 위해서는 정치적 · 경제적 상황으로부터 완전히 독립한 진정한 의미의 노사 관계의 가치질서의 확립이 요구된다고 하겠다.

현재 우리나라의 단체협약의 규정들은 사업주의 인사 · 경영권을 침해할 수 있는 내용이 상당부분 들어있고, 임금의 인상률은 한 해에만 10%를 넘어 20% 이상에 이르는 경우가 있어 우리나라 경제성장률, 국민소득성장률, 물가상승률과 대비하여 과도하며 또한 유급노조활동이나 노조 전임자의 조합원 대비 수당비율이 과다한 점은 비판을 피할 수 없다는 점에 공감하게 된다. 이러한 문제를 해결하기 위해서는 노조의 쟁의행위 중 대체근로를 허용하고, '무노동 무임금 원칙'을 확고하게 견지하며 노조에 가입하지 않은 비조합원이나 관리직 근로자들이 쟁의행위로 중단된 근로자들의 업무를 대신 수행하도록 할 수 있도록 하는 등 쟁의행위 중 업무 가동률을 향상시키는 노력이 수반되어야 한다고 본다.

참고로 우리나라는 사용자가 쟁의기간 중 그 쟁의행위로 중단된 업무의 수행을 위하여 당해 사업과 관계없는 자를 채용 또는 대체할 수 없고, 그 중단된 업무를 도급 또는 하도급 줄 수 없도록 되어 있다. 그러나 주요 선진국의 경우를 보면 쟁의행위 기간 중 대체근로나 쟁의행위로 중단된 업무의 도급을 금지하는 규정은 없다. 즉 미국은 파업 시 일시적으로 외부 인력으로 대체할 수 있을 뿐만 아니라, 임금인상 등을 목적으로 하는 경제적 파업의 경우 파업참가자가 복귀를 거절하면 영구적으로 대체할 수 있다. 프랑스에서는 파업 시 무기계약근로자를 채용하여 대체하거나 그 업무를 도급주는 것이 인정되고 있고, 실제로 도급을 통한 대체근로가 많이 활용되고 있다. 독일에서도 파업 기간 중 신규채용, (하)도급 등의 방법으로 대체근로가 자유롭게 인정되고 있고, 다만 파견근로자로 대체하는 것은 금지되고 있다. 일본도 신규채용, (하)도급, 파견근로 등 다양한 방법으로 대체근로가 인정되고 있다.

우리나라도 이러한 외국의 입법례를 참조하여 노사관계에 있어서 사용자와 노동조합이 대등한 지위에서 교섭할 수 있도록 하고, 수도·전기·병원 등 필수 공익사업장뿐만 아니라 모든 사업장에서 쟁의행위기간 중 외부 인력을 채용 또는 대체할 수 있고 그 업무를 도급·하도급 줄 수 있도록 하여야 한다고 생각한다.

집단적 노사관계의 새로운 지평을 열기 위해서는 지속가능한 고용창출을 위한 새로운 고용노동 체계의 비전과 그에 상응하는 노동관련법의 개정을 모색할 필요가 있다. 즉 현행 노동조합법은 단체협약 유효기간을 2년으로 제한하고 있는데 이는 잦은 교섭으로 인한 비용과 노조의 파업권 남발을 초래하는 원인이 되므로 단체협약의 유효기간을 최소 3년으로 연장하는 방안을 강구할 필요가 있다. 또한 노동조합 활동의 합법성 · 투명성을 확립함과 아울러 단체교섭 및 단체행동규율을 합리화 하여 조합원의 의사와 무관하게 파업만을 위한 찬반투표를 실시하는데 대한 적절한 규제(참고로 영국의 경우에는 찬반투표 범위, 우편투표제 실시, 파업일시, 참가자 서면 통보 등 절차규정을 명시하고 있다)를 마련하여 찬반투표 시기와 기간을 특정하는 등 합리적인 방향으로 현행 노동법을 개정하여 노사간 힘의 균형을 확보하여 합리적인 단체교섭 문화를 조성해 나아가는 노력을 계속적으로 전개할 필요가 있다고 본다.

공기업 노동이사제 도입, 신중하게 접근해야

I. 기업지배구조 일반론

기업지배구조는 현대 기업의 운영에 있어서 매우 중요한 과제로 부각되고 있으며, 최근에는 전 세계의 투자자, 정부 그리고 규제기관들의 최우선적인 과제로 다루어지고 있다. 우리나라는 1997년 외환위기를 겪은 후, 기업지배구조의 중요성을 새롭게 인식하고 제도개선에 박차를 가해왔다. 회사지배구조는 건전하고 효과적인 기업경영을 가능하게 하도록 경영관리구조를 재편성하고 경영진에 맡겨진 경영권이 적절하게 행사되고 있는 가를 감시하여 주주의 이익을 도모하고 동시에 주식회사가 그 사회적 책임을 다할 수 있도록 하는 문제가 그 중심이 된다.

기업지배구조에 관한 논의는 크게 두 가지로 나누어 볼 수 있다. 먼저 넓은 의미로는 주주뿐 아니라 채권자, 근로자, 소비자 등 기업의 각종 이해관계자(stakeholder)들의 상호관계에 관한 논의를 말하고, 좁은 의미로는 일단 기업의 주인이 주주라는 전제에 입각하여 소유와 경영의 분리로 인한 경영자(또는 지배주주)와 일반 주주사이의 이익충돌, 즉 경제학에서 말하는 대리문제의 해결에 관한 논의를 가리킨다.

기업의 지배구조는 소유와 경영의 분리로 인해 발생하는 대리인 비용을 효과적으로 통제하여 기업의 경영목표를 설정하고 그 경영목표가 이행되도록 규율하는 메커니즘으로 내부지배구조와 외부지배구조로 나눌 수 있다. 기업의 내부지배구조는 기업내부에 존재하여 경영자를 효과적으로 감시하고 규율하기 위해 이용되는 통제장치를 말하고, 사외이사를 포함한 이사회, 경영진이 보유한 내부지분, 급여체계 등이 해당된다. 기업의 외부구조는 기업의 내부자가 아닌 외부이해관계자에 의한 통제장치로 자본시장에 의한 규율, 기업경영권시장, 기관투자자에 의한 감시 및 감독, 경영자노동시장 등이 이에 해당한다.

기업지배구조의 세계적인 표준화를 도모하기 위해 1999년에 제정된 'OECD 기업지배구조의 원칙'(OECD principles of Corporate Governance)에서는 기업지배구조를 경제적 효율성을 증진시키는 중요한 요소로서 기업의 경영진, 이사회(또는 감사회), 주주, 기타 이해관계집단간의 일련의 관계로 정의하고 있다. 또한 기업의 목표를 설정하고, 그 목적을 달성하며 성과를 감시하는 방법들을 결정하는 구조를 지칭하는 것으로 정의하고 있다. 아울러 기업지배구조에 영향을 미치는 구성요소로 지배주주, 기관투자가, 소액주주, 은행 등 채권자, 종업원 등 이해관계집단, 규제권한을 갖는 정부 등을 열거하고 있다.

II. OECD 기업지배구조원칙

OECD 기업지배구조원칙은 각국의 제도적 환경에 따라 달라지는 다양한 기업지배구조의 공통요소를 추출한 것으로서 구속력을 갖지 않는 일종의 준거자료이다. OECD원칙은 기업의 자금조달비용을 줄이고 안정적인 투자를 유도하는 핵심요소로서 기업의 지배구조를 파악하고 있으며, 주주의 권리와 소유권의 주요기능, 주주에 대한 평등한 대우, 기업지배구조에서의 이해관계자의 역할, 공시와 투명성 및 이사회의 책임의 5개의 항목에 걸친 원칙과 권장사항 및 주석으로 구성되어 있다.

OECD 원칙에 관한 보고서는 두 부분으로 구분된다. 첫 번째 부분에서는 원칙들이 제시되어 있는데, 이는 ① 주주의 권리, ② 주주의 동등대우, ③ 기업지배구조에서 이해관계자의 역할, ④ 공시 및 투명성, ⑤ 이사회의 책임의 5개 분야로 나누어지고 각각의 분야별로 단일 원칙과 함께 이를 뒷받침하는 여러 권고사항들이 제시된다. 두 번째 부분은 원칙에 대한 주석이다. 주석은 원칙들을 이해하는데 도움을 줄 뿐만 아니라 관련 사항들의 주요동향과 원칙의 구체적인 적용을 통하여 활용될 수 있는 대안들을 담고 있다.

OECD 원칙은 그 속성상 진화를 거듭할 수밖에 없다. 기업지배구조를 결정하는 제반 여건에 중대한 변화가 있는 경우에는 원칙도 변경될 수밖에 없을 것이다. 기업은 변화하는 세계경제환경 속에서 새로운 요구에 적절하게 대응하기 위하여 자신들의 기업지배관행을 혁신하여야 한다. 정부도 주주와 이해관계자의 기대에 부응하고, 시장이 효율적으로 기능할 수 있도록 충분한 유연성을 제공할 수 있는 법적, 제도적 여건을 조성할 책임이 있다. 규제의 비용편익이라는 고려 하에 기업지배구조의 체계를 개발함에 있어, OECD 원칙을 어떻게 적용할 것인가는 전적으로 각국의 정부와 시장참여자에게 달려 있다.

III. 지방공기업의 지배구조의 특징과 쟁점

지방공기업은 일반적으로 독점적으로 시장구조를 형성하고 있기 때문에 사기업에 있어서 외부지배구조 구성요소 중의 하나인 경쟁 또는 시장규율이 결여되어 있다. 사기업은 소비자의 수요나 욕구를 충족시키지 못할 경우 적정 수익을 확보할 수 없어 파산이나 합병의 위험에 직면하게 된다. 반면에 지방공기업의 경우에는 이러한 위험에 직면할 가능성이 극히 희박하여 경영효율성 향상을 위한 동인의 하나인 파산이나 합병의 메카니즘이 작동할 수 없다. 또한 지방공기업은 일반적으로 법적 독점에 의해 보호되기 때문에 생산시장에서의 경쟁을 통해 유발되는 자극이 존재하지 않는다. 아울러 지방공기업의 경우에는 안정된 시장이 확보되기 때문에 새로운 기술혁신이나 원가절감방법을 개방하기 위해 노력할만한 동기도 결여되어 있다.

지방공기업의 경우 시장기능 또는 시장기구를 통한 외부지배구조 또는 기업통제시장(corporate control market)이 실질적으로 존재하지 않거나 거의 작동하지 않기 때문에 내부지배구조를 중심으로 기업지배구조가 형성된다.

<표> 사기업과 지방공기업의 지배구조 비교

	비교기준	사기업	지방공기업
1	소유권	사적소유권	공적소유권
2	소유주체	민간주주	일반국민, 정부(부재주주)
3	소유주체의 목적	이윤극대화	사회적 후생의 극대화
4	소유와 지배의 관계	소유와 지배의 분리	소유와 지배의 일치
5	소유와 경영의 관계	소유와 경영의 분리	소유와 경영의 분리 또는 미분화
6	내부지배구조	최고경영자, 이사회, 감사 등	정부, 최고경영자, 이사회, 감사 등
7	외부지배구조	시장기능을 통한 규율 작동	시장기능을 통한 통제 부재+ 권위적·계층적 통제
8	정부의 역할	규제자	소유자+규제자, 공적지배권 행사

2014년에 추가된 OECD 기업지배구조의 원칙 제3장 「시장과 공기업의 주요내용」으로는 ① 정부가 소유권기능과 시장에 참여하고 있는 공기업에 영향을 미칠 수 있는 다른 정부기능을 명확하게 분리할 것을 권고하고, ② 수익사업과 정부 정책사업을 병행하는 공기업의 비용구조를 매우 투명하게 관리하고 공시할 것을 요구하고 있으며, ③ 공기업은 시장에서 활동하는 일반기업에 적용되는 법률, 세금, 채무, 규제의 대상에서 제외시키지 말 것을 포함하고 있다. 제 6장 「투명성과 공시」의 주요내용으로는 ① 정부, 소유권기구는 공기업에 관련된 통합 연간백서를 발간하고, 일관성을 갖춘 정부공시체계를 구축할 것을 제시하고 있으며, 이와 함께 ② 일반 국민들의 접근성 제고를 위한 웹기반의 시스템 구축을 모범사례로 권고하고 있다. 이를 통해 공기업의 재무정보, 운영 결과뿐만 아니라, 이사회 임원 임금 및 보상정책, 임원자격 및 추천과정 등을 포함하여 독립성과 관련된 정보도 공시할 것을 제시하고 있다. 정보 공개의 수준을 공기업과 정부, 다른 공기업과의 거래, 민간과의 거래까지 모두 포함할 것을 제시한다. 이에 정보의 양과 질의 제고 필요성과 적시성의 중요성도 함께 논의하고 있다.

지방공기업의 지배구조는 민간기업의 지배 구조와 다른 몇 가지 특징을 보이고 있다. 그중 가장 큰 특징은 이해관계자가 지역 주민이라는 점이다. 이러한 맥락에서 공기업 지배구조의 비전과 가치는 구분되어야 한다. 가장 중요한 것은 주민과의 관계에서 책임성, 투명성을 담보하는 것이고 주민의 참여와 윤리를 담보하는 것이다. 그리고 변화와 혁신을 통해 서비스의 품질을 개선하여 주민의 복리 증진에 기여하도록 해야 한다.

지방공사와 지방공단의 내부지배구조는 기관장(사장 또는 이사장), 이사회, 감사제도, 경영성과계약제도 및 성과급제도 등으로 구성되어 있다. 지방공기업 지배구조와 관련하여 고려하여야 할 몇 가지 요소를 검토하면, 다음과 같다.

① 현재 지방공사의 사장 또는 지방공단의 이사장은 해당 지방공기업의 경영집행을 책임지고 있다. 사장 또는 이사장은 임원추천위원회의 추천을 거쳐 상임이사를 직접 임명할 수 있고, 이들 상임이사와 함께 해당 지방공기업의 경영집행기능을 담당한다. 사장 또는 이사장의 최초 임기는 3년으로 설정되어 있고, 경영성과가 우수하여 연임되는 경우에는 1년 단위로 연임될 수 있다. 지방공기업조직의 운영에 있어서 핵심적인 역할은 CEO가 담당하므로 기관장 임명에 있어 보다 투명한 절차가 요구된다. 따라서 의회의 승인을 받는 절차도 고려할 필요가 있다.

② 내부 개혁을 위해서는 감사의 역할이 매우 중요한데, 단순히 사후적인 합법성 감사뿐만 아니라, 평가의 기능도 포함시킬 필요가 있다. 또한 지방공기업의 감사에 대해서는 기업감사에 필요한 회계감사능력 등 감사로서의 전문성과 함께 업무성격상 철저한 청렴성과 도덕성에 대한 검증이 필요할 것으로 생각된다.

③ 집행기능과 의결기능을 구분하고 상호견제의 기능을 강화하기 위해서는 이사회의 기능을 보다 강화할 필요가 있다. 민간기업의 CEO는 사업이 망하면 자신이 망하는 것이지만, 공기업의 기관장의 경영실패는 결국 그 부담을 주민이 떠안게되므로 이사회를 통해 책임경영의식을 강화할 필요가 있다. 지방공기업에 대한 경영 공시를 보다 강화하여 투명성을 확보할 필요가 있다.

④ 경영 공시가 제대로 이루어진다면 계량화된 지표를 가지고 성과 평가를 수행하도록 하는 방안도 고려할 필요가 있다.

Ⅳ. 지방공기업 지배구조의 개선방안

일반적으로 지방공기업은 그 재산권과 소유주체가 명료하게 정의되어 있지 않다. 따라서 지방공기업을 '주인 없는 기업' 또는 '주인 없는 대리인'이라고 부르기도 한다. 지방공기업의 이러한 소유구조적 제약요건으로 인해 지방공기업의 감독자 또는 경영자에게는 재산가치를 증식시키고 이를 적절히 유지 · 관리하고자 하는 동기와 규범이 결여되어 있다. 그 결과, 지방공기업의 경영과정에서는 민간기업에 비해 도덕적 해이 또는 역선택 형태의 대리인 문제, 비효율성 등이 더 많이 발생하고 있다.

지방공기업의 효율적인 지배구조 구축을 위한 핵심적인 과제는 소유와 경영의 분리에 의한 지방공기업의 최고경영자 중심의 전문적인 책임경영체제를 도입하는 것이다. 이를 위해서는 지방공기업 경영에 관한 모든 권한을 자치단체장이 아닌 지방공기업의 CEO인 사장이나 이사장에게 부여함으로써 자치단체장과 지방의원 등의 경영간섭을 배제하는 가운데 임기를 확실하게 보장하고, 경영성과에 대해서만 책임지는 시스템을 구축하는 것이 필요하다.

지방공기업은 내부에 과도하게 많은 다중적인 외부규제 및 통제기관이 있어 통일된 경영방향을 제시하지 못하는 문제점을 지니고 있다. 견제와 균형의 원리를 전제로 한 정부 조직에서 부처 간의 적절한 긴장관계는 일부 긍정적 측면도 있으나, 지나친 부서할거주의는 효율적인 운영체계를 갖지 못하게 되는 원인이 되므로 이에 관한 대책을 마련할 필요가 있다.

지방공기업의 주인인 국민의 입장에서 볼 때, 국민은 지방공기업의 다층적 외부지배구조로 인해 지방공기업이 수행하는 업무내용을 완전하게 알 수 없거나 주인임에도 불구하고 대리인인 지방공기업의 임직원보다 더 적은 정보를 얻는 소위 정보의 비대칭성의 문제가 생겨난다. 공기업에 편재된 경영정보는 지방공기업의 경영투명성을 저해하고 고비용·저효율의 방만경영으로 이어질 가능성이 많다. 따라서 지방공기업 재정위기 상태와 부채를 실시간으로 관리하고 이를 국민에게 알릴 필요가 있다.

지방공사·공단의 내부감사 시스템을 강화하기 위해서는 자산규모 1조원 이상인 10개 지방공사에는 감사위원회를 도입하고, 자산규모 1조원 미만인 경우에는 감사를 두되 현직 공무원의 겸직을 금지하고 외부전문가를 임명하는 방안을 도입할 필요가 있다. 또한 안전행정부가 매년 지방공기업 결산지침을 통해 회계감사기본요구사항을 제시함으로써 지방공기업의 특성을 반영한 외부감사기준을 제시하고 있기는 하지만, 감사업무의 신뢰성과 안정성을 약화시키는 요인으로 작용할 가능성이 있다. 따라서 지방공기업 회계감사의 특성을 반영한 지방공기업 회계감사기준을 별도로 제정하여 회계감사인들이 이 회계감사기준을 적용하여 회계감사를 수행하도록 하는 방안을 검토할 필요가 있다.

V. '지방 공기업 노동이사제 도입'에 관한 검토

노동이사제의 도입은 노조 경영참여의 한 방법으로 진보진영의 일부가 오랫동안 요구해온 제도이다. 노조의 경영참여를 통한 투명경영이 이 사회의 부정부패 척결과 고용노동자들의 고용안정을 동시에 달성할 수 있는 지름길이라고 주장한다. 노조의 경영참여는 사외이사제를 대신해 재벌개혁과 경제민주화를 위한 대안으로도 제시되고 있다. 일본이나 미국기업들은 '노동자 경영참여'라는 명목으로 제품 품질 관리, 노동자 제안, 작업장 개선, 적시 생산방식 등 생산성 향상을 위한 제도를 운영하고 있고, 유럽의 여러 나라들은 노조의 경영참여 제도를 일부 도입하고 있다.

노동이사제는 1970년대 독일을 시작으로 유럽에서 일부 도입되었다. 노조 대표가 아니라 노조가 추천하는 외부 전문가들이 참석해 감시 기능에 집중한다. 특히 독일은 유럽의 여러 나라 중에서도 노조의 경영참여 수준이 높은 것으로 알려져 있다. 노동자가 2천 명 이상인 기업은 노사가 참여하는 '감독이사회'를 구성해 '경영이사회'의 주요한 결정을 감독하도록 하는 '공동결정제'를 법으로 보장하고 있다. 그러나 수준 높은 경영참여를 보장한다는 독일에서도 노동자들은 기업경영의 실질적인 결정권을 갖지 못하는 것이 현실이고, 의사결정만 더디게 하고 책임소재를 모호하게 한다는 비판이 대두되고 있다. 이 제도가 도입될 경우 우리 지하철 노조가 1987년 노조 결성 이후 시민의 발을 볼모로 분규와 파업을 일삼은 전례에 비추어 볼 때 현재 서울시가 구상하고 있는 서울지하철 통합공사의 노조는 공룡화 되어 경영효율화를 위한 성과연봉제를 거부하거나 저성과자 퇴출제도를 저지하고 강경 파업으로 치달을 가능성을 배제하기 어렵다.

외국에서 노동이사제가 일부 긍정적 역할을 한다고 해서 노사관계의 역사와 문화, 법체계가 다른 우리나라에서도 제대로 작동하리라고 장담할 수 없다. 이 제도를 처음 도입한 독일의 경우 오랜 산별교섭의 역사를 지니고 있고 경제의 중대 고비마다 노사정대타협을 통해 문제를 해결해 온 역사와 전통이 있다. 그러나 우리나라는 힘겹게 이룬 9·15 노사정 대타협이 불과 4개월 여 만에 파기된 데서 보듯 노사정 대화는 뿌리를 내리지 못하고 있다. 한 편 우리나라는 유럽에는 없는 부당노동행위제도나 파업 시 대체인력 투입금지 조항 등을 통해 노조를 보호하고 있다. 뿐만 아니라 노조의 자주성을 보장하기 위하여 '사용자 또는 항상 그의 이익을 대표해 행동하는 자'가 노조에 참가하면 설립신고증을 내주지 않는 등 여러 법적 장치도 마련되어 있다. 이러한 상황에서 노동이사제를 도입하여 경영에 관한 의사 결정을 내리도록 한다면 법체계의 안정성이 무너질 염려가 있다.

노동이사제 도입은 노조의 정치적 영향력을 키워 공기업 경영을 장악하도록 할 우려가 크다. 노동조합이 공기업 경영에 간섭하게 되면 공기업의 개혁이나 구조조정이 어려워지고 결과적으로 공기업지배구조를 후진적으로 만들 가능성이 크다. 또한 대기업과 공기업 노조들 가운데 상당수가 집단이기주의 행태를 버리지 못 하고 있는 현실에서 노조에 '경영권 참여'를 허용할 경우 혼란과 갈등을 불러 올 가능성을 배제하기 어렵다. 따라서 이러한 제도의 도입에는 신중을 기할 필요가 있다. 또한 국회가 제정한 법률에 근거가 없는 '근로자경영참여'를 서울시가 공기업의 정관을 통하여 관철하는 것은 헌법적 가치에 위배 될 소지가 있다.

현재 서울시가 통합을 추진하고 있는 서울메트로는 부채가 3조3293억 원, 도시철도공사는 1조2777억 원으로 이것을 합하면 총 4조6000억 원의 엄청난 규모이다. 또한 양 공사의 지난 5년 간 평균 영업적자는 4천억 원에 달하고 있고 시설 재투자 비용만 1조 6천억 원에 육박하고 있다. 이러한 상황에서 방만경영을 시정하는 노력과 인력구조조정 방안을 모색하는 대신 거꾸로 양 사의 통합을 추진하는 것은 사리에 맞지 않는다. 한편, 민간기업이 운영하는 서울메트로9호선(주)의 경우에는 지난해 37억5350만 원의 당기순이익을 기록하고 2012년 215억9758만 원의 적자에서 흑자로 전환되었다고 한다. 이러한 점을 고려할 때 서울시가 노동조합의 정치적 주장을 받아들여 노동이사제를 도입하려는 것은 공기업 경영을 왜곡시키고 더욱 부실화 하는 요인으로 작용할 것이다.

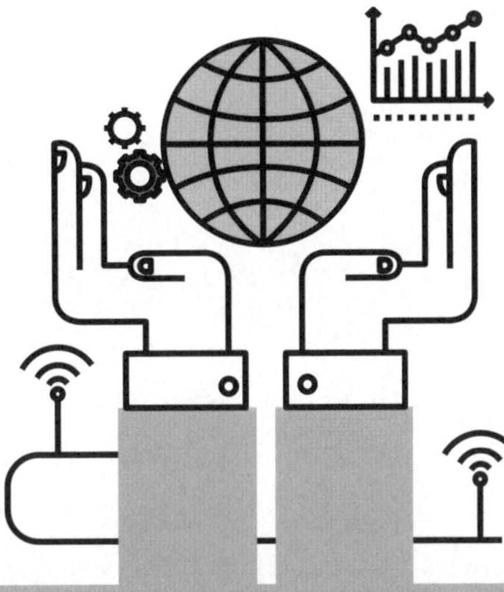

제1부
기업법의 정립 방향

공정 거래

금융상품 거래 관련법 제정하자

최근 우리나라는 자본시장 발달과 함께 금융 산업의 겸업화와 글로벌화가 가시화되면서 금융상품이 더욱 복잡하고 다양해지고 있다. 상품 판매실적이 금융기관 직원들의 보상과 연계되면서 판매 경쟁은 갈수록 치열해지고 있으며, 소비자는 상품의 내용도 제대로 파악하지 못한 상태에서 거래에 임하는 경우가 적지 않다. 예컨대 금융 상품 거래 시 수동적으로 자필서명만 하는 경우가 있는가 하면 판매자 자신이 상품내용을 정확히 모르는 상태에서 상품을 파는 소위 불완전판매 문제 또한 발생하고 있다. 이러한 행위는 판매자와 소비자간 교섭력에 있어 불균형성과 정보 비대칭성 문제를 야기하여 결과적으로 소비자주권을 침해하게 된다. 실제적으로 최근 금융감독원과 한국소비자원이 조사한 금융거래관련 소비자피해현황을 살펴보면 보험 19,940건, 은행 16,258건, 증권 1,992건으로 되어 있으며 현재 민원이 계속 증가하는 추세라고 한다.

금융상품 거래시에는 자기결정권이 중요하다. 자기결정권이란 소비자가 수익의 가능성과 위험의 존재내용 정도를 충분히 이해한 후 금융상품 거래 여부를 자발적으로 결정하는 권리이다. 이와 관련해 관계당국은 금융소비자의 자기결정권을 돕고 보호하기 위한 새로운 방안을 모색해야 할 필요성이 있다. 요컨대 공시수준과 거래약관제도, 광고규제제도, 끼워팔기규제제도, 담합규제, 불완전판매방지제도 등을 보다 면밀히 검토해야할 시점이다.

구체적인 방법으로 소비자 자신이 입은 피해를 직접 해결하도록 하는 사법적(私法的) 규제와, 사업자가 소비자 이익을 침해하거나 소비생활의 안정을 방해하는 행위를 하지 않도록 행정기관이 사업자를 직접 감독하는 공법적(公法的) 규제를 생각해 볼 수 있다. 선진국의 경우에는 사법적규제와 공법적규제를 적정하게 활용하고 있는데 비해, 우리나라는 소비자보호법이 소비자기본법으로 전환됨에 따라 소비자는 보호해야할 대상에서 자립의 대상으로 전환된 듯한 인상을 받게 된다. 그러나 여전히 소비자는 사회적 경제적 약자의 위치에 놓여 있는 것이 사실이고 금융소비자 보호는 행정적 규제를 통해 실현되는 것으로 인식되고 있다. 이에 따라 행정중심 규제로 소비자를 보호하려는 정책과, 소비자에게 정보를 제공함으로써 소비자주권을 실현시키고자 하는 두 가지 정책이 병존되고 있는 실정이다.

금융상품 불완전판매로부터 소비자를 보호하기 위해서는 사업자의 부당이득을 철저히 환수하는 방안이 고려되어야 한다고 본다. 예컨대 사업자가 불완전판매를 했을 경우 소비자가 손해배상을 쉽게 받을 수 있도록 민사적 보상시스템을 정비하거나, 판매업자가 부당권유 등의 금지행위를 했을 경우 과태료나 과징금을 철저히 부과하는 불완전판매 억제책을 실시해야 한다. 한 마디로 금융소비자 보호 관련 정책은 행정규제나 공시규제 중심에서 벗어나 소비자지향적 민사 원칙을 제정하여 소비자를 보호하는데 보다 노력을 기울일 필요가 있다. 일본의 소비자계약법, 금융상품판매법과 같은 순수한 소비자 사법으로서의 성격을 갖는 소비자특별법의 제정을 검토하는 것이 그 대안이 될 수 있다고 본다. 금융상품 불완전판매와 관련해서는 단체소송이나 징벌적 배상제도, 집단소송제도를 동시에 검토할 필요가 있다. 이 모든 문제에 대한 당국의 심도있는 고민이 요구된다.

공정위 담합규제 신중히 접근해야

공정위는 최근 국내외 26개 항공사의 운송료 등 담합행위를 무더기로 적발하였고, LPG 6개사에 대해 1조원에 버금가는 거액의 담합과징금을 부과할 계획인가 하면 서민경제에 민감한 음료수. 소주. 빵. 우유 등의 품목에 대해서도 담합조사를 진행하고 있다. 공정위는 또 은행들이 공동으로 가산금리를 인상하고 주택담보대출 금리를 높게 유지하고 있는 것에 대해서도 정보교환이 있었는지를 중점적으로 조사할 방침이라고 한다. 항공사들이 이번에 제재를 받게 된 것은 국제유가가 오를 때마다 부가운임을 책정하는 과정에서 사실상 국제담합을 통해 부당하게 가격을 올렸다는 혐의 때문인데, 외국 대형 항공사 24곳이 모두 포함되어 있어 국제적으로도 상당한 파장이 예상되고 있다. LPG 공급업체들의 혐의는 비슷한 시기에 비슷한 폭으로 가격을 담합하여 20조원대의 부당매출과 함께 사상최대의 이득을 챙겼다는 것이다. 공정위의 예상 과징금 규모가 수천억에서 수조원에 이를 것으로 예상되는 가운데 전방위 담합조사가 갈수록 강도를 더하고 있는 느낌이다.

담합이란 같은 종류의 업체들이 서로 짜고 물건 값이나 생산량을 조절해 다른 경쟁업체를 따돌리거나 부당한 이익을 챙기는 것을 의미한다. 그렇기 때문에 담합은 자유로운 경쟁을 통해서 이윤을 내는 시장경제질서를 어지럽게 만드는 불법행위에 해당한다. 이러한 불공정거래행위는 기업에게만 유리하고 소비자에게는 불리한 조건을 만들게 되므로 정부가 담합을 금지하고 감시하는 일은 너무나 당연한 일이라고 볼 수 있다. 그런데 때로는 정부당국이 과당경쟁을 막기 위하여 행정지도를 통해 가격수준을 제한하는 경우가 있고, 한 업종의 부진을 타개하기 위해 정부 주도아래 물가안정과 기업경쟁력 강화를 위한 CEO 대책 회의를 열기도 한다. 문제는 공정위가 이러한 행위도 담합에 해당한다며 제재 수위를 계속 높여가고 있다는데 있다. 기업들 입장에서 보자면 이중적인 정부규제 사이에서 행동 기준을 명확히 마련할 수 없는 상황이 벌어지고 있다.

담합이 반시장적 행위라는 점에서 비난받을 수 있다는 점은 분명히 인정하지만, 관련 사안을 집행하는데 있어서는 보다 신중을 기하고 업종별 특성을 충분히 감안해야 할 필요가 있다. 예를 들어 전적으로 수입에 의존하는 업종의 경우 원가와 환율의 변동에 따라 소매가격이 거의 비슷하게 변동할 수밖에 없는 사정을 이해해야할 필요가 있다. 또한 일부 업종의 경우에는 단지 소비자와 밀접하게 관련이 있다는 사실만으로 규제당국이 행정지도를 통해 가격을 통제하는 경우도 생겨나는 형편인데, 동일한 사안에 대하여 어떤 부처는 조장하고 어떤 부처는 규제한다면 해당 기업들은 과연 어느 장단에 춤을 추어야 하는지 혼란만 가중될 뿐이다. 또한 국제적으로 외국에서 일어난 담합사건에 대해 자국 경쟁법을 적용하는 추세가 점차 강화되고 있어 국내에서의 담합제재가 자칫 외국 경쟁당국에 의한 연쇄적인 제재로 이어질 수 있어 공정위의 신중한 접근이 요구된다. 최근 공정거래위원회의 의욕적인 활동이 과도하다는 평가를 받아서는 안 될 것이다.

금융상품
제대로 사고 팔자

최근 우리나라는 금융 산업의 겸업화와 글로벌화가 가시화되고 자본시장이 발전하면서 금융상품도 더욱 복잡화·다양화 되는 추세이다. 금융상품의 교차판매가 허용되면서 끼워팔기의 폐해를 양산하는가 하면 상품의 판매실적이 금융기관 직원들의 보상과 연계되면서 판매경쟁은 갈수록 치열해지고 있다. 소비자는 상품의 내용도 제대로 파악하지 못한 상태에서 직원이 시키는대로 수동적으로 자필서명만 하는 거래가 이루어지는가 하면 판매자 자신도 정확한 상품내용을 모르는 상태에서 상품을 파는 소위 불완전판매가 성행되고 있다. 불완전 판매의 유형으로는 ① 투자설명서나 약관 등을 소비자에게 교부하지 않고 금융상품에 가입시키는 계약서교부의무위반, ② 소비자에게 금융상품에 관해 의도적으로 불이익이 되는 사실을 고지하지 않고 상품을 가입시키거나 주요내용에 대해서 진실과 다르게 설명하는 등의 설명의무위반, ③ 불확실한 사실에 대해 단정적 판단을 하게 하는 권유, ④ 적합성 의무위반 권유, ⑤ 불초청권유위반 등을 들 수 있다.

일반적으로 금융거래의 특징은 정보의 중요성, 위험의 내재, 판단의 곤란, 정보의 불균형, 위험의 특수성, 판매업자의 기회주의적 공격적 판매 등을 들 수 있는데, 이것은 판매자와 소비자간의 교섭력의 불균형성·정보의 비대칭성 문제를 야기하게 되고 소비자주권을 침해하는 양상으로 나타나게 된다.

금융상품거래에서는 자기결정권이라는 용어가 등장하는데 이것은 수익의 가능성과 위험의 존재내용 정도를 이해한 다음에 금융상품의 거래를 할지 말지를 자발적으로 결정하는 권리를 말한다. 이에 따라 검토되어야할 내용으로는 공시수준, 거래약관제도, 광고규제제도, 끼워팔기규제제도, 담합규제, 불완전판매방지제도 등이 있다. 이러한 상황에서 금융소비자보호의 새로운 방안을 모색할 필요가 있다.

즉, 소비자피해를 당사자간 사이에서 해결하도록 사법적 규율을 제정하는 것을 검토해 볼 수 있고, 또 하나는 사업자가 사업 활동을 함에 있어서 소비자 이익을 침해하거나 소비생활의 안정을 방해하는 행위를 하지 않도록 행정기관이 사업자를 직접 감독하는 공법적 규제방안을 생각해 볼 수 있다.

선진국의 경우 공법적규제와 사법적규제를 적정하게 활용하고 있다. 우리나라의 소비자보호 정책의 기조는 소비자보호법에서 소비자기본법으로 전환되었음에도 불구하고 소비자를 사회적 경제적 약자로 보고 행정중심의 규제로 소비자를 보호하려는 정책과 소비자에게 정보를 제공해줌으로서 소비자주권을 실현시키고자 하는 두가지 정책이 혼재되어 실현되고 있다.

금융상품 불완전판매로부터 소비자를 보호하기 위해서는 사업자의 부당이득을 철저히 환수하는 방안이 고려되어야 한다. 즉, 구체적 방법으로는 민사적으로는 사업자가 불완전판매를 하면 소비자는 쉽게 손해배상을 받을 수 있도록 하는 민사적 보상시스템을 정비하고 행정적으로는 판매업자가 부당권유 등의 금지행위를 하였을 경우 과태료·과징금을 철저히 부과하는 불완전판매 억제책을 들 수 있다. 금융소비자 보호 관련 정책은 행정규제나 공시규제 중심에서 벗어나 소비자지향적 민사룰을 제정하여 소비자를 보호하는데 보다 집중할 필요가 있다. 그 대안으로서는 일본의 소비자계약법, 금융상품판매법과 같은 순수한 소비자 사법으로서의 성격을 갖는 소비자특별법의 제정을 검토할 필요가 있다고 본다. 또한 소비자 사법 규정을 소비자들이 피해구조를 청구원용하기 쉽게 구체적으로 제시할 필요가 있다. 보험업법에 청약철회계약취소 조항을 추가할 필요가 있고, 자본시장통합법에서는 설명의무위반시 손해배상조항에 입증책임전환규정을 삽입할 필요가 있으며, 적합성이나 적절성의 원칙을 위반할 시의 민사책임을 같이 규율할 필요가 있다. 또한 금융상품 불완전판매와 관련하여서도 단체소송, 징벌적 배상제도, 집단소송제도에 관해서도 같이 검토할 필요가 있다.

제2부
현안에 대한 법학교수의 시각

상법학 교수도 철학과 경영학 공부해야

상법을 벗 삼아 40년을 지내보니 우리에게 상법학이라는 학문은 과연 무엇이며, 상법학은 어떻게 정의되고 접근되어야 하는가 하는 근본 문제에 봉착하게 되었다. 일찍이 독일의 법철학자 라드부르흐는 "상법은 살아 움직이는 법이고, 결코 지면 위를 통하여 습득하는 법이 아니라 실생활 거래에서 직접 적용되며 생동하는 법이다"라고 갈파한 바 있다. 이 말은 상법은 탁상공론을 배격하면서 끊임없이 진화하는 기업환경에 발맞추어 나아가야 한다는 점을 강조한 것으로 풀이할 수 있다. 즉 상법은 다른 법 분야와는 달리, 끊임없이 진전하는 법이고 항상 새로운 변신을 추구하는 법이며 끊임없이 진화하는 경제 현상과 기업 환경의 새로운 조류에 발맞추어 나아가야 한다고 할 수 있다. 일반적으로 다른 나라의 경우 상법은 다른 법과 달리 평균 3년에서 5년 사이에 한 번씩 개정되고 있는데, 우리나라는 1962년 상법이 제정된 이래 20여 년 동안은 전혀 개정이 이루어지지 않고 있다가 1997년 IMF 사태를 맞은 이후에는 타율적으로 상법이 수차례 개정되었고 지금도 개정이 논의되고 있는 상황이다.

나는 평소 상법을 강의하면서 학생들에게 상법의 단순한 이론 연구에만 집착할 것이 아니라, 실생활 거래에서 상법이 어떻게 적용되고 응용되는가에 깊은 관심을 가질 것을 강조하였다. 왜냐하면 실생활에 적용되지 않는 탁상공론은 학문을 위한 학문밖에 되지 못하기 때문이다. 상법학의 여러 이론들을 나름대로 연구하다 보니, 상법학은 학문의 근본이라고 하는 철학과 접목되어 한 단계씩 발전해 나아가는 것이 아닌가 하는 생각을 하게 되었다.

나의 선친은 일찍부터 구국의 일념으로 철학이라는 학문을 본인의 전공으로 삼으시고, 평생동안 서양 철학, 특히 칸트와 헤겔에 천착하여 연구에 몰두하셨다. 아침부터 저녁까지 서재에 앉아서 오로지 연구만 하시는 아버지의 모습을 보며 나는 과연 학문이란 무엇이며, 인간의 본질과 욕망은 어떠한 것인가에 대한 깊은 상념에 빠지기도 하였다. 아울러 학문에만 몰두한다는 것이 과연 인생사에 있어 얼마나 큰 의미가 있는 것인가에 대한 끊임없는 의문을 제기하기도 하였다. 그러나 내가 40여년을 교수로 지내다 보니 아버지의 학문하시던 자세와 생활태도를 새삼 존경하게 되고, 학자라 하더라도 한 우물만 깊이 파는 것이 정말 쉽지 않은 일이라는 생각을 하게 된다.

내가 어릴 적, 결혼을 앞두고 있던 자형이 집에 방문하였을 때 아버지와 자형이 나눈 대화가 아직도 생생하다. 나의 자형인 곽수일 교수는 서울상대를 졸업하고 미국 콜롬비아 대학에 유학하여 경영학 석사 학위를 취득하고, 서울대 최연소 교수로 발령을 받았다. 그런데 그 당시 경영학이라는 학문은 우리나라에서 매우 생소한 학문이었다. 더구나 학문의 근본이라고 하는 철학을 연구하고 계셨던 아버지의 입장에서는 경영학이라는 분야를 하나의 학문으로 인정하는 일이 쉽지 않으셨을 것이라고 생각된다. 아버지께서는 자형을 만날 때 마다 "자네가 전공하는 학문은 무엇인가? 경영학은 무엇을 연구하는 학문인가? 경영학을 과연 학문이라고 할 수 있겠는가?"라고 여러 번 물어보셨던 기억이 난다.

흔히 철학, 신학, 법학, 의학을 4대 학문이라고 하여 오랜 역사와 전통을 자랑하는 학문이라고 본다면 그런 시각에서 경영학을 학문의 카테고리에 넣기에는 적절치 않다고 생각하는 것도 무리는 아닐 것이다. 경영학이 신 학문으로 각광받기 시작하면서 이와 관련하여 서울대학교 상과대학에 설치되었던 경제학과가 사회과학대학으로 적을 옮기고, 경영학만을 가르치는 경영대학이 신설 · 분리될 때 많은 논란이 있었던 것이 기억이 난다. 그 당시 상과대학 교수들은 전통적인 경제학과를 뛰어넘어 경영학과라는 것이 생기고, 경영대학을 신설하는 것에 대하여 매우 못마땅해 하였다.

어느 경영학 교수는 경영학은 순수학문이라고는 하기 어렵고, 사냥에 비유한다면 사냥하는 기술을 가르치는 학문이라고 정의하였는데 나는 그 의견에 공감하고 있다. 나는 우리나라 철학계의 태두셨던 아버지와, 경영학이라는 신 학문을 공부하여 우리나라에 씨앗을 뿌린 자형 사이에서 앞으로 내가 택할 전공을 어떤 분야로 할 것인가에 대한 깊은 고민을 하기도 하였다. 즉, 순수학문인 철학과 새로운 학문인 경영학 사이에서 보다 의미 있는 학문의 길을 찾는 데 나름대로 고심하였다.

나는 결국 가장 전통적이고 실용적인 학문인 법학을 택하였고, 그 중에서도 살아있는 법 분야인 상법을 전공하게 되었다. 정년퇴임을 얼마 남기지 않은 이 시점에서 생각해보니 결국 모든 학문이란 다 그 나름의 존재 이유와 가치가 있는 것이고, 요사이 많이 강조되고 있는 인접학문 간의 교류가 얼마나 중요한 것인가를 새삼 깨닫게 된다. 상법상의 회사를 들여다보면 회사에는 주주, 경영자, 채권자, 근로자, 소비자, 지역주민 등 여러 이해관계 당사자들이 존재하고 있다. 흔히 회사의 지배구조는 기업의 여러 이해관계 당사자들 간의 이해관계를 조정하는 매커니즘, 즉 집단의 권한 · 책임 등을 규율하는 제도적 장치와 운영체계라고 이해되고 있으며, 이는 결국 대기업과 중소기업, 대주주와 소수주주, 기업의 경영자와 근로자 등이 어떻게 서로 견제와 균형을 이룰 수 있는가에 대한 철학적 성찰이 필요하다고 본다. 또한 회사법을 제대로 공부하기 위해서는 그 대상인 회사란 무엇이며, 어떻게 움직이는 것인가 하는 실체를 확실히 파악하여야 한다고 생각한다. 그러기 위해서는 회사 경영학을 공부하여 회사와 관련 있는 여러 학문 분야를 두루 섭렵할 필요가 있다고 본다. 살아있는 상법을 제대로 이해하고 연구하기 위해서는 회사가 실제로 운영되는 현상을 명확히 이해하고 직시하여야 한다. 그러한 바탕 위에서만 진정한 회사법의 이론과 학설이 개진될 수 있을 것이다.

이러한 여러 가지 상념에 젖다보니, 결국 회사법을 제대로 이해하고 소화하기 위해서는 철학과 경영학에 대한 기본 사상과 관념이 밑바탕에 깔려있어야 한다는 결론에 이르게 되었다. 즉, 철학과 경영학과 법학은 서로 접목되어 소통할 때 그 진가를 발휘할 수 있다고 본다. 이러한 관점에서 상법학을 공부하는 교수도 철학과 경영학에 관한 기본 소양을 갖추고 공부하는 일이 중요하다고 할 것이다.

상법학의 진수와 상법 전공 교수들의 혜안

주지하다시피, 법은 크게 공법과 사법으로 나눌 수 있다. 법을 공법과 사법으로 분류한 것은 로마법 시대로 거슬러 올라간다. 로마인들은 소송을 합리적으로 수행하기 위해서 공·사법을 구분하였다고 전해오며, 서양에서 공·사법의 구별이 크게 부각된 것은 자본주의가 생성된 19세기의 개인주의적·자유주의적 사회경제체제가 들어서면서부터라고 할 수 있다.

이 체제하에서는 인간의 사적 자치가 최대한 인정되고, 국가는 개인생활에 최소한의 간섭을 해야 하는 것으로 생각되었다. 그러나 자본주의가 고도화되면서, 여러 가지 사회병리현상이 속출하게 되고, 부익부 빈익빈의 부조리가 팽배하게 되자, 20세기에 들어서서는 국가가 다시금 적극성을 가지고 사회적 강자는 누르고 약자는 떠받치는 법적 조치를 강구하게 되었다. 이것은 일반적으로 사법의 공법화 경향이라고도 하고, 전통적인 공·사법의 구별이 불분명하게 된 제 3의 법역으로서 사회법이 등장하게 되는 계기가 되었다.

사회법은 어디까지나 자본주의의 구분적 모순을 수정하기 위한 법이지, 자본주의의 부정을 의미하는 사회주의법은 아니다. 사회법은 근로자들에게 인간다운 생존을 보장하기 위하여 사법 중에서도 일부를 특별히 분리하여 발전시킨 것으로 노동법, 경제법, 사회보장법을 포함하는 것으로 이해할 수 있다.

사법은 일반사법과 특별사법인 민법과 상법으로 분류할 수 있는데, 민법은 흔히 법학의 왕좌라고 일컬어지며, 사인과 사인사이의 법률관계를 규율하는데 있어서 가장 기본적인 법이라고 할 수 있다. 이에 대하여 상법은 자본주의 경제의 상거래에 관한 법률로서 각 주체간의 이익을 조정하려는 것을 목적으로 하는 사법이다. 다시 말하면 상법은 기업적 생활관계에 특유한 법규의 전체라고 할 수 있다. 기업생활관계에 있어서는 그의 특유한 상관습 등의 규범이 자연 발생적으로 성립하게 되고, 또한 이를 규율하는 실정법이 제정되면 기업생활관계에 적합한 독자적 규범으로서 상법이 성립하게 된다. 민법은 경제생활 일반을 규율대상으로 하고 있기 때문에 영리활동의 실현을 목적으로 하는 기업생활의 특수한 수요를 충족, 반영할 수 없다. 일찍이 독일의 법학자 골드슈미트는 "상법은 하류에서는 만년설이 흘러내려 침전물과 용해되어 녹아내리지만, 상류에서는 계속 새로운 만년설을 형성하는 빙하와 같다"고 갈파한 바 있다. 이 말은 상법이 끊임없이 진화되는 경제현상과 기업환경의 새로운 조류에 발맞추어 나가야 한다는 점을 강조하는 것으로 풀이할 수 있다.

이러한 상법의 역사적 배경과, 그 역할을 고려할 때 상법학을 연구하는 학자는 아무래도 민법학을 연구하는 학자보다는 모든 면에서 진취적이고 진보적 일 수밖에 없다. 기업의 생활관계를 대상으로 하는 상법의 근본적인 정신은 경제적 합리주의로서 최소의 희생으로 최대의 효과를 거두는 것이다. 그러므로 상법은 기술적인 성격이 강하게 나타나게 되는 반면에, 윤리적인 색채는 상대적으로 옅어질 수밖에 없고, 이것은 상법의 진보적인 경향으로 나타나게 된다. 즉, 인간의 무한한 욕망은 끊임없이 새로운 수요를 생성시키고, 기업은 이러한 수요에 따르기 위하여 새로운 생산 기법과 과학적인 관리방법을 끊임없이 개발하고 있다. 이에 따라, 상법도 눈부시고 진보적인 발전을 부단히 거듭할 수밖에 없다. 이는 전통적 요소에 크게 좌우되고, 고정적인 경향이 강한 민법의 특성과는 매우 대조적인 것이다. 아울러 상법은 민법에 비하여 매우 유동적이고, 진보적이다. 또한 경제적 합리주의를 기조로 하는 상법은 기술적인 법으로서 전통적인 요소에 크게 구애받지 않기 때문에, 모든 국가가 그 내용이 공통화 되는 경향이 있다. 따라서 상법은 국경과 민족을 초월하여 상호간의 계수가 가능한 것이다. 오늘날과 같이 국제간의 거래가 빈번하여, 다방면에서 복잡다기한 법률관계가 발생하는 시대에는, 각국의 상법의 통일이 절실하게 요구된다. 그리하여 상법 분야에서는 세계적 관습법이 성립하고 있고, 국제 조약에 의하여 상법의 통일이 촉진되는 현상이 가속화 되고 있다. 이러한 모든 점들을 종합하여 볼 때, 오늘날 상법은 유동적·진보적 경향과 통일적·세계적 경향을 띠게 되는 것이다.

이러한 상법학의 시각을 정리해 보면, 상법을 제대로 이해하고 연구하기 위해서는 아무래도 민법학의 갇힌 사고와 틀로서는 제대로 사안을 해결할 수 없다는 결론에 도달하게 된다. 그리하여 상법교수는 민법교수에 비하여 시대를 보는 혜안을 갖게 되고, 상법학 이론을 연구함에 있어 보다 개방적이고 유연한 자세를 견지할 수 있게 되는 것이라고 생각한다. 이렇게 학문하는 자세를 유지하다보면, 상법교수는 인간관계에 있어서도 자기의 입장만 고집하게 되는 것이 아니라, 항상 남의 입장도 같이 이해하게 되고 너그러워지며, 역지사지의 사고를 할 수 있게 된다고 생각된다.

이러한 바탕 위에서 우리 상법교수들은 각자의 학문 연구도 충실히 하는 가운데, 학교의 행정보직과 대외관계에서도 활발한 활동을 하고 있다. 상법학을 연구하는 교수들 중 일부는 그 대학의 총장으로 선임되어 학교발전에 공헌한 예를 많이 보아왔다. 우리 상법학을 연구하는 교수들의 모임인 한국상사법학회는 1957년에 창립되어, 우리나라의 다른 어떤 법학분야의 학회보다 가장 오래된 역사와 전통을 자랑하고 있다. 최태영 초대회장이 취임한 이래, 서돈각, 손주찬 교수를 거쳐, 이범찬, 박길준, 양길수, 정동윤, 김정후, 임홍근, 강위두, 이균성, 이기수, 이강용, 박영길, 서규석, 김문환, 박진태, 윤보옥 교수 등 기라성같은 당대의 상법학자들이 한국상사법학회를 지금까지 이끌어 왔다. 특히 회장의 임기가 1년으로 단축된 시기에 학회장을 역임했던, 정찬형, 최완진, 홍복기, 최준선, 김

건식, 이형규, 신현윤, 김정호 교수 등은 학회장 선출과 관련하여 여러 가지 반목과 갈등과 잡음이 빚어졌던 다른 학회와 달리 선진적인 상사법 연구를 하는 교수들답게 지금도 학문적으로나 인간적으로나 매우 친밀하고 돈독한 관계를 유지하고 있으며, 학회 발전의 견인차 역할을 하고 있다고 자부한다. 우리 상사법학회는 모든 구성원들이 지금까지 아무런 불협화음 없이 그 소임을 다하고 있으며, 앞으로도 무궁한 발전이 계속될 것을 믿어 의심치 않는다.

사법의 공법화 현상을 우려한다

I. 경제민주화와 행복추구권

우리나라는 1980년 헌법 개정당시 행복추구권을 헌법에 명시하였다. 또한 박근혜정부는 국정목표를 "국민행복시대"로 정할 만큼 대한민국 국민들의 행복추구권은 그 어느 때 보다도 우리사회의 중요한 가치로 등장하고 있다. 그런데 행복추구권은 현 정부의 경제민주화 입법과 더불어 그 본질이 크게 훼손되는 현상이 나타나고 있다. 즉 행복추구권이 내포하고 있는 행동의 자유와 사적자치 계약의 자유 등에 입각하여 그 영역이 확대 되어야 할 사법들이 경제민주화 입법을 통하여 공법화 되는 현상을 보이고 있는 것이다. 따라서 경제민주화와 행복추구권에 대한 보다 명확한 이해가 요구된다고 보겠다.

헌법 제119조 제2항에 규정된 '경제의 민주화' 라는 문구의 해석과 관련하여 ① 자유시장경제주의의 보완조항이라는 견해와 ② 사회민주국가를 지향하는 조항이라는 견해가 나누어져 있다. 자유시장경제주의의 보완조항이라고 보는 견해는 시장의 자유를 원칙으로 하고, 국가의 조정과 개입행위는 시장의 실패로 인한 부작용을 최소화하기 위하여 필요한 경우에 한하여 보충적·예외적으로 적용하게 된다고 본다.

이에 반해 이 조항을 사회민주국가를 지향하는 것이라고 보는 견해는 헌법 제119조 제1항은 기본적 인권과 민주주의라는 한계 속에서의 자유와 창의를 존중하는 것이고 헌법 제119조 제2항은 기본적 인권을 구체화한 규범으로서 보충적·예외적 조항이 아닌 원칙적 조항으로 해석하고 있는 점에 차이가 있다.

우리 헌법재판소는 헌법 제119조 제2항의 해석과 관련하여 일련의 판시를 통하여 이는 자유경제주의를 기본으로 하면서도 그로 인한 부작용을 보완하여 사회보장, 사회 복지, 경제주체간의 조화를 기하는 경제체제를 지향하는 조항으로 보고 있다.

경제민주화는 국가가 개인과 기업의 경제적 자유에 대하여 어떠한 방식으로 규제할 것인가라는 문제의 인식과 해결방안을 위한 논의라고 할 수 있다. 따라서 이러한 시각의 차이는 부의 재분배, 국민의 과다한 부채의 해소, 부유층에 대한 규제 등에 대한 점에서 관점과 접근방식을 달리하게 된다.

현행헌법에서는 종래의 성장지상주의에 대한 반성으로서 경제성장의 혜택을 전 국민이 골고루 누릴 수 있도록 하기 위하여 성장·안정·분배의 조화를 도모할 수 있게끔 국가적 규제와 조정을 가할 수 있도록 하고 있다. 이는 경제적 측면에서 국민의 실질적 자유와 평등을 보장하려는 헌법적 결단의 표현이라고 볼 수 있다.

헌법 제10조 전문에 인간으로서의 존엄과 가치와 더불어 1980년 제5공화국헌법에서 행복추구권을 추가하여 현행헌법에 이르고 있다. 행복추구권의 법적 성격에 관해서는 기본권성을 인정할 것인가의 여부, 기본권성을 인정할 경우에 그 성격을 어떻게 정립할 것인가에 관해서 논란이 있으나 기본권성 인정설이 타당하다고 본다.

행복추구권은 인간의 존엄과 가치와 불가분의 관계에 있기 때문에 인간의 존엄과 가치와 병렬적인 성격을 갖는 일련의 내용은 행복추구권에도 그대로 타당하다. 헌법 재판소는 행복추구권에 일반적으로 행동자유권, 개성의 자유로운 발현권, 자기결정권, 계약의 자유 등이 포함되어 있다고 판시하고 있다.

II. 사법과 공법의 구별론

로마법은 일찍부터 법을 공법과 사법으로 구별하여 체계화하였다. 그로부터 법학에서는 끊임없이 공법과 사법의 2분체계가 논의되어 왔다. 그러나 그 구별의 표준에 관하여는 학설이 구구하여 아직 정설이 없다. 다만 중요한 학설로는 ① 이익설 ② 주체설 ③ 법률관계설 ④ 생활관계설 ⑤ 통치관계설을 들 수 있다.

그 중 통설적 견해인 통치관계설은 인간의 생활관계를 통치관계와 비통치관계로 나누어, 국가의 통치권의 발동에 관한 관계를 규정하는 법, 즉 통치권의 존재, 통치권의 발동의 형식, 국가기관의 조직과 권한 등에 관한 법이 공법이고, 비통치관계를 규율하는 법이 사법이라는 설이다. 즉, 공법은 국가권력이 직접 지배하고 규제하는 공적·정치적 생활관계에 관한 법이며, 사법은 국가권력이 일단 후퇴하고 간접적인 지배체제하에서 어느 정도의 사적 자치의 원칙을 용인하는 사적·경제적 또는 가족적 생활관계에 관한 법이라고 할 수 있다.

한편, 이러한 많은 표준들에 의하여 공·사법을 구별하려고 하는 실익이 무엇인가하는 물음이 제기되면서 공·사법의 구별을 부정하는 학설도 등장하는데, 예컨대 프랑스의 공법학자인 레온 뒤기(Leon Duguit, 1859 ~ 1928)는 권리부인론, 개인주의법에 관한 비판과 함께 공·사법의 구별을 부정하였다. 또한 켈젠 역시 공·사법의 구별은 근대법학에 대한 정치의 침입을 옹호하는 이론이며, 법학의 순수성 또는 과학성을 해치는 것이라 하여 배격하였다.

III. 「사법의 공법화」 현상의 구체적 사례(회사법 부분을 중심으로)

2013년과 2014년에 걸쳐 추진된 경제민주화 입법은 헌법 제119조 제2항의 경제민주화의 의미를 정부가 시장에 적극적으로 개입하는 것으로 잘못 해석한 것으로 보인다. 경제민주화에 관한 학자들의 지배적인 견해는 국민과 기업의 경제적 자유에 대한 국가의 관여는 시장기능이 제대로 구현되지 않을 때에만 예외적으로 허용되도록 소극적으로 해석해야 한다고 보는 것이다. 최근의 경제민주화 입법이 헌법 제37조 제2항에서 규정하고 있는 기본권제한의 입법적 한계를 벗어난 것이 아닌지 검토해볼 필요가 있다. 즉 ① 상법상 지배구조 관련 개정안(집행임원 설치 의무화, 다중대표소송 제도 도입, 집중투표제 실시 의무화, 전자투표실시 의무화, 감사위원 분리선임, 회사기회유용 금지, 자기거래 범위 확대 등), ② 하도급 거래에 대한 징벌배상제 적용 확대, ③ 일감몰아주기 규제, ④ 순환출자의 금지는 「사법의 공법화」 현상의 예라고 할 수 있다.

주지하다시피 현행 회사법은 2011년 4월 14일에 공포되어, 1년이 경과한 2012년 4월 15일부터 시행되고 있다. 2011년 개정된 회사법은 장기간의 논의와 치열한 공방을 거쳐 250개 조문을 개정한 것으로서 건국이래 상법개정으로서는 최대 규모로 이루어졌던 것이다. 한편, 회사법 개정 이후 불과 1년 3개월 만에 나온 「지배구조 상법개정안」은 많은 문제점을 내포하고 있다. 그 주요내용을 보면 ① 다중대표소송제의 도입, ② 이사회의 업무감독 기능강화, ③ 집중투표제 단계적 의무화, ④ 감사위원회 위원 분리선출 방식 도입, ⑤ 전자투표제 단계적 의무화로 되어 있다. 이 개정안은 일단 보류된 것으로 보이는데 「사법의 공법화」 현상을 곳곳에서 감지할 수 있다.

1. 이사회의 업무감독 기능강화(집행임원제의 제한적 의무화)(개정안 제415조의2 등)

집행임원제도는 회사의 경영감독기능과 업무집행기능을 분리하게 되어 기업지배구조의 투명성을 보다 강화할 수 있는 장점이 있다. 따라서 2011년 개정 상법도 이사회의 감독기능을 강화하고 회사의 업무집행의 효율성을 제고하기 위하여 이사회의 업무 집행기능을 분리하여 이를 전담할 집행임원제도를 도입하였으나 이 제도의 도입여부는 개별회사가 자율적으로 선택하도록 한 것이다. (상법 제408조의 2 ~ 408조의 9참조) 집행임원제도는 궁극적으로 경영전문화를 통하여 주주와 기업의 이익을 다 같이 도모하기 위한 것이므로 그 도입여부도 주주와 기업의 선택에 맡기는 것이 보다 합리적이라고 본다. 집행임원제도가 도입·시행 된지 1년여 밖에 안 된 시점에서 이 제도를 성급하게 의무화하는 것은 바람직하지 않다고 생각한다. 또 집행임원제도의 의무화는 경제민주화와 아무런 관련이 없는 것이다.

2. 다중대표소송제도의 도입(개정안 제406조의2, 제542조의6 제6항)

상법 개정안을 보면 다중대표소송의 도입을 추진하는 것으로 되어 있는데 이는 이중대표소송제도와 함께 남소를 부추기고 국제투기자본에 의한 악용가능성(국제적 투기자본에 다중대표소송을 제기 한 후 이를 이용하여 경영권에 개입하거나 다중대표소송 제기로 인해 하락한 모회사

주식을 매집한 뒤 소송을 취소하여 단기차익을 노릴 가능성)도 있으므로 도입을 보류하는 것이 옳다고 생각된다. 참고로 현재 판례를 통해 다중대표소송이 인정되고 있는 미국의 경우에도 ① 주주는 지배회사의 종속회사의 이 사회에 제소청구를 하도록 하고 있으며, ② 이사회가 제소청구를 거절한 경우 주주는 그 부당성을 입증하여 소송을 제기하여야 하고, ③ 법원은 해당 결정의 부당성 심사에 있어서 '경영판단의 원칙'을 적용하여 판단하고 있다. 따라서 만일 다중대표소송제도의 도입논의가 본격화 된다면 이와 함께 '경영판단의 원칙'의 도입에 대한 논의도 같이 진행되는 것이 사리에 맞다고 본다.

3. 집중투표제의 단계적 의무화(개정안 제542조의7)

집중투표제를 적극 활용하자는 논거를 보면 ① 집중투표는 수인의 이사를 따로 선임할 때 행사할 수 있는 주주의 투표권을 동시에 행사하는 것에 지나지 않고 상법상 감사선임 시 지배주주의 3% 이상 의결권을 제한하고 있는 점 등을 고려하면 자본다수결 또는 주식의 비례적 가치에 반하지 않고, ② 이사는 회사에 대하여 선관의무 및 충실의무를 부담하므로 집중투표로 선임된 이사들이 회사의 전체이익을 무시하고 분파적 행동을 할 것이라는 것은 기우에 불과하다고 주장한다. 그러나 집중투표제를 도입할 경우 이사회의 효율적인 운영이 어려워질 수 있고 소수주주를 대표하는 이사와 최대주주를 대표하는 이사가 이사회에 공존하여 당파적인 행위를 할 가능성이 높다. 2006년 영국계 해지펀드가 다른 외국계 기관들과 손잡고 집중투표를 통해 KT&G의 경영진 교체요구 등 경영권을 간섭한 선례가 있다. 또한 실무상으로도 집중투표제도는 기업의 업무부담과 불필요한 비용을 야기할 수 있다.

참고로 집중투표제를 도입한 국가는 미국, 일본, 러시아, 대만 등 여러 국가가 있으나 강행법규로 채택한 국가는 러시아, 멕시코, 칠레 3개국에 불과하다. 미국은 애리조나주 등 5개 주만 강행규정으로 되어 있고 일본은 주주간 파벌싸움 등으로 회사 경영상의 혼란만 야기한다는 비판이 제기되어 정관상 집중투표를 배제한 경우에는 이 제도를 청구할 수 없도록 상법을 개정한바 있다. 현재의 시점에서 집중투표제를 기업에게 의무적으로 도입하도록 하는 것에 대하여 반대한다.

4. 전자투표제의 단계적 의무화(개정안 제542조의14)

전자투표제도는 회사의 의사결정의 신속성과 비용절감 등 효율성 · 경제성을 증진 할 수 있는 좋은 제도이다. 그러나 현행 상법하에서도 주주들의 의결권행사를 활성화하기 위한 제도적 수단으로 '서면투표제', '의결권대리행사' 등의 여러 장치가 이미 마련되어 있다. 아울러 자본시장법상 'Shadow voting제도'가 폐지를 앞두고 잠시 유예 되고 있는 상황에서 구태여 이 제도를 의무화하여 기업에게 부담을 줄 필요는 없다고 생각한다. 참고로 미국, 일본, 영국, 독일 등에서는 전자투표제도를 도입하여 시행하고는 있으나 거의가 '이사회 결의' 등 회사자율로 전자투표제도를 채택할 수 있도록 하고 있고 의무화 하고 있지는 않다.

5. 감사위원회 위원 분리선출 방식 도입(개정안 제542조의12)

현행 상법 제542조의12 제2항을 보면 감사위원회 위원을 선출함에 있어 일괄선출방식을 채택하여 제1단계로 이사를 선임하고, 제2단계로 선임된 이사 중에서 감사위원회 위원을 선임하도록 되어 있다. 즉 집중투표제는 이사 선임시에만 적용되므로(상법 제382조의2) 제1단계에서만 적용되고, 3% 의결권제한은 감사위원회 위원 선임시에만 적용되므로(상법 제542조의12 제3항 및 제4항) 제2단계에서만 적용되게 된다. 이에 대해 상법개정안 제542조의 12에서는 제542조11 제1항의 상장회사는 주주총회에서 감사위원회위원이 되는 이사를 다른 이사들과 분리하여 선임하고(제2항), 그리고 최대주주, 최대주주의 특수관계인, 그 밖에 대통령령으로 정하는 자가 소유하는 상장회사의 의결권 있는 주식의 합계가 그 회사의 의결권 없는 주식을 제외한 발행주식총수의 100분의 3을 초과하는 경우 그 주주는 그 초과하는 주식에 관하여 감사 또는 감사위원회위원이 되는 사외이사가 아닌 이사를 선임하거나 해임할 때에 의결권을 행사하지 못하도록 (제3항) 규정하고 있다.

상법개정 입법예고안대로라면 자산총액 2조원 이상인 148개 대규모 상장회사가 반드시 3명 이상 두게 되어 있는 감사위원의 대부분이 소액주주나 펀드, 연기금 등의 대표로 선임될 가능성이 있다.

감사위원은 단순히 감사만 하는 것이 아니라 본질적으로 이사이기 때문에 이사회에 참석하여 집행임원을 선임하는 등 회사의 주요 업무를 결정하고 대표이사를 비롯한 다른 이사들을 감독하는 기능을 겸하고 있다. 그러나 감사위원 분리선출은 감사위원 선임을 위해 도입되는 제도이지만 결과적으로는 최대주주의 이사선임권을 제한하게 되어 불합리한 결과가 생길 수 있다고 생각한다.

6. 기타

이밖에 최근 논란이 되고 있는 배임죄에 대하여도 전반적 검토가 요구되고 있다. 즉, 대법원은 상법상 특별배임죄의 판결에 있어서, 이사 등의 경영판단행위에 대하여 형법상 업무상배임죄의 적용을 확대하여 특정경제범죄 가중처벌 등에 관한 법률을 적용함으로써 배임죄 과잉적용에 대한 우려를 초래하였다. 그 결과 "배임죄의 폐지론", "경영판단원칙의 도입론" 등이 주장되고 있는 실정이다. 회사에 있어서 이사, 임원 등의 경영자는 광범위한 재량을 가지고 회사이익의 극대화를 위하여 적극적으로 경영활동을 하지 않으면 안된다. 경영활동에 수사기관이 사후에 개입하거나, 배임죄 등의 형사처벌이 따른다면 당연히 경영활동은 위축되고 나아가서 국민경제가 저해되는 악영향을 미치게 될 것이다. 상법상의 특별배임죄의 적용에 있어서는 이사 등의 적극적 경영활동을 보장하여 국민경제에 이익이 되게 한다는 점과 경영권 남용으로부터 사회적 이익을 보호하여야 한다는 점을 같이 고려해야 할 것이다.

Ⅳ. 결 언

상법은 기업을 옥죄는 법이 아니라 기업활동을 원활하게 하고 기업을 유지 · 발전 시키는데 주목적이 있는 법이라고 이해할 때 기업에게 부담을 가중시키는 입법보다는 기업의 부담을 완화해주는 방향으로 입법이 이루어지는 것이 바람직하다고 생각한다. 현재의 국내외 경제여건을 고려할 때에 기업을 적대시하는 정책을 취하는 것보다는 '기업가 정신'을 강조하여 기업들이 보다 과감한 투자를 통하여 경제를 살리는데 보탬이 되도록 하여야 할 것이다. 지난번 입법예고 되었던 「기업지배구조 상법개정안」은 이미 2006년 상법개정안과 2008년 상법개정안이 제출되었을 때 치열한 논쟁과 함께 심도있게 논의하여 쟁점을 타협하였던 사항들이다. 우여곡절 끝에 해방 이후 최대 규모인 250여개의 조문이 개정되어 2011년 새로운 개정회사법이 탄생되어 시행 된지 얼마 안 된 시점에서 정권이 바뀌어 경제민주화라는 명목으로 또 다시 회사법 개정에 관한 논쟁을 재연시키는 것은 결코 바람직하지 않다고 본다.

우리는 회사법 부문에서 일어나고 있는 「사법의 공법화 현상」에 대해서도 계속적인 관심과 추적을 통하여 올바른 입법방향을 제시하여야 할 것이다.

포지티브제도에서 네거티브제도로

1. 우리나라의 성문법 체계는 원칙적으로 모든 것을 금지하고 예외적인 사항을 나열하는 열거주의법제(Positive System)의 특성을 지니고 있는데, 실제 사안이 법으로 적용되는 과정을 보면 법률은 물론, 시행령, 시행규칙에 의해 폭넓게 규율되게 되고, 어떤 경우에는 각종 지침 및 관리규정 등에 의하여 규율되기도 한다. 이에 비해 미국의 경우에는 성문법의 체계와 더불어 판례법을 중시하는 이원적 체계로 운용되고 있으며, 실제 사안이 법으로 규율되는 과정을 보면 규제대상으로 명시된 것 이외에는 거의 모든 것이 허용되는 이른바 포괄주의법제(Negative System)의 특성을 지니고 있다.

2. 우리 헌법 제119조 제1항에 따르면 "대한민국의 경제질서는 개인과 기업의 경제상의 자유와 창의를 존중함을 기본으로 한다. 또한 동조 제2항에 따르면 국가는 균형있는 국민경제의 성장과 안정과 적정한 소득의 분배를 유지하고, 시장의 지배와 경제력의 남용을 방지하며, 경제주체간의 조화를 통한 경제의 민주화를 위하여 경제에 관한 규제와 조정을 할 수 있다." 따라서 우리 헌법상 경제질서의 근간은 제119조 제1항에서 규정한 "개인과 기업의 경제상의 자유와 창의의 존중"과 동조 제2항에서 규정하고 있는 "경제에 관한 규제와 조정"을 두 축으로 하여 이루어져 있다고 할 것이다. 두 조항은 모두 정의롭고 효율적인 시장질서를 만들기 위한 시장경제질서의 핵심요소라고 할 것이다.

3. 규제기준은 사전에 명확하게 제시되어야 하며, 이는 헌법재판소 판례와 행정규제기본법에 의해 확인되고 있다. 행정규제기본법은 "규제는 법률에 근거하여야 하며, 그 내용은 알기 쉬운 용어로 구체적이고 명확하게 규정되어야 한다"(행정규제기본법 제4조 제1항)고 규정하고 있다.

헌법 제37조 제2항, 제75조, 제95조에 따르면 국민의 권리의무에 관한 제한은 법률에 의해서만 가능하고, 규율의 본질적인 내용은 법률에 의해 의회에서 정해야 하며, 일정한 사항을 하위법령에 위임을 하더라도 법률에서 구체적으로 범위를 정하여 위임하도록 하여 법령의 형식에 대한 제한을 두고 있다(포괄위임금지의 원칙). 행정규제기본법도 이러한 취지를 담고 있다. 즉, "규제는 법률에 직접 규정하되, 규제의 세부적인 내용은 법률 또는 상위법령(上位法令)에서 구체적으로 범위를 정하여 위임한 바에 따라 대통령령·총리령·부령 또는 조례·규칙으로 정할 수 있다. 다만, 법령에서 전문적·기술적 사항이나 경미한 사항으로서 업무의 성질상 위임이 불가피한 사항에 관하여 구체적으로 범위를 정하여 위임한 경우에는 고시 등으로 정할 수 있다"(행정규제기본법 제4조 제2항).

행정기관은 법률에 근거하지 아니한 규제로 국민의 권리를 제한하거나 의무를 부과할 수 없다(행정규제기본법 제4조 제3항).

4. 행정규제기본법 제5조에서는 규제의 원칙을 규정하고 있는데, 그 내용을 보면 ① 국가나 지방자치단체는 국민의 자유와 창의를 존중하여야 하며, 규제를 정하는 경우에도 그 본질적 내용을 침해하지 아니하도록 하여야 한다. ② 국가나 지방자치단체가 규제를 정할 때에는 국민의 생명·인권·보건 및 환경 등의 보호와 식품·의약품의 안전을 위한 실효성이 있는 규제가 되도록 하여야 한다. ③ 규제의 대상과 수단은 규제의 목적 실현에 필요한 최소한의 범위에서 가장 효과적인 방법으로 객관성·투명성 및 공정성이 확보되도록 설정되어야 한다고 되어있다. 법과 제도를 합리적으로 운영하기 위하여는 열거된 행위만을 제한적으로 허용하는 방식에서 탈피하여 꼭 필요한 것만을 규제하고 나머지는 시장의 자율에 맡기는 방식으로 바꾸는 것이 훨씬 더 효율적이라고 볼 수 있다. 과거에 단일 기술과 단일 산

업이 주종을 이루던 시기에는 경우에 따라 포지티브 시스템도 유효하게 작동 될 수 있으나, 현대와 같이 융합이 본격화되는 시대에는 포지티브 시스템은 실제 문제가 된 사안을 해결함에 있어 오히려 장애로 작용할 가능성이 크다. 법과 제도가 포지티브 시스템으로 고착되어 해당산업과 신규사업, 관련시장 등을 지배하게 되면 창의적 아이디어와 융합기술에 입각한 다양한 산업을 발전시키는데 크나큰 장애요인으로 작동하게 된다. 따라서 문제된 현안을 합리적으로 해결하기 위하여는 포지티브 시스템으로 규율되던 각종 법적 규제를 과감하게 네거티브 시스템으로 전환해 나갈 필요가 있다고 생각한다.

5. 돌이켜 보면 과거 역대정부 중 규제개혁을 외치지 않은 정부가 없었지만 2000년대 이후 의원입법의 증가에 따른 새로운 규제의 영역은 더 커져만 갔다고 볼 수 있다. 또한 정부부문의 규제개혁보다 민간부문의 혁신에 치우치다 보니 매년 정부등록규제는 더 큰 폭으로 증가해왔음에 유의하여야 한다.

한편 규제개혁에서 가장 중요한 부분이 국회의 역할이다. 국회를 규제개혁의 관건으로 보는 이유는 의원발의 법안의 경우 사전에 규제영향평가를 하지 않기 때문이다. 즉 행정부발의 법안의 경우 규제의 신설강화에 따른 비용편익 분석서를 첨부해 부처 내 위원회에서, 그리고 국무총리실의 규제개혁위원회에서 단계별로 심의해 국회에 법안을 제출함으로 법안의 잘못된 부분을 여러 번 거를 수 있는 장치가 마련되어 있다. 이에 비하여 의

원발의 법안은 이러한 절차가 없기 때문에 입법을 통한 규제의 품질이 떨어진다는 비판이 끊이지 않고 있다.

6. 본인이 전공하고 있는 회사법의 영역만 보더라도 2016년 9월 현재 10건의 상법개정안이 의원발의안으로 국회에 올라와 있는데, 이와 같은 여러 상법 개정안 중에서 회사법의 개정을 내용으로 하는 것이 8건에 달하고 있고, 그 중 3건은 대표소송의 개선과 다중대표소송의 도입을 주된 내용으로 하고 있다. 그런데 이러한 법안들은 이미 2013년 6월 기업지배구조 상법개정 공청회에서 충분히 다루어진 것으로서, 기업의 실정을 고려하지 않은 여러 문제점으로 인하여 이미 도입이 보류되었던 것을 다시 재탕하고자 하는 것이다. 또한 2011년 250개의 조문을 개정한 개정회사법이 2012년부터 시행되고 있는 제반사정을 고려하지도 않고, 또다시 법안을 제출함으로써 혼란만 가중되고 있는 상황이다.

또 한 가지 예로 최근 문제가 되고 있는 대형마트의 영업규제를 들 수 있다. 유통근대화는 한마디로 농수산물 등의 복잡한 유통단계를 줄여 값싸고 질 좋은 상품을 소비할 수 있게 하고 물가도 잡자는 것인데 이는 구매력 있는 대형마트 등이 산지에서 직접 대량으로 물건을 구해 와야 가능한 것이고, 대형마트의 지방 진출을 가로막는 것은 유통서비스의 효율성을 저해하는 것으로 볼 수 있다.

실제로 주말이나 심야에만 쇼핑을 할 수 밖에 없는 맞벌이 부부나 퇴근이 늦은 직장인들은 대형마트의 영업규제에 대해 엄청난 불편을 호소하고 있고, 대형마트에 입점하거나 여기서 아르바이트를 하는 사람들은 자신들의 일자리가 사라지고 수입도 줄어든다며 강력히 반발하고 있다. 대형마트의 영업규제는 정부가 장기간 추진해 온 유통서비스 혁신이나 유통근대화에도 정면으로 배치된다.
최근 다원화사회로의 변화와 국가경쟁력을 확보하기 위해서는 규제개혁이 더욱 빠르게 진행되어야 한다. 이러한 여러 가지 점을 고려하여 신중한 판단 하에 입법안이 제출되어야 시대에 걸맞는 법이 탄생할 수 있을 것이다.

7. 규제의 문제는 우리의 사회문화 영역에서 세분화 되어 다양한 영역별로 적용이 가능하다. 국민의 안전생활과 관련된 분야는 규제강화의 측면에 초점을 두고 제도화되어 헌법상 보장된 행복추구권 실현의 가치 하에 국민의 안전한 생활이 질적으로 보장되어야 할 것이며, 행정절차의 측면에서는 행정절차의 간소화와 비용절감을 통하여 국민의 행정관련 경제비용을 개선하여야 할 것이다. 또한 경제적 측면에서는 개인과 기업의 자유와 창의보장측면에서 완화된 규제 및 적정규정을 적용하여 경제성장의 기폭제로 작용할 수 있도록 하여야 할 것이다.

8. 규제개혁 및 개선은 규제 완화냐 규제 강화냐의 이원론적 측면이 아니라 합리적 규제와 규정의 적정성이라는 문제의 핵심이

있다. 규제의 합리적 적정기준의 설정이 개별법에서의 입법정책적 규제개선의 효과를 극대화하는 것이다. 규제 개혁의 최선의 목표는 합리적·적정 규제가 실현된 최적의 입법목적의 실현을 통하여 국민 삶의 질적 변화와 지속적 경제성장의 환경을 조성해 나가는 것이라고 할 수 있다.

규제개혁은 공공복리라든가 공익을 위해 정부부문이 민간부문의 개입하는 정도를 합리적으로 조정할 수 있도록 법령을 중심으로 한 모든 시스템을 새롭게 뜯어고치는 것을 말한다. 규제개혁은 정부의 추가적인 재정투입 없이 민간의 창의성과 자율성을 대폭 신장시켜 지속적인 경제성장을 이루어 낼 수 있다.

9. 우리나라에만 있는 독자적으로 형성된 규제, 도입 된지 오래되어 입법환경의 변화를 반영하지 못한 규제, 현장에서 개선 필요성이 요구되는 규제, 과도하게 국민의 의무를 요구하는 과잉 규제, 규제 목적의 상실로 실효성이 없는 규제, 법령을 소극적으로 해석하는 등의 눈에 보이지 않는 규제 등을 적극 발굴하여 입법개정안을 마련할 필요가 있다. 합리적 규제의 기준을 입법의 영역으로 수렴하여 적극적인 규제개혁을 통하여 국민생활환경의 질적 개선과 경제발전을 위한 합리적 규제환경의 단초를 마련해 나가야 할 것이다.

규제개혁의 입법 과제로는 ① 인허가 요건의 구체화 및 명확화, ② 중복규제의 금지, ③ 국민불편해소적 규제로의 전환, ④ 협력적·자율적 규제방식의 적극 활용, ⑤ 규제비용의 명확한 반영,

⑥ 현실적 규제로의 전환, ⑦ 의원입법의 사전규제영향분석 및 규제일몰제 도입, ⑧ 규제총량제를 넘어 규제감량제 도입, ⑨ 청부입법의 원칙적 금지 등을 들 수 있다.

10. 한국의 중앙정부중심의 규제환경을 개선하려면 규제 입법의 양산자라고 할 수 있는 국회의 입법과정에 규제영향평가를 도입하고 강화하여 규제기준의 적정화 및 규제수단의 합목적성을 달성해야만 한다. 행정부 중심의 규제개혁의 추진도 국회의 입법이 뒷받침 되어야 제 역할을 해 나갈 수 있을 것이다.
규제개혁은 합리적 규제를 통해 국민의 불편을 해소하고 규제비용의 감소를 통하여 국민생활의 질적 개선과 국가의 경제적 역량을 극대화하는 것이다. 규제개혁의 최선의 목표는 합리적·적정규제가 실현된 최적의 입법목적의 실현을 통하여 국민 삶의 질적 변화와 지속적 경제성장 환경을 조성해 나가는 것이다.

11. 최근에 온 나라를 흔들고 있는 미르·K스포츠 재단 모금을 보더라도 청와대는 마치 총칼을 든 것처럼 기업 팔을 뒤틀어 774억 원을 모금했고, 청와대를 업은 최순실씨는 이렇게 모은 기업돈을 쓰리쿠션으로 빼먹으려고 하였다. 후진국 스타일의 권력형 갈취가 벌어지는 한국적 현실이 참담할 뿐이다. 물론 일부에서는 돌아오는 이득이 있을 것이라는 계산이 섰기 때문에 돈을 냈을 것이라고 한다. 어떤 재벌 관계자는 '윤활유'라

는 표현을 썼는데, 대기업은 정부와 얽힌 이슈가 많고 허가·승인이나 금융공정거래규제 같은 현안을 숱하게 갖고 있다. 정권에 협조해 주면 이러한 관(官)과 관련된 현안을 해결하는데 한결 부드러워 진다고 한다. 그래서 윤활유라고도 하고 만일에 대비한 예방적 성격의 '보험'이라고도 할 수 있다. 이러한 남 보기도 창피한 한국식 정경유착을 끝내기 위해서는 특히 과감한 규제개혁이 이루어져야 한다고 본다.

12. 규제개혁의 성과를 국민과 기업이 체감하기 위해서는 입법과정에서 그 절차가 신속하고 원활하게 이루어지도록 효과적인 입법시스템을 구축하는 것이 중요하다. 다시 말하면 입법시스템의 측면에서 법제도 선진화가 이루어져야 하며, 이러한 뒷받침이 되어야 국민과 기업을 위한 법제개선의 노력의 성과를 국민이 체감할 수 있게 될 것이다.

광복절 특사, 통 큰 사면으로 침체 경제 살려야

현재 우리나라 경제는 실물발 경제위기로 인하여 과거와는 차원이 다른 심대한 경제비상사태로 발전할 가능성에 대한 우려가 제기되고 있다. 현재 내수가 크게 위축된 상황에서 버팀목 역할을 해 왔던 수출마저 주력 산업 위축으로 인하여 크게 부진한 성적을 나타내고 있다. 이러한 경제 위기를 극복하기 위해서는 신규 고용을 창출하고 가계소득을 증가시켜 침체된 실물경기를 활성화 할 수 있는 과감한 기업투자가 절실하다고 생각된다.

최근 박근혜 대통령은 청와대에서 주재한 수석비서관 회의에서 광복 71주년을 맞이하여 국민의 역량을 모으고 재기의 기회를 가질 수 있도록 사면을 실시하고자 한다고 밝힌 바 있다. 이번 사면 결정은 박근혜 정부 들어 세 번째가 될 것으로 보이는데, 지난 두 차례의 사면은 서민과 영세업자, 중소기업인 등 생계형 사범 위주로 단행되었고 비리 정치인과 기업인은 철저히 배제 된 사면이었다. 그동안 박 대통령은 사회 정의와 법치주의를 훼손할 수 있다는 관점에서 사면을 남발하지 않겠다는 의사를 밝혀 왔다. 또한 대선 공약의 일환으로 대기업 지배주주와 경영자의 중대 범죄에 대한 사면권 행사에 소극적이었고 사면에 대한 엄격한 원칙과 기준을 강조한 것도 사실이다. 그런데 이번 사면 결정은 브렉시트와 산업계 구조조정 등 대내외 악재가 터져 나온 상황에서 "우리 경제가 대내외적으로 어려움이 많고, 국민 삶의 무게가 무거워 희망의 전기가 필요한 시기"라며 사면 취지를 설명했다는 점에 주목할 필요가 있다.

사실 현재의 국내외 경제 여건은 주요 산업의 구조조정과 최악의 청년 실업, 수출 부진과 내수 침체, 환율 전쟁 등으로 한 치 앞을 내다 볼 수 없는 불확실성에 직면해 있고, 정치적으로도 여소야대 상황에서 북핵 문제, 사드 배치 문제, 중국의 남중국해 영유권 분쟁 등 외교 · 안보 분야도 매우 긴박하게 돌아가는 상황이다. 이러한 시점에서 국가 통합 분위기를 조성하고 국가 역량을 결집한다는 취지에서 특별사면은 여러 가지로 긍정적 효과를 낳을 수 있다고 생각한다.

물론 대통령의 특별사면에 대해서는 과거 정부에서 사면권이 너무 자의적으로 행사 됐다거나 사법 체계를 훼손 했다는 비판을 받은 사례도 있었던 것이 사실이다. 또한 사면권이 대통령의 고유 권한이라고는 하지만 사회적 통념과 원칙에서 크게 벗어나게 되면 사면권 남용의 문제가 제기되기도 한다. 그러나 지금은 누가 보더라도 비상시국이 아닐 수 없다. 국난을 극복하고 국민에게 희망의 메시지를 주려면 그야말로 통 큰 사면이 요구되는 시점이라 아니 할 수 없다. 유감스럽게도 현 정부 들어 일반인과는 달리 기업인에 대한 특별사면과 가석방 사례는 매우 제한적으로 이루어졌고 법원도 재벌 총수들에 대해서는 매우 엄격한 잣대를 들이대어 법 집행에 역차별이 이루어진 것은 아닌가 하는 논란이 제기 되었던 것도 사실이다. 기업인들은 가석방 요건에 해당되는 경우에도 부정적 국민 여론을 우려해 가석방 대상에서 제외 되는 경우가 있었고 법원도 재벌 그룹의 가족범죄의 경우에는 한 명만 구속시키는 관례에도 불구하고 부자, 모자, 형제를 동시에 구속하고 항소심에서 형량을 더욱 늘리는가하면 형집행정지나 보석허가는 거의 이루어지지 않았던 경우가 많았다.

과거에 있었던 재벌총수들에 대한 사면 후의 경제활동을 돌이켜 보면, 삼성의 이건희 회장은 평창 동계올림픽 유치, 삼성전자의 창사 이래 최고실적 달성을 이룬바 있고, 현대의 정몽구 회장은 공격적인 공장투자와 세련된 디자인 등으로 자동차 산업 글로벌 TOP 5에 진입하는 성과를 이루었다. 또한 한화의 김승연 회장은 화학 · 방산 계열사 기업 인수와 이라크 신도시 건설 산업 프로젝트를 성사시켰고, SK의 최태원 회장도 그룹의 경영 확장과 기업의 사회적 공헌에 괄목할 만한 성과를 달성한 점을 지적할 수 있다. 결과적으로 기업인에 대한 과감한 사면은 총수가 지휘하는 관계 그룹의 일사불란한 현안 대처와 과감한 투자로 기업과 국가 경제 발전에 중추적 역할을 하였음을 부정할 수 없다.

이러한 관점에서 정부는 사회 각계각층의 여론을 수렴하여 이번 광복절 특별사면은 서민 생계형 사면은 물론이고 기업 총수들을 특별 배려하여 국민 통합과 경제위기를 극복하는 계기로 삼아야 할 것이다.

공직자의 재산공개

공직은 다른 여타직업과는 다르다. 공직은 국민에 의해 주어진 것이며 국민의 세금으로 지탱되는 자리이다. 공직사회의 정화와 청렴은 시민사회에 모범을 보인다는 측면과 함께 공직사회가 부패할 때 파생되는 불필요하고 낭비적인 사회비용의 증대를 막는 차원에서도 매우 중요한 과제이다. 이런 관점에서 최근 새 대통령의 재산공개와 함께 대두된 고위공직자와 정치인들의 재산공개문제는 과연 새 정부가 개혁을 원안대로 해 나갈 것인지의 의지를 시험하는 잣대가 될 것이라고 하겠다.

먼저 우리는 공직자의 재산공개라는 것이 사회적 긴장감을 더하거나 정치적 불안을 부추길 아무런 이유도 없는 개방된 사회의 지극히 당연한 정치과정이라는 상식을 일깨우고자 한다. 그러기에 대다수의 국민들은 맑고 밝은 사회에 대한 벅찬 기대감으로 이번 사태의 진전을 지켜보고 있는 것이다. 그런데 유감스럽게도 일부 소수의 기득권층은 과거 권력의 비호 아래서 음양의 특혜와 함께 떳떳하지 못한 축재(蓄財)를 한 것이 드러날 것이 두려워 갖가지 핑계와 이유를 들어 이 제도의 시행을 반발하고 있다고 한다. 과거 우리는 새 정부가 출범할 때마다 공작자의 재산공개가 새로운 집권층의 장식품으로 잠시 쓰이다 흐지부지 된 사실을 기억하고 있다.

이번에도 또 다시 형식이나 구호에 그친 전철을 밟아서는 안 될 것이라고 믿는다. 그러면 어떤 방법으로 공직자의 재산공개를 추진하는 것이 바람직할 것인가? 다음 지적하는 몇 가지를 반드시 짚고 넘어가야 할 것이다.

첫째, 재산공개는 자기와 가족이 가진 그대로를 성실하게 사실대로 밝혀야 할 것이다. 벌써 일부 고위공직자들은 골프회원권이나 고급승용차 등을 팔려고 내놓는 등 갖가지 위장수법을 강구하고 있다고 한다. 아직 금융실명제가 시행되고 있지 않으므로 재산을 은닉할 방법이 얼마든지 있겠지만 결국 언젠가는 사실대로 밝혀질 것이고 거짓이 드러날 경우 국민들의 불신감만 커질 것이므로 반드시 있는 그대로 신고해야 할 것이다.

둘째로, 공개대상은 모든 재산을 포함하여야 한다고 본다. 즉 부동산, 동산은 물론 보석, 현찰, 증권, 채권을 비롯하여 골동품, 서화 등도 공개대상이 되어야 할 것이다.

셋째로, 재산의 평가기준은 92년 말을 기준으로 하여 시세에 가장 근접하는 방식이 되어야 한다. 부동산, 특히 토지의 경우에는 기준시가는 80%선, 공시지가는 시가의 70%선, 감정가는 60%선, 내무부 과세 표준은 20%선밖에 시가를 반영하고 있지 못하고 있어 어느 시준에 의할 것인가에 따라 커다란 차이가 나게 되어 있다. 이렇듯 불합리한 기준에 의하여 평가가 이루어진다면 적정하고 합리적인 평가가 될 수 없다는 점을 유념하여야 할 것이다.

넷째로, 등록된 재산에 대하여는 엄격한 실사와 검증이 필수적으로 따라야만 한다. 그래야만 재산이 너무 적게 평가되어 믿지 않는다든지 또는 합리적이지 못하다고 하여 눈총을 받는다든지 하는 부작용과 불안을 제거할 수 있을 것이다.

다섯째로, 재산공개에 있어서 꼭 수반되어야 할 것은 퇴직 후의 검증장치일 것이다. 재산공개의 기본취지가 재임 중 부정한 수단으로 재산을 증식시키는 것을 막자는 것이라면 재산증감상황이 퇴임 때 명확히 공개되어야만 의미가 있을 것이다. 따라서 퇴임 시 취임 당시의 재산과의 비교, 변동사항에 대해 검증을 행하도록 하고 일정기간 추적 감시가 뒤따를 때에만 이 제도가 실효성을 거둘 수 있을 것이라고 믿는다. 끝으로 공직자의 재산공개를 지난날과 달리 새 정부의 확고한 개혁의지를 보여주는 계기로 삼기 위해서는 재산공개의 구체적 범위, 공개할 재산의 대상과 판정, 공개에 대한 실사와 검증 및 실사의 주체·절차·방법 등에 관한 상세한 법적·제도적 뒷받침이 마련되어 지속적으로 시행되어야만 할 것이다.

역사에
대한
직무유기

국회가 평화의 댐, 율곡사업, 12·12 사건 등에 대한 국정조사를 종료했으나 의혹만 부풀리고 실체적 진실 규명에는 다다르지 못했다는 지적이 나오고 있다. 감사원의 감사 결과가 중간에 발표된 탓도 있지만 특히 이번 국정조사는 조사의 비효율성을 극명하게 드러내어 근본적으로 조사방식을 재검토해야 한다는 의견도 나오고 있다. 우선 국정 조사의 가장 핵심이라고 할 수 있는 전직 대통령들의 증언이 빠졌다는 점에서 의혹의 상당 부분이 여전히 풀리지 않은 채 남아 있다. 관계 증인들의 불성실한 답변 태도도 문제지만 근본적으로는 당리당략과 관련된 여야의 입장이 상반되므로 3대 의혹 사건은 더욱 많은 의문점만 확대, 재생산한 느낌이다.

12·12 사건은 "하극상에 의한 군사 쿠데타적 사건"이라는 신정부

의 규정과 달리 "합수부의 정당방위"였다는 주장이 나오게 했는가 하면 평화의 댐과 관련해서는 "수공 위협이 과장된 정권 안보용"이었다는 감사원의 지적에도 불구하고 "유비무환"이라는 논리의 도전을 받았다. 이런 식의 국정조사라면 과연 시간을 낭비해 가며 할 필요가 있겠는가 하는 생각과 함께 "정치적 한풀이"나 "정치적 쇼"로 전락하는 것이 아닌가 하는 강한 의문을 제기하게 만들었다.

문민정부가 들어선 이후 과감한 개혁정책과 함께 과거 청산작업을 벌이면서 조선총독부 건물을 철거하고 임시 정부 요인의 유해를 국립묘지로 모셔 오는 등 민족정기를 바로 세우고 현대사의 왜곡된 부분을 바로잡는 노력을 기울인데 대해 우리는 큰 박수로 성원을 보냈다. 가까운 최근 10여 년 간의 과거사를 조명하고 반성하는 데에는 현 집권층이 웬일인지 소극적이고 움츠러드는 태도로 나오는 것에 대해 우리는 고개를 갸우뚱하며 유감을 표시하지 않을 수 없다.

혹자는 "21세기를 앞둔 한국", "선진 제국과 겨루어야 할 국제화를 지향하는 한국"이라는 모토를 내세우며 과거보다는 미래 지향적 문제를 풀고, 국내 문제에만 너무 집착할 것이 아니라 세계로 눈을 돌리자고 주장하기도 한다. 또 어떤 구시대의 인사는 과거를 향한 부정적 개혁이 아니라 미래를 향한 창조적 개혁을 해야 한다는 논리로 강변하기도 한다.

그러나 우리는 과거가 제대로 조명, 정리되지 않은 상태에서 결코 탄탄한 미래로의 전진은 이루어질 수 없다고 확신하는 바이다. 우리가 역사학을 학문 중의 학문으로 소중히 여기며 지나간 역사를 재조명하고 시시비비를 가리며 논하는 이유는 바로 잘못 된 역사를 청산함으로써 올바른 사관을 정립하여 다시는 과오를 되풀이하지 않고 찬란한 미래를 열기 위함은 두말 할 필요가 없다.

이런 관점에서 3대 의혹 사건을 파헤치기 위한 국정 감사를 실시하는 본뜻도 과오가 되풀이 되지 않는 올바른 미래를 열기 위한 작업의 일환이라고 믿는다. 그렇다면 전·노 두 전직 대통령은 해명서 내지 대국민 발표문 정도로 문제를 덮으려 할 것이 아니라 국회 증언대에 나가 떳떳이 모든 것을 밝히는 등 적극적 자세로 실체적 진실 규명에 나서야 한다고 본다. 모든 것을 후일 역사의 판단에 맡기자는 주장은 일시적 평온과 안정에 도움이 될지는 몰라도 본질적 문제의 근원적 처방책은 결코 될 수 없는 것이다.

올바른 역사평가를 위한 진실한 사료를 남기는 작업은 이 시대를 사는 우리 모두의 역사적 책무이다. 규명할 사안에 대해서는 철저히 규명하고 책임소재를 가려야 할 것이 있다면 분명히 가려야 한다고 믿는다. 한 시대의 생활인으로서 또한 국민으로서 역사에 대해 직무유기의 공범이 될 수는 없는 것이 아닌가.

철저하고 엄정한 사법적 규명을

노태우 전대통령의 엄청난 비자금 비리와 부정축재 규모가 속속 드러나면서 온 국민은 허탈과 분노에 젖어 있다. 위대한 보통사람들의 시대를 열겠다며 '믿어 주세요'를 연발 했던 전직 국가원수가 대도의 상징으로 되어버린 이 암울한 현실은 본인은 물론 국가적으로도 큰 불행이 아닐 수 없다. 우리는 이러한 불행한 사건에 직면하여 개탄의 늪에서 헤어나 어떻게 사건이 마무리되는 가를 주시하고자 한다.

그동안 검찰은 특히 정치적 사건을 다루는데 있어서 불가항력적인 외부의 압력에 굴종하여 독립성을 지켜내지 못했다는 비판을 종종 받아왔다. 이러한 불명예를 이번에만은 기필코 씻어야 할 것이다. 이미 김 대통령도 이 사건을 부정 축재로 규정하면서 성역 없는 수사를 역설한 바 있고 법 앞에 만인이 평등하다는 점도 강조한 바 있다. 따라서 검찰은 누구의 눈치도 볼 필요 없이 공명정대하게 사건을 처리해 주기를 바란다.

특히 노 전대통령이 숨기고 있는 6공 당시의 율곡사업, 원전건설, 영종도 신공항 건설, 고속철도, 제2 이동통신 등 대형 공공사업과 관련된 뇌물특혜 시비를 속 시원히 가려야 할 것이고 92년 대통령 선거자금에 얽힌 의혹도 반드시 풀어주어야 할 것이다. 또한 토지, 빌딩, 증권 등 여러 가지 형태로 은닉 혐의를 받고 있는 다양한 부정축재 상황과 스위스 은행 등의 비밀구좌 및 가족 친지 사돈 명의로 숨겨져 있다는 재산에 대해서도 낱낱이 밝혀져야 할 것이다. 노 전대통령의 거액비자금 및 부정 축재사건은 그 엄청난 규모에 걸맞게 매우 복잡한 양상을 띠고 있다. 비자금 유입여부와 관련하여 김대중씨는 이미 20억 원을 받았다고, 김종필 자민련총재는 1백억 원 수수설이 떠돌고 있고, 김영삼 대통령은 92년 노씨의 민자당 탈당 이후엔 노씨를 만난 일이 없다고 했지만 제3자를 통해 대선 자금을 받지 않았나 하는 의혹이 제기되고 있다.

이와 관련하여 최근 "정치권의 문제는 정치권내와 국회에서 풀어야 정국불안 요인을 제거할 수 있다"는 논리로 이 사건을 '정치적 사건'으로 규정하여 '정치적으로 해결'하자는 주장이 나오고 있다.

우리는 이러한 주장에 결코 동의할 수 없다. 이 사건은 한 권력자의 개인 비리와 축재사건이기도 하지만 우리 정치판의 구조적 모순과 누적된 폐습, 그리고 권력과 재벌 간의 해묵은 유착의 구도와도 밀접히 연관되어 있기 때문이다.

이번 사건의 수사가 이제 본 궤도에 오르려고 하는 시점에서 일부 정치권에서 내부적인 구조적비리와 치부가 드러나자 정치적 해결 시도를 보이는 것은 이번 사건의 핵심을 흐리고 문제의 본질적 규명과 구조적 척결의 기회를 봉쇄하려는 의도가 있는 것으로 여겨진다.

노씨 비자금 사건은 이미 정치권의 신뢰를 크게 무너뜨렸고 앞으로 자칫 전체 정치권의 공멸을 가져올지 모른다는 위기감도 있는 것이 사실이다. 그러나 이런 비상시국일수록 정치인들은 보다 자숙하고 근신하는 자세로 모든 문제를 솔직 담백하게 털어놓고 국민의 이해와 관용을 구하여야 할 것이다.

우리 사회가 이번 사건을 명확히 파헤치고 해결의 합리성과 지혜로움을 확보할 때 모든 국민은 보다 성숙해질 것이다. 이러한 관점에서 우리 모두는 정공법으로 신속하게 본질을 파헤쳐 철저하고 엄정한 사법적 규명을 해야 할 역사적 책무를 지고 있다고 생각한다.

크레디트카드 제도에 대한 제언

최근 우리 사회에서는 크레디트카드의 이용이 크게 활성화 되고 있다. 카드 발급자 수가 1천만 명이 넘어선지 오래고 카드 매출액도 연 10조 원을 이미 돌파하였다고 한다. "지갑을 가볍게, 신용을 두텁게", "물건구입이나 현금대출은 사인하나로 OK" 등의 표어에서도 볼 수 있듯이 크레디트카드는 어느덧 우리의 경제생활과 소비생활에서 없어서는 안 될 생활필수품의 하나가 되었고 이제 현금 및 수표에 이어 "제3의 통화"라고 불리고 있다.

크레디크카드는 현금이나 수표를 대신하는 편리한 지급수단이다. 카드 제시만으로 상품이나 서비스의 구입이 이루어지므로 현금 휴대의 불편과 위험을 배제할 수 있다. 일상생활은 물론 여행·관광·오락·레저 등 모든 분야에 널리 사용할 수 있고 특히 해외여행 시에는 현금 소지의 위험이나 현지 화폐를 환전해야하는 번거로움 없이 편리하게 사용할 수 있다. 또한 카드의 신용공여기능으로 크레디트카드는 가장 훌륭한 신용 기능을 담당한다. 카드로 상품이나 용역을 구입하면 대금 지급을 익월에 일괄지급하거나 혹은 할부지급이나 분할지급을 통해 지급연장이 이루어진다. 고가품을 할부로 구입하는 경우에는 제반서류를 번거롭게 갖출 필요가 없을 뿐만 아니라 할부이자도 상대적으로 낮아서 비용경감의 많은 이득이 있다. 이 밖에도 카드 회원이 국내 · 외 여행 시 카드로 비행기 항공권을 구입하는 경우 별도의 절차 없이 보상한도 1억 2천만 원의 여행상해보험에 자동 가입되며 보험료는 카드회사가 전액 부담한다. 카드거래에 있어 은행은 카드회원의 예금구좌로부터 자동이체처리에 의하여 카드이용대금의 결제가 행하여지므로 고객 및 예금을 확보할 수 있고 예금자의 카드 이용 상황을 점검하여 그 신용상황을 파악할 수 있는 이점이 있다. 이와 같이 크레디트카드가 우리사회의 새로운 자금결제수단으로 자리 잡아가고 있는 반면에 이에 따른 많은 법률적인 분쟁과 문제점이 아울러 발생하고 있다.

즉 도난·분실된 크레디트카드를 습득한 무권리자가 이를 부정사용하여 상품이나 용역을 구입하는 경우 현금 소지에 따르는 위험과 불편을 갈음한다는 카드의 효용성이 사라지고 불안을 안겨주는 위험물이 되며 이때 카드회원이 전적인 책임을 부담해야 한다면 큰 문제이다. 또한 카드 자체나 매출전표의 위조·변조 등을 통한 이용대금과다청구라든지 가맹점의 판매수수료의 카드 회원 전가, 현금고객과의 차별대우 등 소비자 신용 특유의 문제가 생겨나고 있다. 그런가 하면 백화점 카드의 경우에는 할부구입의 편의 제공 등으로 과소비와 충동구매 현상이 나타나고 크레디트카드를 이용한 불법사태놀이는 카드거래를 위장한 일종의 고리대금업으로서 카드제도 자체의 발전을 저해하는 암적인 존재가 되고 있다.

이와 같은 문제와 관련하여 정부는 1987년 5월 신용카드업법을 제정한 바 있고 1990년 12월 31일에는 동법을 개정하여 1991년 2월 1일부터는 개정된 신용카드업법이 시행되고 있다. 개정법의 기본 취지는 크레디트카드를 이용한 불법대출과 매출전표유통 등 카드거래의 근본을 저해하는 행위에 대한 처벌근거조항을 신설하여 카드거래질서를 개선하고 소비자금융의 증가에 대비하여 할부금융업무에 대한 규제근거를 마련하여 무신청카드의 발급금지와 회원의 동의 없는 개인신용정보를 외부에 제공할 수 없도록 하는 등 소비자보호를 강화하고자 하는 것이다.

그러나 신용카드업법은 기본적으로 신용카드업을 건전하게 보호·육성하는 것이 목표로 되어 있으므로 소비자보호를 위해서는 아직도 미흡한 점이 많다. 크레디트카드의 부당한 거래질서로 인하여 발생하는 소비자피해를 막기 위해서는 카드거래에 관한 포괄적인 내용을 망라한 가칭 "소비자신용법"을 제정할 필요가 있다고 본다. 여기에는 카드계약의 성립시기를 확정하는 문제로부터 시작하여 카드에 의한 상품 및 용역의 구입에서 발생하는 제반문제 및 하자있는 상품 등에 의한 계약의 해제 시 카드보유자의 항변권의 확보, 카드부정사용시 카드보유자의 책임 제한, 카드 이용대금 청구상의 과오의 해결방법, 카드이용의 부당거절시의 손해배상책임, 그리고 카드 및 불법카드사채업 등의 각종 유형의 카드범죄에 대응하는 형사법적 제재까지 포괄적으로 명시하여야 할 것이다.

대학의 본질

대학을 흔히 진리탐구의 전당 또는 상아탑이라고 한다. 상아탑이란 속세를 떠나서 오로지 고고한 학문이나 예술에 잠기는 경지를 지적한 말로 여겨지는데 과연 오늘날의 대학이 속세에 흔들리지 않는 상아탑으로 볼 수 있을지는 의문이다. 대학을 상아탑이라고만 볼 수 없는 이유로 나는 몇 가지를 생각한다. 그중 하나는 과거 대학에 대하여 국가권력이 필요이상의 간섭과 통제를 하였던 것이고, 다른 하나는 대학인 자신들의 잘못된 사고방식과 생활태도를 들 수 있다. 대학의 사명은 학문의 자유연구와 준수한 인격육성에 있다고 하겠는데 역사상 각 시대의 대학들은 그때 그때의 서로 다른 사회적 여건의 영향을 받아 다소간 서로 다른 특징을 보여왔다. 대학은 고대 서양의 최고학부였던 플라톤 학원에서 유래하였다. 아카데미라는 말은 희랍어 아카데미아(Akademia)에서 연유한 것이고 이 말은 아테네 서북 교외에 있었던 '영웅 신 아카데모스의 숲'을 지칭했던 것이다.

이 숲에 자리잡은 플라톤 학원은 BC385년에 창립되었는데 학원 입구에는 '기하학을 모르는 사람은 출입을 금한다.'는 문구가 걸려 있었다고 한다. 이것은 기하학을 중요시 여기는 의미보다도 아카데미의 근본목적이 지식을 팔고 궤변에 능한 소피스트형의 인간을 배격하고 부정을 혁신하는 소크라테스다운 철인형을 육성하는데 있다는 뜻으로 받아들여지고 있다. 대학은 원래 대학생들의 자치적 집단이었고 또 교수들의 자치적 단체였다. 이런 성질 때문에 플라톤의 아카데미는 희랍의 도시국가가 망하고 로마 제정이 판을 친 AD 529년까지 9백년이나 지속했고 정체의 변동과 관계없이 독립하여 훌륭한 학자를 배출해 낼 수 있었다. 종교적 교권이 압도적인 지배를 하였던 중세의 대학들에 있어서도 대학인들은 단합하여 그 지배에 항거하면서 고고하게 진리탐구의 전당으로서 대학을 육성하였고 이런 과정을 거쳐서 오늘날의 대학이 탄생된 것이다.

대학의 이러한 유래를 살펴볼 때 역시 국가는 학원에 대하여 최대한으로 학문의 자유를 보장해 주어야 할 것이라는 생각이 든다. 또한 대학인들도 학문의 자유를 진정으로 누리려고 한다면 항상 올바른 가치판단과 생활태도를 견지해야 한다. 정치가가 진지한 교수나 학도와 다르듯이, 진지한 교수나 학도도 역시 정치가와 같을 수 없으며 또 같아서도 안 될 것이다. 대학사회의 교수와 학생은 이론과 실천, 지식과 가치판단을 일단 준별하여 양자의 혼동을 배격해야 한다. 왜냐하면 과학적 연구는 자연적 현실이건 역사적 사회적 현실이건 간에 현실의 이론적 추구를 노리는 것이지 함부로 당위와 이상을 나열한 것이 아니기 때문이다.

나는 요사이 새삼 대학과 국가의 관계를 논한 '야스퍼스'의 말을 음미해 본다.

'대학의 구성원들이 한 인간으로서 각자 국가에 대한 충성심을 가졌다 하더라도 진정한 의미의 대학은 국가간의 충돌에 끼어서는 안된다. 대학인들은 오직 지적창조라는 매개체를 통하여 국가와 전 인류에 봉사해야 한다. 국가주의는 합법적인 연구주제가 되기는 하되 대학자체의 근본적인 방향을 제시할 수는 없다.'

법학 교육의 개혁방향

정부는 사법시험의 준비기관으로 전락한 법과대학 교육을 바로 잡고 세계화시대에 걸맞은 법조인을 양성하기 위하여 사법제도를 개혁할 움직임을 보이고 있다. 아직 정부가 추진하고 있는 사법개혁안은 확정되거나 가시화되지 않고 있다. 다만 현재 언론 등을 통하여 알려진 바에 따르면 지금 논의되는 사법개혁의 목표는 두 가지로 집약되는 것 같다. 그 하나는 법조인 수 특히 변호사의 수를 늘리는 것이고 다른 하나는 법조인의 자질과 전문성을 높이는 것이다.

변호사의 수를 늘리는 문제에 대해서는 국민 누구나 적정한 가격으로 양질의 법률서비스를 손쉽게 받을 수 있도록 한다는 가능성과 변호사 업무를 전문화시켜 종래의 민사형사의 일반소송업무

외에 법률서비스의 대외 개방과 발맞추어 지적재산권·환경·세무·노사분야 같은 전문영역에 새로운 법률서비스를 제공할 수 있도록 해야 한다는 필요성 등에 의해 폭넓은 지지를 받고 있는 것으로 보인다.

또한 이와 관련한 법학교육제도의 개혁방안으로는 대체로 미국식의 로스쿨과 같은 일종의 법과대학원을 설치하여 법학교육을 실무위주로 강화한다는 것에 의견이 모아지고 있다.

법과대학원(Law School) 제도의 도입방안의 골자를 보면 법학부를 폐지하는 대신 법과대학원을 설치하여 다양한 학부 전공 출신자를 대상으로 실무 교육을 실시하고 법과대학원 졸업자에 한해 변호사시험의 응시자격을 부여하며 정상적인 졸업자 대부분에게 시험을 통하여 법조인 자격을 준다는 것이다.

이 법과대학원은 내년부터 서울·부산 등 5개 고등법원 소재지에 연차적으로 설립되고 입학정원은 서울 5백 명, 부산·대구·광주·대전은 3백 명씩 모두 1천 7백만 명 정도로 한다는 것이다. 또한 정부는 사법시험을 변호사 자격시험으로 전면 대체하는 방안을 적극 검토중인데, 이 방안에 따르면 법과대학원과 변호사 자격시험이 정착되는 2004년부터는 해마다 1천 2백 명의 변호사를 배출할 계획이라고 한다. 이는 법과대학원의 입학정원의 1천 7백 명이 모두 변호사시험에 응시한다고 가정할 때 약 70% 정도를 합격시킨다는 것으로서 현재의 사법시험 합격자의 5, 6배 수준이 된다. 이는 현재 전국의 법과대학의 재학생 7천여 명 중에 약 4% 정도인 3백 명 미만의 숫자가 법조인이 되는 불합리한 제도를 시정할 수 있는 현실적인 대안으로 강조되고 있다.

그러면 이러한 법학교육의 개혁은 어떠한 방향에서 추진되어야 소정의 목적을 달성할 수 있는가를 모색해볼 필요가 있다.

법학교육의 개혁은 첫째로 양질의 법조 인력을 양성하기 위하여 교육내용을 내실화하고 강화시킬 수 있는 방안을 요구한다. 그것은 인간의 생명과 재산을 다루는 고도의 공익적 업무에 종사하는 법조 인력의 양성 배출기능을 대학이 회복할 수 있도록 하는 데에 착안해야 할 것이다.

둘째로 법학교육은 세계화 추세와 법률시장개방에 대응할 수 있는 다양하고 경쟁력 있는 법조 인력을 양성하는 실용적이고 전문화된 교육의 장이어야 한다. 능숙한 외국어실력과 법적 소양을 갖춘 통상전문인력 없이는 이미 무한 경쟁시대에 돌입한 국제사회의 거센 파고를 넘을 수 없다. 법학교육의 국제경쟁력을 갖추도록 하기 위해서는 다양한 전공분야의 지식을 갖춘 학부졸업생이 Law School에 입학할 수 있는 제도적 장치를 마련할 필요가 있다고 본다.

셋째로 법학교육은 변호사·판사·검사 등 법조인 이외에도 유사법조직능에 종사할 인력을 양성하는 데에도 관심을 기울여야 한다. 물론 이 두 가지 범주의 법무인력은 그 성질에 따라 별개의 교육과정을 통해 양성·배출되는 것이 바람직하다. 이는 2만 명이 넘는 지원자 중 약 1.5%에 불과한 합격자를 배출하는 고시열풍 속의 수많은 젊은이들을 구제하여 국가의 고급인력이 낭비되는 것을 막는 한 방법이 되기도 할 것이다. 즉 사법시험제도를 변호사시험으로 전환하고 그 합격자 수를 대폭 확대함으로써 법조 인력의 공급을 확대하는 한편 나머지 인원들은 유사법조직능을 수행하도록 함으로써 사법인력 관리의 효율성을 기해야 한다고 본다.

끝으로 지적하고 싶은 것은 3년제 Law School안이 채택될 경우 로스쿨의 입학정원은 3천 명 정도가 되어야 하며 최소한 서울에 6, 7개 이외에 지방의 경우에는 최소한 각 도 단위별로 국립대를 중심으로 1개 이상의 전문법과대학원을 설립하여야 된다고 본다. 입학정원을 몇 개 대학으로 한정하여 정부가 특혜를 주듯이 인가하는 방식은 지양되어야 할 것이며, 이는 경쟁을 근간으로 하는 교육개혁의 기본취지 및 지방화·세계화 추세에도 역행하는 것이다. 경쟁의 원리와 지역적 안배가 함께 고려되어 일정한 인가요건을 갖춘 법과대학은 로스쿨로의 승격을 허용 받도록 길을 열어 놓음으로써 그들 사이에 경쟁을 유도하여야 한다.

2만여 명에 이르는 현재의 사법시험응시인원을 고려할 때 또한 군소대학간의 컨소시엄을 통한 전반적인 법학교육의 여건을 향상시킨다는 점을 고려할 때 최소한 각 도별로 한 개 이상의 로스쿨이 있어야 법학교육의 내실화와 법조인의 전문성·자질향상에 기여할 수 있을 것이다.

법조인 양성제도와 법학교육의 개혁에 관한 논의는 벌써 오래전부터 제기된 해묵은 과제이다. 이제는 더 이상 개혁의 고삐를 늦출 수는 없다고 생각된다. 아무쪼록 법조개혁이 각계의 여론을 충분히 수렴하고 민주적 토론과 공개논의의 장을 거쳐 국민이 공감하는 방향으로 조속히 확정되기를 기대해 본다.

외대의
힘을
다시 모으자

지식정보화 사회로 대변되는 21세기 시대환경 변화에 부응하기 위해서 우리 외대는 현상 지적 사고관행을 대폭적으로 수술해야할 중요한 전기를 맞고 있다. 정보화와 글로벌화에 따른 교육수요의 근본적 변화는 최근 10년간 외대의 독특성 · 차별성이 크게 감소되는 가운데 우리의 전략적 지향점을 명확히 해야 할 상황에 이르고 있다.

지난번 동문회에서도 지적되었듯이 우리 외대는 동문들의 일반적 · 사회적 평판에서만 상대적 우위를 점하고 있을 뿐 교육여건, 교수연구, 재정, 경영부분에서는 수치를 언급하기 민망할 정도의 위상을 나타내고 있어 본교의 밝은 미래를 위해서는 대수술이 시급함을 암시하고 있다.

그 동안 본교는 외부 환경 변화에 맞춰 내부경영상 적합하고 신속한 대응조치와 개혁을 이루어내지 못한 것이 사실이다. 과거의 명성에 안주하여 안일한 사고에만 젖어 있다가 소위 과거의 최상위 5위권 학교에서 벗어나 우리보다 한 단계 낮추어 보았던 학교들의 추월에 당황하는 형국이 되어버렸다. 이제는 변화의 청사진을 구체적으로 제시하여야만 한다.

먼저 우수재원 확보를 통한 국내 최고 명문대학으로서의 도약을 위해서는 현재 상위권을 유지하는 학과를 중점적으로 홍보·육성하여 그 경쟁력을 더욱 높일 필요가 있다. 이와 함께 사회과학 등 다른 비어학계열 학과에 대해서도 양질의 어학 교육을 제공해줄 수 있다는 점을 홍보함으로써 경쟁력을 확보해 나아가야 할 것이다. 또한 용인캠퍼스의 경우에는 문화 예술대학의 신설을 검토하고 광고홍보, 호텔경영학과 등과 같은 시대의 조류에 맞는 인기학과를 개설하여 용인캠퍼스의 위상을 서울캠퍼스와 대등하게 끌어올리도록 할 필요가 있다. 또한 학생들에게는 다양한 커리큘럼 및 전공선택의 기회를 폭넓게 제공하여 학생들이 교육과정에 만족하도록 하고 도서관 장서의 확충과 24시간 개방을 통해 최고의 학습 분위기를 고양시키며 수요자 중심의 원스탑 행정서비스를 제공하여야 할 것이다. 또한 교수는 국내외 학술논문 발표와 저서발간에서 우수한 실적을 보여줌으로써 학문의 산실로써 우리 외대의 이미지를 강화해야 할 것이다. 다양한 교수법 개발을 위해 끊임없이 노력하고 새로운 지식을 효과적으로 전달할 수 있는 기법을 연구함으로써 연구·교육의 균형적인 발전을 통해 학생들의 전공심화에 기여하고 학교의 대외적 명성을 제공시켜나가는 노력을 게을리 하지 말아야 할 것이다. 본교의 강점인 외국어를 바탕으로 독창적인 전문인과 국제적인 한국인을 양성함으로써 외국어와 지역학을 중심으로 특성화를 추구하고 이를 바탕으로 사회과학과 첨단과학기술관련 학문을 집중적으로 교육·육성할 필요가 있다고 하겠다.

이와 같은 제도적 개혁과 함께 우리 외대인에게 절실히 요구되는 것은 동문들의 애교심이다. 주지하다시피 국내의 학계, 언론계, 실업계, 정계, 법조계 동문들의 활약상은 눈부신 바 있으며, 해외로 눈을 돌리면 세계를 무대로 활약하는 동문들의 기상과 함께 그야말로 '세계를 호흡하는 외대인'을 느낄 수 있다. 이제 과거의 퍼스트그룹으로서의 긍지에 머무를 것이 아니라 구체적인 행동을 통하여 학교 발전에 동참함으로써 우리 외대의 저력을 보여주어야 할 시점에 이르렀다고 생각된다. 외대 가족 구성원의 노력과 함께 모교를 위한 동문들의 힘을 다시 한 번 결집할 때 진정한 외대의 발전은 이룩될 것이다.

우리 외대는 과거 선배들이 구축한 화려한 전통을 기반으로 반드시 재도약을 하여야 한다. 그리하여 우수재원확보를 통한 국내 최고 명문대학으로의 도약, 대학종합평가순위 국내 최상위권에 진입한 대학, 재학생이 만족과 일체감을 느끼는 대학, 교수의 연구·교육 수준이 국내최고인 대학, 국제적으로 경쟁력 있는 대학으로의 힘찬 발걸음을 계속해 나아가야 할 것이다.

로스쿨 인프라 구축이 시급하다

정치권과 사법개혁위원회가 미국식 법학전문대학원 도입을 가시화하면서 로스쿨을 준비 중인 각 대학들의 물밑경쟁이 치열해지고 있다. 대학들의 로스쿨 유치 경쟁은 앞으로 판·검사, 변호사 등 사법 인력의 대부분을 충당할 로스쿨을 유치하지 못하면 법대의 생존이 어려워지고 대학 위상의 급락이 불가피하다는 판단 때문이다.

로스쿨은 전공에 관계없이 4년제 대졸자들이 입학하여 3년간 법학실무교육을 받은 뒤 단순한 자격시험을 통해 변호사 자격증을 받는 제도로 로스쿨을 만드는 대학은 법대 학부과정을 없애야만 한다. 현재 전국 90여개 대학에 법학과가 설치되어 있고 총 입학정원은 1만 명을 넘고 있는데 로스쿨은 약 10개 대학 정도에만 허용될 것으로 알려지고 있다. 로스쿨 입학은 미국 로스쿨 입학시험처럼 암기한 지식의 양이 아닌 법학 수학능력을 검증하는 적성시험과 학부 성적 등을 통해 선발하고 응시횟수도 제한한다고 한다. 다만 로스쿨이 도입되더라도 사시를 준비하고 있는 고시생들을 위해 변호사 자격시험과 사법시험을 병존시키는 과도기간을 둘 것으로 알려졌다.

로스쿨 도입 시 현행 사법시험은 로스쿨 수료생을 대상으로 한 변호사 자격시험으로 전환되고 합격자는 수료자의 80%이상을 원칙으로 하고 응시횟수도 제한된다. 변호사 자격시험 후 연수는 직역별로 분리 실시하되 법관은 사법연수원, 검사는 법무연수원이 담당하고 변호사는 일정기간 사법연수원에서 위탁교육을 받을 수 있도록 하는 방안이 제안되고 있다.

대학들은 로스쿨의 기본조건이 전임교수 20명 이상과 입학정원 200명 이상, 그리고 모의재판 실습실 등 관련시설 등이 인가 요건으로 될 것으로 보고 있다. 이에 따라 대학들은 이 규준을 충족하는데 적극 나서고 있으며 지난 몇 년간 계속해서 법대 정원을 확대하고 모의법정, 전용열람실, 법학도서관 등을 갖춘 법대 단독 건물을 신축하는 움직임을 보이고 있다.

우리 대학도 조금 늦은 감은 있으나 이러한 조건을 충족하기 위하여 최선의 노력을 다하고 있다. 최근 법대 입학 정원을 200명으로 하는 2005년도 정원조정안이 교수회의를 통과하였으며 신임교수를 계속 충원하여 앞으로 한두 학기 안에 20명을 확보한다는 원칙을 세웠고 법과대학 건물을 2005년 말까지 신축하는 방안이 구체적으로 검토되고 있는 상황이다.

그런데 로스쿨 설치를 위한 다양한 물적 시설투자도 중요하지만 보다 더 관심을 집중해야 할 것은 학생들을 가르칠 실무교수진의 확보를 비롯한 소프트웨어의 개발과 인프라 구축이라고 생각된다.

이밖에도 대학 간의 치열한 인가 경쟁, 형평성 시비에 휘말릴 수 있는 로스쿨을 설치할 대학의 선정문제, 학생들이 부담해야 할 막대한 비용문제, 학부의 법학과를 폐지할 경우 로스쿨 전임교수로 임명되지 못한 현행 법학과 교수의 신분상 대우, 일정기간 과도기적인 현행 사법시험과의 병행문제 등 풀어나가야 할 문제들이 적지 않다고 생각한다. 로스쿨의 기본 방향은 현재의 법조인 양성제도가 가지고 있는 문제점을 근원적으로 해결하고 21세기 국가적·사회적 요구에 부응할 수 있는 충실한 법학교육을 담보할 수 있도록 하는데 초점이 맞춰져야 할 것이다.

강원대 의대 설립 당위성을 다시 강조한다

강원대학교의 의대 설립 문제가 최근 다시 현안으로 대두되고 있다.

우리는 벌써 여러 해전부터 의대 설립의 필요성을 절감하여 착실한 준비를 진행시켜 왔으며 우리의 간절한 요구를 여러 경로를 통하여 당국에 전달한 바 있다. 그리하여 우리의 숙원사업이었던 의대 신설 문제가 지난번 교육부의 94학년도 전국대입요강 발표 시에 확정 발표되어 일단락 지어질 것으로 굳게 믿어 왔다.

그러나 어찌된 일인지 당국은 부처 간의 협의가 계속 진행되고 있다는 이유를 들며, 우리 대학의 입시요강을 인쇄 배포해야 할 시간이 얼마 남지 않은 이 시점까지 아무런 확답을 주지 않고 있음은 심히 유감 된 일이 아닐 수 없다.

주지하다시피 우리는 그동안 여러 차례에 걸쳐서 우리의 의대설립을 끈질기게 요구해 왔으며 그 당위성을 누차 강조한 바 있다. 강원도를 대표하는 대형 선두 국립대학으로서의 위상정립을 위하여, 학생들에게는 떳떳한 자긍심을 심어주기 위하여, 강원도의 푸대접론을 일소하기 위하여, 교육도시로서의 춘천의 이미지 제고를 위하여 의대설립에 필요한 모든 기본적인 요건을 다 갖추고 있는 강원의대 설립의 당위성은 우리 모두가 공감하는 사항임은 재언을 요하지 않는다고 하겠다.

의대설립과 관련한 업무 추진에 있어서 우리는 열정과 강한 집착에 빠져 일부 미숙함과 매끄럽지 못한 대처 방안이 노출된 점을 유감으로 생각한다.

또한 총론은 찬성하면서도 각론에서는 일부 다른 의견이 개진되었던 것도 알고 있다. 혹자는 의대 설립은 힘겹고 어려운 작업이며, 장기투자가 요구되는데 비해 별로 실익이 없다는 주장을 펴기도 하고 복수의대의 설립은 춘천의 인구수에 비해 적자난을 초래하고 지역 이기주의의 표현으로 매도 하기도 한다.

그러나 복수의대의 존재는 상호 경쟁보완 체제를 구축하여 보다 양질의 의료서비스를 제공해 줄 것이며 강원도의 환경여건을 살린 전국 유일의 성인병 및 노인성 치료전문 의대를 지향하는 우리의 탁월한 기초의학 연구진 및 교수진과 접목되고 춘천의료원을 이용한 부속병원 시설까지 완비된다면 더욱 금상첨화가 될 것이다.

또한 강원의대의 설립은 의대교육과정 관련학과의 설치를 이미 완료하고 있으므로 정부의 투자를 최소화 할 수 있으며 수도권 명문종합 국립대학교로서의 발전을 지향하고 있는 우리의 계획에 청신호를 보내주고 자긍심을 한껏 불러일으켜 줄 것은 너무나도 명백한 것이다.

우리는 강원도의 다른 지역에 의대가 설립되는 것을 결코 반대할 이유가 없으며 힘을 합쳐서 적극 협력하고 도울 생각임을 밝히고 싶다. 또 당연히 그렇게 해야한다고 확신한다.

어떤 원대한 목표를 향해 나가다 보면 전혀 예기치 못한 장애물이 나타나고, 큰 숲에 집착하다 보면 개개의 나무들에 세심한 신경을 쓰지 못하는 경우가 생기게 되는 것을 이해한다. 우리는 어느 특정인의 언동의 미숙함이나 어느 기관의 문제의 접근 방안이나 대처방안에 시시비비를 하고자 하여서는 아니된다.

우리는 대승적인 차원에서 이 문제를 다시 풀어야 한다. 지금 우리에게 요구되는 것은 전 강대인의 단합과 애교심이다. 우리는 당국에 대해서 다시 한 번 이번에야말로 모든 도민의 숙원사업이요, 대통령 및 집권당의 공약사항이며 지역의 절실한 바램을 꼭 수용해 주어야 한다는 간절한 우리의 요구를 전하는 바이다.

우리 모두의 분발과 각성과 현명한 대처가 다시 한 번 요구되는 시점이다.

제3부
미네르바 단상
- 생활 속 수필 -

상법에는 인생 철학이 담겨있다

우리나라 상법전은 총칙, 상행위, 회사, 보험, 해상, 항공운송의 6편으로 구성되어 있으며, 별도의 단행법으로 어음법과 수표법이 있다. 우리나라 상법은 독법계로서 독일 상법의 영향아래 일본의 상법을 계수하였으며 예외적으로 주식회사의 이사회제도와 수권자본제도 등은 영미법적 요소를 가미한 것이다. 우리나라는 1945년에 해방이 되어, 1948년에 정부가 수립되었지만, 우리나라 고유의 상법은 1961년에 제정되어, 1962년 1월 20일 공포됨으로써 1963년 1월 1일부터 시행되게 되었다. 상법은 총 935개조로 구성되어 있고, 매우 방대한 내용을 담고 있다. 그런데 생각해보면 우리 상법전은 일본의 의용상법시대를 거쳐 비교적 단기간에 만들어지긴 하였으나, 그 체제와 형식은 당시로는 상당히 선견지명을 가지고 진보된 내용을 담고 있음을 알 수 있다. 나는 수업시간에 학생들에게 상법학은 상법전이라는 대상을 앞에 놓고, 그것에 대한 해석과 적용을 하는 학문이라는 점에 있어서, 눈에 보이지 않는 뜬구름 잡는 철학 같은 학문에 비해서 얼마나 구체적이고, 실용성이 있는가에 대하여 강조하곤 하였다. 상법학을 연구함에 있어, 상법전을 앞에 놓고, 이것과 씨름해 나가는 과정에서는 기존의 상법전을 무시하고 학생들이 한번 백지상태에서 상법전을 구상하고 만들어보는 훈련을 할 필요가 있다는 이야기도 하였다. 즉, 상법을 대상으로 하는 생활관계를 규율하는 법전을 직접 만들어본다는 자세를 견지할 때, 현행 상법전은 비록 짧은 시간이었지만 우리 선현들이 참으로 짜임새 있고, 실용적으로 제정하였다는 느낌을 가질 수 있다는 취지로 말한 것이다. 비교적 잘 정제되어 있는 상법전을 접하여 연구하면 할수록 상법학의 진수를 알게 되고, 상법학은 인생을 살아가는 지혜를 간접적으로 암시해주고 있다고 나는 생각한다.

예를 들어 설명하면 상법의 이념을 상법의 내면적 특성이라고 하는데, 여기에는 기업의 유지, 강화와 거래 안전의 보호라는 큰 이념이 내재되어 있다. 즉, 기업의 유지, 강화라는 이념은 기업 존립기반을 형성하고, 기업 존속을 보장하며, 기업 해체를 방지하는 내용으로 구성되어 있고, 거래 안전의 보호라는 이념은 공시주의, 외관주의, 엄격책임주의, 간이신속주의, 기존상태존중주의라는 내용으로 표현되고 있다. 이러한 상법상의 여러 제도들은 우리의 인생철학에 있어, 많은 시사점을 암시해 준다고 생각한다. 즉, 상법은 거래의 원활, 안전, 신속을 도모하기 위하여 기업에 관한 거래상 중요한 사항의 존재, 부존재와 그 조직의 근간을 일반에게 공시할 것을 요구하고 있는데 이것은 인생을 살아감에 있어, 인간관계의 진실성을 강조하는 것으로 생각할 수 있다. 즉, 자기가 일단 어떠한 의사표시를 하였을 때, 상대방이 그러한 사실의 존재를 믿고 행동하게 되면 표시자는 그 이후 그 표시와 모순되는 주장을 할 수 없다는 것이다. 이것은 유명한 독일법상의 외관법리와 영리법상의 표시에 의한 금반언의 원리로 형성 되었다. 또한 상법은 기업의 집단적 거래가 간이 신속하게 체결되기 위해서 그 전제요건으로서 상인은 말할 것도 없고, 그 상대방의 의무와 책임이 강화되도록 하고 있고, 또 경우에 따라서는 기업거래의 신속한 종료와 특수기업의 보호와 유지를 위하여 상인의 책임을 경감하는 경우가 있다. 이것은 인생을 살아가는데 있어 대인관계의 중요성과 책임 있는 자세를 시사하는 것으로 이해할 수 있다. 또한 간이 신속주의는 거래에 있어 간이 신속한 체결과 완료가 요청되는 점을 부각하고 있는 것인데, 이것은 역시 인생을 영위함에 있어 어떤 결정을 무작정 미루거나 불안정한 상태를 오래 지속시켜서는 안된다는 시사점을 준다고 생각된다. 또한 기존상태존중주의는 많은 사람이 관여하여 이루어진 법률관계에 있어서 약간의 법적 하자가 있더라도, 그 무효화 내지는 원상회복을 요구할 수 없는 경우를 상정한 것으로 인생사에 있어, 어떠한 행위로 말미암아 그 소요된 많은 비용과 노력을 낭비하는 경제적 손실을 가져올 경우에는 무조건 모든 것을 무효화하는 우를 범하지 말라는 것으로 이해할 수 있다. 이상 언급한 내용은 상법 규정의 일부분을 인용한 것이지만, 각 조문을 잘 음미하고 분석하여 보면 무엇이 합리적이고, 타당한 길인가 하는 것을 알려주는 길잡이의 역할을 하고 있음을 느낄 수 있다. 따라서 상법학을 공부하는 사람들은 다른 법학분야에 비해서 확실히 시대를 앞서가고 미래를 보는 안목이 높아지고 많은 지혜를 얻게 된다는 점을 나는 감히 언급하고 싶다. 우리는 이러한 상법학을 사랑하지 않을 수 없는 것이다.

기업의 투자와 기업가 정신

삼성과 LG를 비롯한 우리나라 대기업들이 20조 원이 넘는 사상 최대의 투자를 하겠다는 반가운 소식이 들려오고 있다. 더구나 설비투자의 대부분을 국내기업에 집중하겠다는 발표는 우리경제의 어려운 사정을 고려할 때 매우 고무적인 사건이라고 평가된다.

돌이켜보면, 그 동안의 우리나라의 기업활동 여건은 매우 척박했던 것이 사실이다. 공장설립의 수도권 규제 문제, 갈등이 고조되는 노사관계, 각종 세금부담문제 등 어느 것 하나 기업의 입장에서는 수월한 것이 없었다. 그러다보니 국내의 유망기업들이 한국을 떠나 공장을 해외로 이전했던 것이고, 자연히 우리나라의 일자리 수는 크게 감소되어 대량의 실직사태를 초래하였던 것이다.

특히, 대학을 졸업한 젊은 세대들이 갈 곳이 없어 방황을 하고 있는 사태는 다른 어떤 문제보다도 우선적으로 해결해야할 시급한 현안이 되고 있다. 이러한 때에 다행히 현 정부가 '비즈니스 프랜들리'를 강조하며, '투자하기 쉽고 기업 활동하기 좋은 나라'를 만들겠다는 캐치프레이즈를 내건 것은 환영할 만한 일이라고 할 수 있다. 그런데 문제는 각론으로 들어가서 어떻게 구체적으로 기업들의 투자심리를 회복하게 해주고, 마음 편하게 기업 활동을 할 수 있는 여건을 조성하느냐 하는 문제가 핵심으로 부각되고 있다.

최근 해외여행 중에 미국을 비롯한 유럽의 중요 백화점 및 대형마트에서 삼성과 LG의 TV, 냉장고, 휴대전화 등이 어떤 다른 경쟁국의 상품보다 가장 인기 있는 상품으로 가장 맨 앞에 진열되어 있어 매우 뿌듯한 감정을 느꼈다. 또한 자동차의 본고장인 미국에서 그 동안 독주 하였던 일본과 독일의 자동차들을 제치고 우리나라의 현대와 기아의 자동차들이 미국의 전 지역에서 과거의 싸구려 차의 인식을 탈피하여 가장 인기 있는 베스트셀러 자동차대열에 우뚝 선 현장을 목격하고 정말로 흐뭇한 감정과 애국심이 절로 생겨났다. 삼성의 이병철, 현대의 정주영, LG의 구자경과 같은 위대한 기업가가 없었더라면 우리의 현재는 어떠했을 것인가를 다시 생각해 보는 계기가 되었다.

새삼 강조할 필요도 없이 어려운 세계경제여건 속에서 우리나라가 이 정도로 선방하며 풍요롭게 살 수 있는 것은 뭐니 뭐니 해도 몸을 사리지 않는 기업가들의 도전정신과 미래를 내다보는 혜안이 있었기 때문이라는 점을 강조하지 아니할 수 없다.

우리나라 기업가들의 도전정신을 바탕으로 한 반도체, LCD, 자동차, 철강 등의 산업분야에서 미래를 내다보는 과감한 투자와 외로운 결단은 오늘 날의 우리나라의 경제성장의 밑거름과 버팀목이 되어 견인차 역할을 수행하였다. 이는 우리가 깊이 새겨야 하는 위대한 기업가 정신으로 남을 것으로 확신한다.

우리는 이러한 점에 다시 착안하여 온 국민이 힘을 합쳐 기업들의 과감한 투자결정이 좋은 결실을 맺도록 하는데 총력을 기울여야 할 것으로 생각된다. 기업투자의 걸림돌이 되고 있는 시장진입 등 각종 규제를 찾아내어 철폐하고 협력적 노사관계와 투자세액공제 연장 등 기업의 투자마인드를 구축하기 위한 제도적 지원방안을 마련하는데 다 같이 지혜를 모아야 할 것이다.

나의 아버지

(서우철학상 제10회 시상식 회보에 실린 글)

아침 6시, 나는 아직 잠에서 완전히 깨어나지 못하고 있을 때 2층 서재로 쿵쿵하며 올라가시는 아버지의 소리가 들린다. 오래된 일식 목조 주택의 계단이 삐걱거리며 아침은 밝아온다. 종로구 혜화동 15-164, 762-1343, 물론 전화국번은 72국에서 762국으로 한 번 바뀌어졌고 1989년 이 자리에 집을 신축하기는 했어도 1959년 혜화동 아랫동네에서 이사와 40년이 되도록 그대로 간직해 온 우리 집 주소와 전화번호이다. 나는 유서 깊은 혜화동에서 혜화유치원, 혜화초등학교를 거치며 자랐고 우리 집 세 아이들도 똑같은 코스를 거쳐 이제는 어엿한 서울대생과 이화여대생이 되어있다. 가끔 친구에게 30여 년 전에 만들어진 중앙중, 고등학교 동창회 명부와 지금의 동창회 명부가 똑같은, 졸업 때부터 지금 현재까지 똑같은 주소와 똑같은 전화번호를 가지고 있는 동창은 나 하나밖에 없을 것이라고 자조 섞인 이야기를 하기도 한다. '강남이 개발되니 이사할 찬스이다', '혜화동 집을 팔고 교외로 나가면 큰 시세 차익이 생긴다'는 뭇사람의 권유에도 불구하고 '집이라는 것은 한 번 정하면 특별한 이유 없이 옮겨 다닐 필요가 없다', '학교 가깝고 이만큼 공기 좋고 조용한 주택가가 없다'는 아버지의 지론에 따라 우리 가족은 지금까지 무능하게(?) 이렇게 한 곳에서 살고 있다. 그러나 한편, 시류에 영합하지 않고 청렴결백하게 사신 것이 아버지의 진솔한 삶의 단면이라고 생각하면 이것을 지켜나가는 것도 의미 있는 일이 되는 것이 아닌가 싶다.

어렸을 때 나의 기억으로 아버지께서는 항상 칸트의 사진이 걸려 있는 2층 서재에 앉으셔서 오로지 공부만 하시는 분이셨다. 집의 살림이 어떻게 꾸려져 가는지 전혀 관심도 없으시고 오로지 공부밖에 모르시는 분이셨다. 자식에 대한 친밀한 정도, 가족들에 대한 따뜻한 배려도 없는 오직 책에 묻혀 사는 그런 분이셨다. 집에 가끔 친구라도 찾아와 노는 날이면 아버지는 '시끄럽다. 나가놀아라' 밖에는 말씀하지 않으시는 그런 무미건조한 분이셨다. 그런 아버지가 나는 참 원망스러웠다. 도대체 아침부터 밤까지 똑같은 생활, 아침 6시 기상, 아침 산보 후 2층 서재로 향함, 8시 30분 조반을 위해서 잠시 내려오심, 식사 후 커피 한 잔 하시고 곧바로 2층 서재로 향함, 12시 30분 경 점심식사 차 다시 내려오심, 오후 1시 경 다시 2층 서재로 올라가셨다가, 4시 30분경 요 때가 꼭 시장하다 하시며 잠시 간식을 하시기 위해 내려오셨다가(잠시 혜화동 로타리로 나가시는 경우도 있음) 석간신문 통독 후 다시 서재로 올라가심, 그리고는 6시 30분 경 저녁 식사를 하신 후 다시 서재로 올라가셨다가 9시에는 어김없이 저녁 텔레비전 뉴스 시청을 위해서 안방으로 내려오시고, 또다시 서재로 올라가셔서 11시 30분 경 취침하심. 이런 반복된 생활을 공휴일, 일요일도 없이 계속하시니 무슨 삶의 의미가 있다는 말인가.

철없던 나는 아버지께 다른 아이들은 부모님이 용돈도 잘 주시고, 자가용도 태워주고, 주말이면 가족들이 나들이도 잘 가는데 우리 가족들은 아무 재미도 없이 지내니 참 한심하다고 투정을 부리기 일쑤였다. 경제적으로 여유도 없고, 아무 재미도 없는 딱딱한 학문만 하시는 대학 교수 아버지가 나는 너무나 불만이라는 말씀을 노골적으로 드릴 때에도 당신께서는 '허, 참'하실 뿐 전혀 반응이 없으셨다. 고려대의 박희성 교수님이나 한학자이신 임창순 선생님과 아주 가끔 바둑을 두시는 것만 보았을 뿐, 학교 강의시간 외에는 오로지 서재에 칩거하시며 친구 만나는 일도 전혀 없고 아무런 취미나 특기도 없이 오로지 공부만, 연구만 하셨던 아버지. 그야말로 이것은 누가 시켜서 억지로 되는 것도 아니고 본인 스스로 작정하여 타고난 천성이라고 느껴졌다.

지금 돌이켜 생각해보면 나는 그저 불평, 불만만 늘어놓았을 뿐 아버지께 정말 아무 것도 해드린 것이 없다. 아니, 소년시절에는 참으로 부모님을 실망시킨 자식으로 기억되어야 할 것 같다. 정말 자기가 부모가 되어보아야 부모의 생각을 헤아릴 수 있다고 했던가. 초등학교 3학년 초롱초롱한 모습의 그토록 애지중지했던 첫째 자식을 불의의 교통사고로 잃은 부모의 마음은 어땠을까. 얼마 전 외대 강성위 교수님으로부터 당신이 서울대 철학과에 다니시던 그 옛날, 그 근엄한 최재희 교수님이 그때 강의를 하시며 눈물을 보이셨다는 말씀을 전해 들었을 때 나는 다시 한 번 찡한 감정을 억누르기 어려웠다. 그렇게 나는 본의 아니게 장남이 되어 '네 형이 너보다는 훨씬 나았는데'라는 질책과 함께 부모의 기대와 사랑을 두 배로 받았다. 그런데도 나는 그 기대에 제대로 부응하지 못하였다. 이모부, 고모부, 외삼촌 등 친척 모두가 동경제대, 경성제대 출신의 대학 교수요, 학문하는 집안임에도 나는 입시 때마다 원하는 학교에 제대로 통과하지 못하였기 때문이다.

입시 실패의 아픔을 딛고 한국외국어대에 입학해서 나는 학문을 향한 새로운 도전을 꿈꾸며 비로소 아버지를 다시 바라볼 수 있는 시야에 접하게 되었다. 즉, 학문의 길은 정말 끝이 없는 것이구나, 모든 대학 교수가 아버지처럼 공부만 하는 것은 아니구나, 오직 저렇게 한 눈 팔지 않고 한 우물만 판다는 것은 정말 쉬운 일이 아니구나 하고 말이다.

아버지에 대한 재평가 작업(?)은 1970년대 중반 내가 고려대학교 대학원 법학과에 진학했을 때 더 확실히 할 수 있었다. 이제는 정년퇴임도 하셨고 다 원로 교수님이 되셨지만 그 당시 고려대학교의 젊은 교수님 중에는 아버지께서 1950년대 잠시 고대에 봉직하셨을 때 아버지의 강의를 직접 수강하신 분이 많으셨고 아버지의 깊은 인상에 대해서 종종 말씀하시는 것이었다. 그 선생님들의 회고에 의하면 투박한 경상도 사투리의 열정적 강의에, 원체 학점 관리가 엄격하셔서 최재희 교수의 윤리학, 논리학 강의에 통과되어야 졸업을 안심할 수 있었다는 것이다(참고로, 지금 서우 철학상 위원장이신 신일천 교수님만 A학점이고, 태반은 F학점이었다는 것임).

아버지께서는 국립대학이자 모교인 서울대학교에서 부르므로 학교를 옮길 수밖에 없었다는 말씀을 하시며 이상은 선생님 같은 분과 함께하셨던 고려대학교에서의 교수 생활과, 고대의 학풍, 학생들의 순수성, 열정, 의리에 대해서 큰 보람과 만족감을 표시하셨던 것으로 기억된다.

1980년대에 나는 강원대학교 법과대학의 전임강사가 되었는데 그 때 아버지의 기뻐하시던 모습을 잊을 수가 없다. 아버지께서는 그 때 대학 강의란 처음 시작할 때 굉장히 힘들고 긴장되고 피곤한 것이라고 하시며 강의 요령, 학생을 대하는 자세 등을 차근차근히 설명해 주시는 것이었다. 1시간을 강의하기 위해서는 4-5시간의 강의 준비를 해야 한다고 하시며 우리 집 식구들은 결코 수재형이 아니고 노력형, 성실형에 가깝다고 말씀하셨다. 또한, 교수란 강의 내용을 끊임없이 개발하여야 한다고 하시며 부단한 강의안의 보완을 강조하셨다. 이 때 나는 아버지의 따뜻한 체온을 처음으로 느꼈으며 아버지의 대를 이어 대학 교수가 되었다는 자긍심도 조금은 가질 수 있었다. 아버지께서는 한글전용론자이셨으며 허례허식을 배격하고 가정의례준칙을 지킬 것을 강조하셨고, 동도서기(東道西器), 한혼서재(韓魂西才)도 제창하셨다. 특히 최현배의 조선민족갱생의 도와 유성룡의 징비록을 애독하라고 이르셨던 것은 아버지의 민족사랑과 국수주의정신을 엿볼 수 있는 대목이라 하겠다.

아버지께서는 대한민국 학술원상을 받게 되셨을 때 참으로 기뻐하셨다. 많은 제자 분들이 회고하는 것처럼 아버지는 정말 '학문적 업적으로 인생의 승부를 거신 분'이며 '순진 천진한 맨 얼굴의 사상가'였다는 평가가 실로 적절한 표현으로 여겨진다. 아버지는 내가 큰 학자가 되기를 바라셨기 때문일까 학술원상 수상 대표 답사를 나에게 써보라고 하셨고 나는 그 때 있는 솜씨 없는 솜씨를 다 발휘하여 초안을 잡았는데 그 때 아버지는 참 흐뭇해하셨다.

항상 근엄, 과묵하시던 아버지가 또 기쁜 모습을 보이셨던 것은, 며느리를 처음 맞이하셨을 때와, 당신의 장손 호용이를 처음 보셨을 때였던 것으로 기억한다. 집안에 여자가 제대로 들어와야 한다는 점과 자식이 번창하고 가성(家聲)을 이어나가는 일이 얼마나 중요한 것인가를 항상 강조하셨다.

법학이라는 학문은 철학에 비해서 실용성은 있으나 무미건조하다는 실토를 했을 때, 대학 교수는 오로지 업적으로 승부를 걸어야 하는 것으로 보직은 허망한 것이라는 것을 알 것 같다고 말씀드렸을 때 아버지는 이제 좀 학문을 아는구나 하시면서 대견해하셨다.

아버지의 할아버지에 대한 효심과 고향 청도에 대한 애향심은 정말 지극한 것으로 생각된다. 아침, 저녁 문안을 드리시며, 여행을 다녀오시면 꼭 안경을 벗고 문밖에서 절하시던 모습, 제자들이 찾아오면 먼저 할아버지께 세배를 드리게 하시고 나서야 당신이 세배를 받으시던 모습, 음력 10월 중순이 되면 만사 제쳐두시고 24군데나 되는 조상 묘사에 꼭 다녀오시던 일, 청심회를 만들어 고향 사람들의 애향심과 단합을 주도하셨던 일들이 새삼 생각이 난다.

아버지의 학덕을 기려 제정된 서우 철학상이 금년으로 벌써 10회째가 된다. 그동안 이 상을 이끌어 오신 역대 윤명로, 조요한, 박영식, 신일철 이사장님, 그리고 성대 이한구 교수님을 비롯한 여러 운영이사님들과, 이 상을 기획하여 오늘에 이르게 한 나의 자형인 서울대 곽수일 교수께 이 자리를 빌려 진심으로 감사의 뜻을 전하고 싶다. 또한 서우 철학상을 후원해주시는 여러분들 특히, 정화인쇄주식회사 김행술 사장님과 나의 족숙(族叔)이 되시는 일곡문화재단 최재선 이사장님, 그리고 나의 친우인 리 인터내셔날 특허 법률 사무소의 이승훈 회장에게도 진정으로 고마운 마음을 전한다.

내일 모레면 벌써 강단 경력 20년이 된다. 그동안 나는 무엇을 공부했고 가르쳤으며 나의 학문에 대하여 얼마나 연마했는지 자책감이 앞선다. 아버지가 지으신 '삶'이라는 시를 다시 음미해본다.

"세상의 훼예포폄(毁譽褒貶)크고 작은 파도들이 뱃전에 날아들어 흐트러지든 말든 담대히 그 노를 잡아 인생바다 저으리."

아버지에 대한 그리움과 진정한 존경심이 다시금 우러난다.

어머니 백수연에 드리는 글

-어머니 백수연 인사말-

오늘 저의 어머니 99세 생신을 맞아 토요일 여러 가지로 바쁘고 분주하신 일정이 많으심에도 불구하시고 이렇게 많이 참석하여 축하해 주셔서 진심으로 감사드립니다. 저의 어머니는 1919년 기미년 3·1 운동이 일어났던 해에 출생하시어 대동아 전쟁, 8·15 광복, 6·25 전쟁, 1·4 후퇴, 4·19 혁명, 5·16 혁명, 5·18 광주사태 · 민주화운동 · 박근혜 전 대통령 탄핵사건 등 온갖 전쟁과 갖가지 근세사의 파고를 온몸으로 부딪치며 헤쳐 나오신 분입니다. 일찍이 청주의 명문 부잣집 딸(중국 방통의 자손)로 태어나셔서 청주고녀와 이화여전 가사과를 졸업하셨고 당대에는 매우 드문 신교육을 받은 여성이셨습니다. 1942년 저의 선친 최재희 박사와 결혼하시어 2남 1녀를 키우셨습니다. 누님과 저 사이의 중간에 두 명의 자녀가 더 있었지만 이런저런 이유로 먼저 세상을 떠나보내야 했던 아픔도 겪으셨습니다. 어머니께서는 당시에 신여성으로서 완고한 경상도 양반집에 시집 오시어 1년에 12번 제사를 지내시는 등 종부로서의 역할을 감당하셨으며, 집안의 온갖 대소사를 챙기시며 화목한 집안을 일구는 일도 훌륭히 해내셨습니다. 여러분께서 아시는 바와 같이 저의 선친은 오로지 아침부터 밤까지 학문에만 몰두하셨던 진정한 의미의 학자이셨습니다. 어머니께서는 학교 강의 이외에는 항상 집에서 연구활동에 몰두하셨던 무미건조한 철학자의 아내로서 아버지께서 그 많은 학문적 연구업적을 남기실 수 있도록 내조를 아끼지 않으셨습니다. 저는 평소 아버지로부터 인간이 어떻게 살아야 할 것인가 하는 인생의 지혜와 학자로서 학문을 하는 자세를 보고 배웠습니다. 제가 지금은 아버지의 말씀을 그대로 이어받아 저의 제자들에게 그대로 이야기합니다만은 "학문은 사무치게 하여야 한다. 대학교수는 결국 학문적인 업적으로 평가되는 것이지 보직 같은 데에 연연해서는 안 된다. 한혼서재(韓魂西才)라고 하시면서 한국에는 혼이 있고 서양에는 재능이 있다. 어떠한 일에 일희일비하며 경솔한 생활태도를 지양하고, 담대한 마음가짐과 성실한 자세로 매사에 최선을 다하며 학문을 철저히 연마해야 한다." 등등 이러한 아버지의 말씀을 실천하려고 노력한 덕택에 본인도 부족하나마 현재의 위치에 다다를 수 있지 않았나 하는 생각을 하고 있습니다. 제가 이 말씀을 드리는 이유는 이러한 아버지의 교육과 함께 저는 어머니의 가르침에서 또한 많은 것을 터득할 수 있었기 때문입니다. 어머니께서는 "모든 사람과 절대 화합하며 지내야 한다. 항상 남의 입장을 이해하고 바꾸어 생각해 보아야 한다. 어떤 일에 있어서든지 '내가' '내가'를 강조하며 잘난 척하며 자기를 내세우는 것은 정말 못난 짓이다. 일방적 사고에 젖어 독단에 빠지는 것은 절대 경계해야 한다. 주어진 직분에 최선을 다하면 그 사람에 대한 평가는 남이 알아서 해 주는 것이다." 등등 인간의 품격과 대인관계의 원만함을 유지할 수 있는 덕목을 깨우쳐주셨습니다. 이러한 훌륭한 부모님의 훈도 덕택에 우리 삼남매도 각자 맡은 바 직분을 다하며 오늘날까지 열심히 살고 있다고 생각합니다. 또한 어머니께서는 문재(文才)도 겸비하시어 아버지께서 자서전의 책 제목과 수필집의 제목을 어떻게 할까 고민하셨을 때 각각 "바위에 대침을", "생의 낙수"라고 지어주신 것도 어머니셨습니다. 또한 자형인 곽수일 교수의 호를 현우(玄愚), 누님의 호를 소담(素淡), 집사람의 호를 소정(小井)이라고 지으시는 등 많은 사람들의 호도 지어주셨습니다.

인간이 태어나서 백년을 살 수 있다는 것은 결코 쉬운 일은 아닐 것입니다. 또한 아프지 않고 건강하게, 항상 즐겁게 생활하는 것도 쉬운 일은 아닐 것입니다. 저의 어머니는 여행을 좋아하시고 서예도 즐겨하셨습니다. 지금도 TV시청과 함께 신문도 보시고 책을 읽으시며 마음의 수양을 하고 계십니다. 저도 이제 정년이 얼마 안 남았습니다만은 지금 제 나이까지 어머니께서 건강하게 생존해 계시는 것은 더할 나위 없는 축복이라고 생각합니다. 지금도 저희 집에는 많은 할머니들이 놀러 오셔서 즐거운 시간을 보내고 계신데 앞으로도 계속 건강한 모습으로 어머니와 함께 희로애락을 같이하여 주실 것을 부탁드립니다. 다시 한 번 오늘 이 자리에 참석해주신 친지여러분께 진심으로 감사의 말씀을 드리면서 댁내 항상 건강과 평안이 깃드시길 기원합니다.

2017년 5월 27일

최완진 올림

결혼식은 1회용 이벤트가 아니다

(2005년 10월 27일 동아일보)

봄가을은 결혼식이 많은 계절이다. 책상 위에 청첩장이 쌓이고, 주말과 주중을 가리지 않고 결혼식이 이어진다. 하지만 최근의 결혼식 풍경을 지켜보면 너무나 틀에 짜인 이벤트성 행사로 진행되는 것 같아 씁쓸하다. 일부 하객은 축의금만 낸 뒤 식장에는 들르지도 않고 곧장 식당으로 직행한다. 결혼을 축하하러 온 것인지 아니면 식사 한 끼를 해결하러 온 것인지 모르겠다.

결혼식 진행 과정을 살펴보면 더욱 아연해질 때가 많다. 신랑 신부를 동시에 입장시키거나 부모와 함께 입장시키는 신풍속도야 남녀평등 개념에 따른 것이라 치더라도 시도 때도 없이 하객의 기립박수를 요구하는 진행자도 있다. 장소에 어울리지 않게 신랑이 넙죽 엎드려 부모나 하객에게 큰절 올리기, 신랑 신부의 공개적 입맞

춤 등은 우리 사회의 예의염치와 어울리지 않는다. 심지어 신랑에게 만세 삼창을 시키는 이해하지 못할 풍경도 벌어진다.

결혼식은 진지하고 엄숙하며 경건한 느낌이 들도록 진행되어야 한다고 하면 시대에 뒤떨어진 낡은 생각일까. 너무나 많은 하객을 불러 모아 세를 과시하기 위한 잔치가 아닌가 하는 느낌을 갖게 한다든지, 이벤트에 능숙한 결혼식 전담회사가 시키는 대로 천편일률적으로 꼭두각시가 되는 행태는 진정한 결혼의 의미가 무엇인지를 다시 한번 생각하게 한다.

결혼식 주례의 역할에 대해서도 생각해 볼 여지가 있다. 양가 부모와 인사도 없이 당일 속성으로 진행되는 주례사는 자기 자랑이 주가 되거나, 양가에 대한 찬사에 치우쳐 알맹이가 없는 경우가 많다. 인생의 선배로서 너무 길지도 않고 짧지도 않으면서 함축된 의미로 인생의 지혜를 알려 주는 주례사를 기대하는 게 지나친 욕심일까. 결혼식만 끝나면 언제 봤느냐는 듯 전혀 인사도 없고, 사진 한 장도 가져다주지 않는 그야말로 일회용으로 끝나고 마는 주례와 신랑 신부의 관계도 다시 한번 진지하게 생각해 봐야 한다.

이렇듯 경망스럽고 인스턴트식인 결혼식과 혼수만 따지는 잘못된 세태, 예의범절 없는 신세대 의식이 결국 네 쌍 중 한 쌍은 이혼을 하는 씁쓸한 통계를 낳고, 결혼이 가정불화로 이어져 슬픈 가족사를 만드는 원인이 아닌가 싶다. 이러한 경종의 의미를 담아 이 가을에 경건하면서도 진지한 결혼의 의미를 되새겨 볼 수 있는 결혼식을 꾸밀 수는 없는지 생각해 본다.

내가 존경하는 교수님

나는 6.25동란 중 대구에서 태어나 세 살 때에 혜화동으로 올라와 근 50년을 살았다. 유서 깊은 혜화유치원과 혜화초등학교를 거쳐 중앙 중·고등학교를 졸업하고, 한국외대에 진학하였다. 고등학교 1학년 때, 문과와 이과를 나누는 적성검사를 실시하였을 때 나는 100% 문과 적성으로 결과가 나왔고, 장래희망란은 늘 법학교수로 채워져 있었다. 내가 대학에 진학할 당시 한국외대는 후기대학으로 이미지가 매우 좋은 학교였고, 법학과는 신설된 지 3년 된 학과였다. 전기 서울대에 실패한 소위 명문고 출신들이 가장 많은 학교가 한국외대였다. 나는 법학 교수가 되기 위해서는 신설 학과가 더 유리할 것이라는 주위의 조언에 따라 외대로 진학하였다. 당시 외대 법학과에는 독일에서 유학하고 오신 젊은 교수님들이 많이 계

셨다. 양수산 교수님은 독일 본 대학에서 법학박사 학위를 취득하시고 귀국하시어 외대 법학과를 창시하신 분이다. 양교수님은 매사에 철저하고 엄격하셔서 학생들이 감히 범접하기 어려운 선생님이셨다. 교단에서 뵙게 되는 교수님의 인상과 실생활에서 경험하게 되는 교수님의 인상은 확연히 다른 면이 있다. 양교수님은 어느 누구보다도 제자들을 따뜻하게 돌보아 주셨고 내가 모교 교수로 발령받는데에 정말 헌신적으로 도와주셨다. 이강혁 교수님은 후일 외대 총장과 덕성여대 총장을 역임하시기도 하셨는데 이교수님은 학생들에게 항상 용기와 활력을 불어넣어주셨고 대인관계에서의 포용력과 아량을 가르쳐주셨다. 김지수 교수님은 법철학 전공으로 젊은 날에 독일 프라이부르크 대학에서 박사학위를 받으신 후 외대에 오셨는데 지금 생각해도 강의가 매우 현학적이었다고 생각된다. 성시탁 교수님은 일본 명치대학에서 법학박사를 받으시고 형법을 강의하셨다. 성교수님은 학생들에게 굉장히 인간적으로 따뜻하게 대해주셨으며 학생 개개인에 대해서 많은 관심과 성원을 아끼지 않으셨던 것으로 기억한다. 이분들은 젊은 혈기에 젖어있는 학생들에게 많은 가르침과 희망을 불어넣어 주셨다. 나는 후배 교수들에게 외대 법학과의 네 분 원로교수님의 좋은 점만 골라 하나씩 잘 본받으면 훌륭한 교수가 될 수 있다고 이야기하곤 하였다. 한국외대를 졸업할 당시 대학원에는 법학과가 설치되어 있지 않았다. 나는 고려대학교 대학원 법학과에 진학하여 본격적으로 교수가 되기 위한 준비 작업에 돌입하였다.

돌이켜 보면, 세상을 살아가면서 누구를 만나느냐 하는 것은 앞으로의 자기의 인생을 좌우하게 되는 중요한 계기가 될 수 있다는 말에 동의한다. 고려대학교 법대 대학원에 진학하였을 때 초창기에는 심재우 교수님의 마이호퍼의 사회적 행위론을 위시한 형사법과 법철학의 열정적인 강의에 매료되어 형사법을 전공하려고 하였으나, 이윤영 교수님의 강권으로 상사법을 전공하게 되었다. 이윤영 교수님은 학부시절에 외대에 출강하기도 하셨고 각 학생 개인별 집안의 배경과 내력 등 인간관계 보학의 매우 밝으신 분이었다. 이교수님은 나를 처음 만나자마자 우리 집안에 대하여 훤히 알고 계셨고 자네가 대학교수로 진출하는데 있어서는 장기적으로 보아 상법을 전공하는 것이 여러모로 도움이 될 것이라고 말씀해 주셨다. 이윤영 선생님은 나의 중앙고등학교 선배이기도 하셨지만, 정말로 학생들을 사랑하고 진로설정에 있어 많은 조언과 결정적 역할을 마다하지 않으신 분이라고 생각된다. 이윤영 교수님의 상법 제자가 전국 각 대학에 포진하고 있는 것은 이러한 선생님의 열정과 성원에 많은 영향을 받았다고 생각된다. 이윤영 교수님은 고려대학교 법대 학장과 한국법학교수회 회장을 역임하셨고, 한국경영법률학회를 창설하여 상사법학계에 크게 공헌하셨다. 고려대학교 상법교실은 이후 이기수 교수께서 이어받아 상법분야 전임교수 40여명을 배출하는 등 상사법학계의 주류로 자리 잡았으며, 계속적으로 눈부신 발전을 거듭하고 있다. 참고로 이기수 총장님은 내가 고대 대학원 석사과정을 다닐 때 박사과정을 밟고 계셨는데, 나는 그분 특유의 친화력과 폭넓은 대인관계, 포용력에 매료되어 당시 이소룡이 주연했던 인기영화 제목을 본따 '당산대형'이라는 별명을 지어주기도 하였다. 그 외에도 고려대학교에는 학생들에게 정말 모범이 될 만한 훌륭한 교수님이 많았다고 기억된다. 특히 내가 개인적으로 닮고 싶은 교수님은 김형배 교수님이셨다. 독일 마부르크 대학에서 학위를 하신 후 고려대학교로 부임하셔서 민법과 노동법을 강의하셨는데 그 강의 기법과 학문을 연구하는 자세에 많은 영향을 받았다고 생각된다. 특히 법학방법론의 강의에서 나는 많은 것을 터득할 수 있었고 후일 대학 강단에 서면 김형배 교수님 같은 교수가 되었으면 좋겠다고 생각하여 나의 사표로 삼기도 하였다.

1980년에 나는 국립 강원대학교 법과대학 전임강사로 교단생활을 시작하였다. 내가 강원대학교에 전임으로 봉직하게 된데에는 많은 교수님들의 도움이 있었다. 특히 상법학계의 원로이셨던 서울대 법대의 정희철 교수님, 강원대 법대 학장이셨던 김운용 교수님 그리고 상법학의 선임교수였던 김정후 교수님의 학은을 잊을 수 없다. 젊은 날 춘천에서의 학교생활은 지금도 아련한 추억으로 남아있다. 나는 1996년이 되어서야 목표한 모교의 교수로 부임할 수 있었다. 모교에 와서는 대학원 교학처장, 대외협력본부장, 법학연구소장, 법과대학장, 교수협의회장, 재직동문교수회장, 그리고 법학전문대학원장 등을 역임하며 나름대로 학교발전에 최선을 다하여 모교에서의 교수생활도 어언 22년째로 접어들면서 이제 모든 것을 정리해야 할 시점에 다다랐다.

정년퇴임을 눈앞에 둔 이 시점에서 지나온 날을 다시 생각해보니 오늘날의 본인이 있기까지 여러 방면에서 키워주시고 격려·성원해주신 여러 선생님의 학은에 진심으로 감사하는 마음이다.

혜화동 추억

나는 혜화동 15-164번지에서 근 50년을 살았다. 전화번호는 762-1343이었는데 이 번호도 약 40년간 유지되었다. 나의 유년시절 혜화동은 시내에서 가까운 최일류 주택가였다. 특히, 혜화동은 동숭동에 위치해 있던 서울대 문리과 대학과 법과대학이 지리적으로 매우 가까워서 나의 선친을 비롯한 대학 교수들이 많이 거주하였다. 우리 집은 두 분의 대학 교수댁과 인접해 있었다. 한 분은 고려대학교 총장을 역임하신 김상협 교수댁이었고, 또 한 분은 서울대 외교학과 교수를 지내고 후일 통일부 장관을 역임하셨던 이용희 교수댁이었다. 세 분의 대학교수가 서로 담을 이웃하고 살았기 때문에 매우 가까이 교유했을 뿐만 아니라 간혹 웃지 못 할 에피소드도 있었다. 나와 잘 아는 어느 상법 선배교수는 대학시절 우리 집에 나의 선친께 인사드리러 왔다가 같은 서울대 교수인 이용희 교수댁으로 잘못 찾아가는 바람에 들고 간 수박과 정종을 다시 가지고 나오느라 매우 민망하였다는 이야기도 전한 바 있다. 혜화동에 위치한 혜화 초등학교는 당시 서울 사대부속 초등학교, 덕수 초등학교, 수송, 재동 초등학교 등과 함께 서울의 가장 명문 초등학교로 유명세를 탔으며 당시 혜화 초등학교에 입학하기 위하여 인근 미아리나 돈암동에서 주소지를 옮겨오는 경우도 (소위 지금으로 말하면 위장전입) 다반사였다. 때로는 장학사가 골목길에서 혜화 초등학교로 오는 길목을 막고 학생들의 실제 거주지를 조사하는 바람에 실거주지가 발각되어 다시 자기가 거주하는 인근 초등학교로 쫓겨 가는 학생들도 종종 있었다.

혜화동에는 나의 선친 최재희 교수를 비롯하여 소위 우리나라의 학문하는 3대 철학자라고 일컬어지는 박종홍 교수와 김태길 교수도 거주하셨기 때문에, 최근 각 지자체가 벌이고 있는 지역 문화유적 발굴 사업과 연관하여 혜화동에 철학자의 길, 또는 휴머니스트의 길이라는 산책로를 만들어서 이 세분 철학자를 기리자는 제안이 나오기도 하였다. 얼마 전 혜화동을 우연히 방문할 기회가 있었는데 어릴 때 그렇게 넓어보였던 골목길은 차 두 대가 겨우 스쳐갈 정도의 매우 좁은 길이 되어 있었고, 당시 훌륭했던 저택들은 거의 다 없어지고 그 자리에는 연립 주택들이 줄지어 있었다. 강북의 유적지로 북촌이나 서촌이 새로 각광을 받고 있는데 비해 혜화동이나 명륜동은 개발대상에서 제외되었고, 가까이 인접하여 있는 젊음의 거리 대학로가 활기찬 모습을 띄고 있는데 비하여 너무 낙후

되고 썰렁한 느낌이 들어 매우 실망스러웠다.

나는 부친으로부터 물려받은 오래된 일식 가옥을 허물고 1989년, 3층짜리 양옥을 신축하였다. 거기서 약 15년을 거주하고 분당으로 이주하였는데 혜화동 집은 계단이 많고 방이 7개나 되어, 관리하기가 매우 어려웠기 때문이다. 성남시 분당구 정자동으로 이사하게 되면서 나는 여러 가지 상념과 감회에 젖었다. 서울의 최고 거주지인 혜화동을 처분하고 과거 철거민이나 서울로 진입 못한 사람들이 거주하였던 성남시로 옮겨간다는 것이 슬프고 자존심을 상하게 하는 일이 아닌가 하는 생각이 들었다. 그런 나의 생각에 대하여 주위에서는 시대의 흐름을 제대로 읽지 못한다고 핀잔을 주었다. 즉, 분당의 정자동은 지금의 혜화동이고, 지금 혜화동은 매우 침체하여 옛날 성남시와 비견된다는 것이었다. 그도 그럴 것이 성남시 분당구는 계획된 신도시이고, 종로구 혜화동은 과거의 명성만 남았을 뿐 아무도 이사 오려 하지 않는 상권과 편의시설이 열악하고, 자동차가 다니기에도 골목이 좁은 매우 낙후된 동네가 되고 말았기 때문이다. 혜화동 집을 팔고 떠날 때 어머니가 가꾸셨던 정원과 꽃나무들을 다 두고 나와야 한다는 점은 매우 섭섭한 점이었다. 그러나 다행히 혜화동 집은 성 소비녀 수녀회가 인수하여 수녀님들의 공부방으로 잘 활용되고 보존되고 있어 그나마 다행이라고 생각한다. 성 소비녀회는 성가병원을 운영하는 단체로서 가난하고 갈 곳 없는 병자들을 위해 헌신하는 뜻깊은 수녀회로 알려져 있다. 처음에 집을 보러 온 수녀회에서는 2대에 걸쳐 연구하고 강의하는 학자풍이 물씬 풍기는 교수님들이 거주하셨던 곳이라 매우 의미가 있다고 하면서 수녀들이 공부하기에 매우 안성맞춤이라고 만족했던 기억이 난다. 어쨌든, 혜화동은 나에게 있어 어린 시절의 추억이 차곡히 담겨진 곳이다. 지금은 좋은 주택가로서의 이미지는 많이 쇠퇴하였지만, 그래도 학구적인 양반 문화가 충만했던 곳이라고 기억된다. 최근 서울 강북지역의 서촌과 북촌에 대한 재 탐구 열풍이 불고 있는데, 우리 혜화동, 성북동, 삼선교, 돈암동 같은 지역도 과거의 유명인사가 살았던 곳으로 다시 잘 정비되어 옛 명성을 찾았으면 하는 소박한 바램을 가져본다.

중앙학교의 추억

중앙학교는 인촌 김성수 선생께서 민족정신에 바탕하여 세우신 유서 깊은 학교이다. 주지하다시피 인촌 선생님은 일찍이 민족을 깨우쳐야한다는 일념 하에 중앙학교, 고려대학교, 동아일보사, 경성방직을 세우시고 키우신 민족의 선각자이셨다.

내가 중앙중학교에 입학하였던 1964년은 중앙의 중흥기로서 중앙중학교가 2차로 바뀐 두 번째 해였다. 당시 교장이셨던 최복현 선생님(후일 서울시 교육감 역임)은 중앙 중홍의 깃발을 들고 여러 가지 새로운 제도들을 도입하여 중앙학교 발전에 진력하셨다. 일주일에 세 번 애국조회, 음악조회, 체육조회를 실시하였고 토요코스와 소년군 제도를 도입하는 등 영국의 이튼스쿨과 같은 학교를 지향하여 학생들의 교육을 행하였다. 당시 재학생들은 경기, 서울과 같은 관립학교가 아닌 13도에서 모인 인재들을 교육하는 민족의 사립학교라는 자부심으로 뭉쳐있었다.

주지하다시피 중앙학교는 3.1 독립운동과 6.10 만세 사건의 발원지로서 유적이 아직도 많이 남아있는 학교이다. 다른 학교들이 강남 개발 붐을 타고 강남으로 이사하였지만, 우리 중앙학교는 역사와 전통을 숭상하는 바탕위에 유적지가 많은 학교였기 때문에 도저히 다른 지역으로 이사할 수 없는 처지였다. 그러다보니 강북에 남게 되어 명문학교의 맥을 잇기가 어려웠다. 과거 연·고대는 기본이고 서울대에만 졸업생의 3분의 1인 160여명이 합격하기도 하였지만, 지금은 소위 명문대에 10명도 못 들어가는 형편이 되었다. 이러한 상황을 접한 졸업생들은 안타까운 마음에 자립형 사립고로 전환을 시도하였고, 전 학생을 기숙사에 넣어 교육시키는 방안도 강구하였다.

최근 들리는 소식에 의하면 강북에는 진학할 학생이 없어서 중앙중학교는 남녀 공학이 되었다고 한다. 나는 기본적으로 교육 평준화도 좋지만, 명문 고등학교는 그 역사와 전통을 잘 살려 계속 지원하고 육성할 필요가 있다고 생각한다. 아무리 평준화를 지향한다 하여도, 아무래도 학교의 우열은 어쩔 수 없는 것이고 '다 같이 바보가 되자'는 하향평준화는 결코 바람직하지 않기 때문이다. 외국의 필립스 아카데미라던가, 이튼스쿨의 예에서 볼 수 있듯이, 유서 깊은 명문 학교는 계속 존치되면서 인재 양성의 산실로의 역할을 충실히 하고 있다는 사실에 유의할 필요가 있다.

얼마 전 중앙 출신의 고려대 교무처장의 전언을 듣고, 다시 한 번

놀란 일이 있었다. 즉 고려대학교에 학생을 많이 진학시킨 주요 고교를 돌며 하는 입시 설명회가 있는데, 거기에는 부산 중앙고, 마산 중앙고, 과천 중앙고 등은 있어도 정작 같은 재단의 서울 중앙고는 빠져 있다는 것이다. 이제 중앙고는 강북의 낙후된 학교가 되었고 과거의 역사나 전통을 말하는 것 자체가 걸맞지 않은 행태로 지적되는 상황이라고 한다. 참으로 한심한 일이 아닐 수 없다.

교육은 국가의 백년지대계로써 결코 한순간의 판단으로 단기 처방으로 입시제도나 교육환경 등을 대처해서는 아니 된다고 생각한다. 중앙학교는 고려대학과 건물이 거의 유사하기 때문에 겉 외관으로는 아직도 화려함을 유지하고 있어 과거 인기 드라마였던 <겨울연가>의 촬영 장소로 활용되고 배용준과 최지우를 사모하는 욘사마 팬들이 한국에 오면 꼭 방문해야 할 장소로 전락하였다. 학교에 대한 애교심과 프라이드가 남다른 우리 중앙 동문들은 중앙학교가 다시 한 번 중흥할 수 있는 방안에 대해 여러모로 고심하고 있다. 이러한 바람들을 잘 모으고 정리하여, 중앙학교가 환골탈태할 수 있는 계기가 마련되기를 진심으로 기원해 본다.

내가 사랑한 한국외대

한국외국어대학교는 1954년 종로 2가 영보빌딩에서 영어, 불어, 독어, 중국어, 러시아어의 5개과로 출발하였다. 그 다음해에 스페인어과가 개설되었으며, 법학과는 1968년에 국제법학과로 출범하였다. 내가 입학한 1970년대에 외대는 외국어에 강한 독특한 이미지의 학교특성을 지니고 있었다. 처음에는 외국어학부로 시작하였지만, 그 후에 법정, 상경, 교육학부로 확장 개편되었으며 영어는 필수 이수과목으로 하여 모든 학생이 능통하도록 하고, 어학을 학문의 수단으로 이해하여 어학을 기본으로 하고 그 위에 다른 전공과목을 접목하는 그러한 교육 시스템을 지향하였다. 당시 입시 브로셔에는 MIT를 예로 들어 외대의 우수성과 특성을 강조했던 기억이 난다.

외대는 특히 고교평준화가 되기 전 명문고 학생들이 서울대 다음으로 가장 많이 진학하는 학교였고, 항상 서울대와 나란히 하며 학교의 위상을 높여나갔다. 교복이 있던 시대에 서울대와 똑같은 교복을 착용하였고, 어깨에 국립 서울대학교의 마크가 새겨져 있으면 서울대이고, 아무 표시가 없으면 외대로 구분하였던 것이다. 요사이는 학교 위상이 많이 떨어졌다고들 하나, 고려대와 연세대는 애초부터 세컨드 그룹이 가는 곳이고, 외대는 서울대와 함께 퍼스트 그룹으로 분류하는데에 아무도 이의를 제기하지 않았다. 연·고전에 버금가는 축제와 체육대회에 대응해보자는 의도로 한국외국어대와 서강대가 함께 견주어보는 외·서전을 몇 차례 개최하기도 하였으나, 외대와 서강대가 맞수로 무엇을 한다는 것은 자존심상 용납되지 않는다는 대다수 학생들의 의견에 따라 외·서전이 지속되지 못했던 기억이 난다. 어쨌든 외대는 당시 매우 깨끗하고 신선한 이미지를 가진 학교였다. 서울시내에 Hankuk University of Foreign Studies라는 마크를 달고 외국인 교수가 탑승한 초록색 스쿨버스가 돌아다닐 때면 학생과 시민들이 선망의 눈초리를 보내곤 하였다. 특히 외대의 입학식은 각 외국어 영역별로 외국인 교수가 그 나라 문화를 과시하며 고유의 의상을 입고 참석하여 눈길을 끌었다. 진리, 평화, 창조라는 학교의 교육이념과 창학 정신에 맞게 입학식과 졸업식에는 평화의 상징인 비둘기가 항상 등장하였다. 당시 단과대학으로서 외국어 학부가 주류인 외대에서 소위 외사학부는 좀 서자의 취급을 받지 않았나 생각된다. 그러나 돌이켜보면 외국어를 바탕으로 하여 소양을 넓힌 인문·사회과학 분야의 우수한 인재들이 많이 배출되었고, 그것이 학교의 소중한 자산이 되어 종합대학으로 발돋움하는 데에 크게 기여하였다고 나는 생각한다. 지금은 법대와 상대는 말할 것도 없고, 자연대, 공대, 인문대, 국제지역대 등이 설치됨으로써 종합대의 면모를 갖추었지만 아직도 학교의 교명은 초창기 외대라는 명칭을 그대로 쓰고 있다. 한때는 외문대학교, 국제대학교라는 이름으로 교명을 바꾸어야하는 것이 아닌가 하는 논의도 있었지만, 외대라는 이미지가 좋아, 아직도 단과대학 때의 교명을 그대로 고수하고 있다. 내가 매사에 적극적으로 사고하고 능동적으로 행동하게 된 것은 외대에서의 학창생활이 많은 영향을 끼쳤다고 생각한다. 당시 800여명밖에 되지 않았던 작은 캠퍼스에서 미네르바 동산을 벗 삼아 뛰놀며 젊음을 불태웠다. 나는 사실 외대 법학과 학생들보다는 영어과, 불어과, 스페인어과 등 어학부의 학생들과 더 잘 어울려 지냈다. 당시 학생회의 중추적 역할을 하였던 대의원회 활동을 통하여 각 과에서 애교심과 리더십이 매우 강한 똑똑한 학생들을 많이 만날 수 있었고, 그것이 계기가 되어 젊은 날 많은 사색과 토론을 하기도 하였다. 벌써 한참 전의 이야기지만, 당시 외대 학생들은 정의감이 매우 강해 대학가 처음으로 10월 유신에 반대하는 대학시국선언문을 발표하였다. 나도 그 주동자로서 기록이 남아 국립 대학교수로 발령받을 때에 예상치 못한 보안심사위원회를 거쳐야만 하였다. 당시 대의원회에서 함께 일했던 동지들과는 40년이 훨씬 지난 지금까지도 계속 돈독한 우정을 이어가며 만남을 계속 하고 있다. 돌이켜 생각해보면, 참 순수했던 시간들이었다. 공교롭게도 당시 총학생회는 경기·서울·경복고 출신들이 돌아가면서 회장을 맡았고 여학생회는 경기·이화여고 출신들이 번갈아가며 회장을 맡았었는데, 이 모든 학생활동을 견제하고 점검하는 역할을 통하여, 정부로 말하면 국회와 같은 대의원회가 빛을 발하였다. 젊은 날의 순수하고 열정적인 학생활동의 경험은 후일 내가 상법과 기업법을 전공하여, 기업 경영의 투명성과 지배구조의 선진화 문제를 주요과제로 삼아 연구할 때도 큰 도움이 되었다고 생각한다. 나는 모교 교수가 되어 여러 보직을 두루 맡았지만, 특히 대외협력 본부장과 법과대학 학장 시절의 여러 일화들을 잊을 수 없다. 우리학교는 내가 학생일때도 그러했지만, 교수가 되고 학장이 되었을 때도 여전히 재정 형편은 나아지지 못했다. 본관을 신축할 때에는 여러 동문들의 학교발전기금을 끌어 모으기 위하여 동분서주하였는데, 특히 미국의 여러 지역을 돌며 외대 발전 동문 간담회를 개최했던 기억이 난다. 나는 그때 동문들에게 지하철역에서 바라보면 외대 본관인 것처럼 보이는 건물이 막상 학교 교정에 다가와서 보면 실상은 외대가 아닌 경희대 건물인 점을 지적하면서 이러한 착각을 바로잡기 위해서는 적어도 경희대보다는 조금 높은 건물을 지어서 외대의 위상을 확립해야 한다고 역설하였다. 지금은 이문동 교정의 랜드마크가 되어 있는 신본관은 우여곡절 끝에 2차에 걸쳐서 공사를 한 끝에 겨우 완공되었다. 외대의 추억이자 우리의 작은 휴식처였던 미네르바 동산이 없어진 것을 애석하게 생각한 LA의 박병철(무역 67) 동문은 "이곳은 봄 여름 가을 겨울 우리의 꿈이 자라고 가슴 설레는 젊음의 낭만과 정열이 숨 쉬던 미네르바 동산이 있던 곳"이라는 표지석을 제작하자고 제안하였는데 그것을 수용하여 제막식을 하기도 하였다.

지금은 외대 로스쿨이 정착되어 벌써 6회의 졸업생을 배출하였지만, 외대 로스쿨을 만드는 작업은 정말 험난하였다. 어학이 중심인 대학에서 일부 구성원들의 생각은 로스쿨은 되면 좋지만, 안 되더라도 할 수 없다는 인식이 밑바탕에 깔려 있었다. 나는 당시 법과대학 학장으로서 이러한 상황을 보고 있을 수만은 없었다. 나는 우선 법과대학의 정원을 200명으로 증원하도록 하는 한편, 교무위원회가 열릴 때 마다 로스쿨의 당위성을 강조하였고 건물 위치도 총장을 설득하여 본관 바로 옆에 신축하도록 하였다. 많은 사람들의 도움과 성원이 있었지만 그야말로 로스쿨은 나의 피와 땀과 눈물의 결정체라고 해도 과언이 아니다. 어떻게 생각하면, 나는 외대 로스쿨을 설치하라는 하늘의 명령을 받고 그 소임을 다했던 것이 아닌가 하는 생각도 든다.

우정론

논어의 한 구절을 보면 '유붕이 자원방래하니 불역락호'라고 쓰여 있다. 이 구절은 공자가 69세의 늦은 나이에 자기를 찾아오는 동지들에게 한 말이라고 전해지는데 많은 인생의 간난을 다 겪은 노경의 공자도 우정의 고귀한 가치를 새삼스럽게 느꼈던 모양이다. 한편 로마제국의 시민사회에서 가장 중요시 되었던 것 중의 하나는 두 사람 사이의 내면적 결합인 '우정의 사슬' 이었다고 한다. 이 사슬이 토대가 되어 개인주의적, 자유주의적인 로마제국이 세워졌다는 것이다.

흔히 좋은 친구에 셋이 있고 나쁜 친구에 셋이 있다고 한다. 즉 마음이 곧은 사람, 신실한 사람, 박식한 사람을 친구로 삼는 것은 자기에게 유익하고, 아첨을 잘하는 사람, 맹종만 하는 사람, 입이

싼 사람을 친구로 삼는 것은 자기에게 해롭다고 한다. 우리는 과연 어떤 친구를 옆에 두고 있는가, 새삼스럽게 우정론을 들고 나오는 것은 우리 사회에서 진정한 친구 관계가 점점 찾아보기 어렵게 느껴지기 때문이다. 옛날 어른들의 진지하고 깊은 우정관계에 비하여 요사이 젊은이들은 친구사귀기도 냄비식, 인스턴트식으로 생각하여 목전의 이해관계에 급급하여 일시적으로 필요하면 관계를 맺었다가 금방이라도 필요가 없어지면 끊는 것이 아닌가 하는 우려를 갖게 된다. 얕은 친구관계는 역시 성실성이 결여된 우정관계에서 나타난다고 보겠는데, 진실 되고 성실한 우정관계를 맺는 것이야말로 우리가 인생을 살아가는데 있어 무엇과도 바꿀 수 없는 고귀한 것이라고 생각된다. 사교적인 화합 또는 단지 이성이라는 점 때문에 이루어지는 남녀교제는 결코 성실한 우정의 단계에는 도달하지 못한 것 이라고 할 것이다. 거기에는 예의, 쾌락, 이득, 사욕 같은 상대적 목적이 전제되어 있기 때문이다. 우정에는 '우정' 그것과의 교섭 외에는 아무런 목적도 없어야 한다. 우정은 하나의 자체목적이어야 한다고 생각된다.

진정하고 성실한 우정관계가 맺어질 때 함께 인생을 논하고 학문을 탐구할 친구가 생겨날 것이고 행동을 같이하고 생사를 같이 결행할 친구도 생겨날 것이다. 이 험난한 인생여정에서 정말 모든 것을 줄 수 있고 모든 것을 터놓고 이야기 할 수 있는 친구를 하나라도 가질 수 있다면 그 사람의 인생은 정말 값지고 보람될 것이다. 이 깊어가는 가을에 과연 나는 몇 명의 진정한 친구를 가지고 있는가, 또는 과연 나는 몇 명의 남에게 진정한 친구가 될 수 있는가를 반문해 본다. 지금까지 살아온 인생에서 또 앞으로 살아갈 인생에서 동반자가 될 진정한 친구의 상은 무엇일까?

다시 논어를 인용하면 군자는 다음 아홉 가지를 생각해야 한다고 했다. 즉 보는 일은 밝아야 하고, 듣는 일에는 총기가 있어야 하고, 안색은 온화해야 하고, 용모는 공손해야 하고, 언어에는 신실함이 있어야 하고, 그 무슨 일을 하려고 할 때에는 신중해야 하고, 의심나는 일을 물어서 바로잡고, 화를 냈을 때에는 나중에 환란을 당할 것을 생각하고, 이익을 보았을 때에는 그 정당성 여부를 생각해야 한다고 했다. 이런 아홉 가지의 사고의 틀 가운데 인간적 매력을 느낄 수 있는 친구를 사귀고, 또한 그런 친구가 될 수 있기를 다짐해 본다.

시애틀 소감

미국 시애틀에 있는 워싱턴대 법대에서 교환교수 생활을 할 때 일이다. 나는 처음에 자동차를 바로 살 수가 없어서 버스를 이용하고 다녔다. 버스는 운행 시간표에 따라 거의 정확하게 운행되고 있었는데 내가 어느 날 시간표에 맞추어 차를 타려고 막 아파트를 나서자 차가 벌써 정거장을 통과하는 것이었다. 이 버스는 30분에 한 대씩 운행되므로, 나는 또 30분을 기다려야 하나보다 하고 난감해 있는데 곧 뒤따라오던 버스가 내 앞에 서는 게 아닌가. 이 버스는 원래 그 정거장에는 서지 않는 버스였는데 내가 차를 놓친 것을 보고 일부러 정차하여 다음 정거장에서 내가 놓친 버스를 태워주겠다고 하는 것이었다. 나는 너무나 감사한 마음으로 버스를 타고 다음 정거장에서 내가 놓친 그 버스를 무사히 갈아타고 목적지까지

갈 수 있었는데 그때의 운전기사의 환한 모습을 지워 버릴 수 없다.

또 하나 버스를 이용하며 놀라왔던 것은 장애인들에 대한 각별한 배려였다. 모든 버스마다 장애인들을 위한 경보 장치가 달린 승하차 기계 시설을 갖추어 놓았고, 장애인이 승하차 할 때면 그때마다 운전기사가 자리에서 일어나 장애인 좌석에 안전하게 휠체어를 고정 시키고 안전벨트를 매준 후 행선지를 묻고 당신 편안하느냐고 확인하고, 다시 하차 시에는 직접 안전벨트를 풀어준 후 무사히 내렸는가를 점검하고 떠나는 것이었다. 그런데 놀란 것은 이런 일을 전혀 귀찮게 생각지 않고 매우 즐겁고 보람된 자세로 행하는 것이었다. 기사의 표정이며 운전 행태가 자기 직업에 만족을 가지면서 행하는 것이 역력하였다. 특히 어떤 기사는 버스가 시내에 다다르자 일일이 정거장마다 노래를 불러가며 이곳에는 어떤 명물이 있고, 어떤 음식점이 맛있고, 어떤 시설을 어떻게 이용할 수 있는 가를 일일이 설명하고 안내하는 것이었다. 승하차하는 손님에게는 항상 다정한 인사를 잊지 않았고 즐거운 시간이 되시라고 하는 말도 꼭 덧붙이곤 하였다.

이러한 미국의 운전기사의 성실한 근무 자세와 생활태도야말로 우리가 본받아야 될 것이 아닌가 한다.

우리는 버스를 이용할 때 어떤 기분이 드는가. 항상 쫓기며 올라타고 운전기사한테 행여 야단이나 맞지 않을까 하고 눈치를 보지는 않는지. 행여 길이나 물어 보려고 하면 무뚝뚝한 대답에 무안을 겪게 되는 경우도 종종 있는 것 같다.

무슨 일이든지 즐겁고 명랑한 마음으로 하면 능률도 오르고 기분도 좋아지는 것이다. 그런 자세로 상대방을 대하면 상대방도 기분이 좋아지고 명랑한 하루가 된다. 그런데 우리의 얼굴표정과 생활 태도는 어딘가 굳어져 있고 항상 긴장과 갈등 구조 속에서 살아가는 모습을 풍기고 있지는 않은지 반성해 볼 일 이다.

매일 매일 수많은 우편물을 배달해야 하는 우편배달부의 밝고 건강한 표정에서, 똑같이 반복되는 관광 안내를 하루에 수십 번 씩 하면서도 전혀 지루하거나 귀찮아하지 않는 관광안내원의 일거수 일투족에서 미국 사회가 가지고 있는 저력을 실감할 수 있었다.

주중에는 최선을 다하고 열심히 공부하고 주말에는 신나게 여가를 활용하는 대학생의 생활자세, 대학사회의 자유분방하면서도 짜임새 있는 학습 분위기, 남의 말을 경청하고 남을 위해 봉사하는 희생정신, 남을 자기와 같이 존중하고 서로를 너그럽게 인정해 주는 청교도적 생활태도 이런 것들이 나에게는 많은 시사점을 주는 대목이었다.

또한 무슨 일이든지 한번 맡으면 책임감 있게 완수하는 생활태도, 거짓말이 통하지 않는 신용사회, 상거래 관행에 있어서의 소비자 보호정신, 철두철미한 서비스 정신 등도 우리가 꼭 본받아야 할 것들이라고 느꼈다.

무슨 일이든지 긍정적 자세로 임하고 남을 위해 봉사하는 마음을 가지며 즐겁고 명랑한 태도로 일을 처리할 때 우리 모두는 더욱 선진화된 사회 속에 서 있게 될 것이라고 믿는다.

미네르바 회고

(1975년 3월 1일 외대학보 제 200호)

『외대인이 되신 여러분, 여러분은 지나간 쓰라린 상처에 집착되어, 조율만을 하다가 원대한 미래의 꿈을 실현 시키지 못한 「K」악단과 같은 우를 범하지 마십시오. 4년 후에 올 정정당당한 대결을 위해 우리는 Alcohol, Billiards, Cigarette, Date의 A.B.C.D가 대학생활의 전부가 아니라는 것을 똑바로 인식하고, Studieren, Lieven, Trinken이라는 3가지 대학생활의 필수불가결한 요소 중에서도 Studieren에 더욱 중점을 두어야만 하겠습니다.』

뽀얀 눈이 온 누리를 축복해 주던 어느 겨울날, 홀로 찾은 눈 덮인 이문동산 한 구석 벤치에 앉아 눈물을 머금었던 자신을 까맣게 잊어 버리고, 이렇듯 신입생 오리엔테이션에 들어가 열변을 토하면서 외대를 알리고, 외대인의 긍지를 심으려고 애썼던 시절이 바로 어제 같은데, 벌서 졸업이라고 소감을 몇 자 피력한다는 것이 도무지 실감이 나지 않는 것 같다. 그러나 시간은 잠시도 쉬지를 않는 법, 졸업식 날짜가 다가오고 있으니, 낙수의 몇 마디를 추려야 할 것 같다.

진리를 탐구하고, 평화를 추구하며 끊임없는 창조를 이루어내고, 세계를 호흡하며, 적재적소에 산 인재를 배출해내는 정예들의 집합, 우리 외대, 나는 어느 누구보다도 외대를 사랑했다. 그러기에 나는 외대에 적응하여 충실하려 했고, 방관자 아닌 참여자로서, 맹목적인 추종보다는 발전적인 비판자로서의 생활을 지키려고 애썼다. 나의 대학생활 가운데서 공부 다음으로 중요한 부분을 차지한 것은 역시 학생자치 활동이었다. 대의원, 선관위원, 과회장 등으로 연결되었던 폭넓은 대인관계를 통해서 전공인 법학을 바탕으로 진리, 정의를 더욱 존중하게 되었고, 의리와 우정을 배웠으며, 입장과 상황이 서로 다른 처지의 타인을 이해 할 줄 아는 아량과 관용을 터득할 수 있었다. 특히 대의원 임원들간의 각별한 우정과 연대감은 상호이해를 초월한 하나의 단합된 힘으로서 대의기관의 역할을 훌륭히 수행할 수 있었다고 자부한다. S1, S2兄들이 보여준 투지와 신념, 협조와 조정은 후배들에게 무한한 가능성을 제시해 주었다. 과연 정을 많이 맞은 돌이 반들반들해지고, 비가 온 후 땅은 굳어지는 것인가 보다. 흘러간 4년, 2학기 부재 속에 괴롭고 쓰라린 기억을 잊을 수 없다. 휴강, 개교, 휴교로 점철되었던 2학기 학사일정, 그런 가운데서도 수인해야했던 두 젊음의 죽음은 지금도 슬픔과 답답함과 안타까움이 남아있다. 급작스런 한 임원의 애처로운 죽음과 정다웠던 한 친구의 안타까운 죽음은 젊고 발랄하고 싱싱하고 영원해야 할 청춘의 낭만과 젊음의 패기를 송두리째 상실하게 했던 참으로 가슴아픈 일이었다.

악순환의 연속이었던 무척이나 황량하고 을씨년스러웠던 추동의 계절에서 「겨울이 오면 봄이 멀지 않다」는 Shelly의 말을 진리로 믿으면서도 답답함과 우울함을 거둘 수 없었다. 인내와 고통을 감수하면서 우리는 좌절보다는 희망과 기대를, 패배보다는 무한한 용기를 키울 수 있었고, 단련되고 단결된 힘을 얻었다고 차라리 자위하고 싶다.

해군 일선기지 불음도에서 국군장병 위문으로 보냈던 크리스마스 이브, 그 용감하고 다정했던 친구들이 끓여준 새벽 떡국맛과 싱싱한 굴맛을 아직도 잊지 못한다.

교수, 학생이 일체감으로 뭉쳐 뜻 깊은 성과를 거두었던, 3박 4일의 산업 시찰, 정말 외대의 교수님들은 모두가 젊고 실력 있고 학생을 이해할 줄 아는 다정다감한 분들이다. 이 외대만의 특유한 정감 있고 아늑하고 포근하며 짜임새 있는 학교생활의 맛과 정취는 내가 외대와의 인연이 없었다면 도저히 알기 어려웠을 것이다.

좋은 계절, 리더쉽, 멤버쉽, 야외세미나의 뜻깊고 즐거웠고 흐뭇했던 기억들이 되살아난다.

치열했던 선거전, 여학생회장 입후보자의 애교 있는 울음, 소프트 볼 심판의 후유증, 모의올림픽, 세계민속제 등이 지금도 잊혀지지 않는 것은 아직도 외대의 소속감을 간직하기 때문이리라.

외대는 이제 성년의 나이를 지나, 이제 확고한 기반을 굳히면서 더욱 뿌리를 깊게 내리고 있다.

젊은 교수, 젊은 학생, 참신한 학풍에 파묻혀 뛰어 다닌 4년의 학창생활은 확실히 일생을 통한 귀중한 재산이 됨에 틀림없다.

이제 새 봄이 오면, 새로운 훕산즈(hufsans)들이 또 탄생할 것이고, 그들은 꿈에 부풀었던 생활을 시작하겠지.

그들을 위해 조용히 떠날 채비를 차려야 하겠다. 아쉬운 섭섭한 마음은 애써 접어두고, 훗날 주위의 기대에 부응하여 외대에 감사함을 가지고 다시 찾을 날을 마음속에 기약하면서 말이다.

가을 단풍 산행기

외대 교수 산악회의 가을 산행에 동참하기 위하여 학회행사도 뒤로 미루고 설악산행 버스에 몸을 실었다. 교수님들만의 모임이어서 그런지 가는 차안은 너무도 조용하였다. 교수님들 각자가 가을정취를 느끼며 무언가 자기 나름의 깊은 상념에 빠진 듯 하였다. 아직까지 단풍이 흠뻑 들지는 않았으나 산속의 나무들은 서서히 그 고유한 빨강, 노랑의 색을 내기 위하여 열심히 준비를 하고 있는 듯 하였다. 탁탁하고 숨 막히는 서울 공기를 피해 강원도의 맑은 공기를 마시며 자연을 호흡할 수 있는 기회를 가지게 되었다는 사실만으로도 기분이 좋아지는 것 같았다. 이제 곧 겨울이 오려고 하는지 저녁 노을이 금방 지면서 어둑어둑 해질 무렵 우리는 양평과 원통을 지나 한계령 방향의 초입에 있는 '언덕위의 하얀 집'(펜션)에 당도하였다. 명칭 그대로 '언덕위의 하얀 집'은 새로 지은 깔끔한 펜션이었다. 주인집에서 마련한 바베큐의 저녁식사가 시작되면서 우리 일행은 화기애애한 가운데 담소와 환담을 나누는 분위기로 반전되었다.

술잔이 한 두잔 오고 간 후 본인과 수학전공 장재덕 교수는 교육문제와 관련하여 약간의 가벼운 언쟁을 하였다. 일부 논자는 평준화 제도를 그대로 유지 시켜야 한다고 주장하지만, 지금도 변함없는 나의 생각은 전통적인 명문고를 육성하여 수월성 교육을 제고해야 한다는 것이다. 교육개혁의 많은 과제 중에서도 고교평준화의 논란과 관련하여, 특색 없는 천편일률적인 교육을 시키는 평준화된 고등학교 교육보다는 개성을 살린 명문 공·사립고를 육성하는 일이야 말로 시급하고도 중요한 논제가 된다고 나는 확신하고 있다. 평준화를 아무리 외친다 할지라도 외고나 과학고 같은 특목고는 여전히 명문고가 되어 치열한 입시경쟁이 벌어지는 것이 이를 증명한다고 생각한다. 어쨌든 이런 저런 담론 속에 우리는 배정된 방에 여장을 풀고 다음날 산행을 기대하며 잠자리에 들었다.

산 속의 아침은 정말 고요했고 자연대 학부형 주인이 정성을 기울여 준비해준 아침식사도 만족할 수준이었다. 우리 일행은 버스를 타고 주전골에 하차하여 오색약수터를 향해 가벼운 산행을 시작하였다. 등산 때마다 느끼는 점이지만 특히 이번 산행에서는 지난번 수해로 인하여 중간에 어디서 굴러 왔는지 모를 크나큰 돌덩이와 나무들의 잔해, 엿가락처럼 휘어진 다리 난간을 보며 우리 인간은 자연 앞에 정말 겸손할 수밖에 없다는 사실을 되새기게 되었다. 오색약수터 까지 두 시간 남짓한 가벼운 산행이 끝난 후 우리 일행은 백담사행과 낙산사행을 놓고 의견을 나누다가 다수결로 지난번 불타 없어진 낙산사를 관람하고 대포항에서 회로 점심식사를 하기로 결정하였다. 낙산사와 홍련암은 화마가 휩쓸고 간 흔적 가운데서도 우리에게 맑고 깨끗한 사찰이라는 느낌을 그대로 간직하게 해 주었고 해수관음상에서 바라다 보이는 동해안의 절경은 그동안의 찌든 심신을 말끔하게 해주는 청량제와도 같았다. 외대 동문이 추천한 횟집에서의 신선하고 넉넉한 점심식사는 분위기를 띄우는데 안성맞춤이었다. 서울로 돌아오는 버스 속에서 이제 며칠 후면 단풍이 더욱 더 절정에 이를 수 있을지 아니면 이번 여름 늦더위로 인하여 과거와 같은 아름다운 단풍의 추억은 기대할 수 없을지를 반신반의하는 가운데 세상만사가 이럴 수도 저럴 수도 있을 것이라는 생각을 다시 한 번 하게 되었다.

이제 다시 일상으로 돌아가 우리 인생에 있어 정말 값진 것은 건강에 유의하며 만사에 최선을 다하는 것 밖에 없다는 단순한 진리를 다시 한 번 터득하며 이번 산행을 마쳤다.

영원한
부부애

평소 존경해 마지않는 내 자형 곽수일 교수께서 이번 8월로 벌써 정년을 맞이하게 되셨다. 세월은 정말 유수와 같음을 느끼며 이번 기회를 빌어 자형과 누나의 삶에 대한 추억의 조각들을 한번 더듬어 보고자 한다. 내가 처음 자형을 만난 것은 지금으로부터 45년 전인 1962년 2월경 중랑교 스케이트장인 것으로 기억한다. 그 당시 나는 혜화 초등학교 3학년 철부지였고, 누나는 이화여대 영문과 1학년, 자형은 서울대 상대 상학과 3학년 학생이었다.

두 분은 친구의 소개로 만나 대학생 시절부터 열애에 빠진 것인데 나는 데이트 막간에 양념으로 선택된 것이었다. 자형의 첫인상은 어릴 적 느낌으로도 키는 자그마하나 매우 준수한 용모에 똑똑한 모습이었다. 스케이트 끈도 매주고 당시 동화백화점(지금의 신세계) 지하 양식점에서 함박스테이크도 사주고 용돈도 쥐어주는 친절한 아저씨(?)였다.

지금 돌이켜 생각해보면 이 아저씨에 대한 우리 집에서의 평가는 처음에는 별로 긍정적이지 못했던 것이 사실이다. 그 당시 상황으로 볼 때 완고한 경상도 양반 집안에서 이북 평안도 출신의 사위를 맞이한다는 발상 자체가 매우 받아들이기 어려웠던 상황이었기 때문이다. 내 선친께서는 서울대 철학과에서 당신 강의를 도강한 정체불명의 청년을 당시 친우이셨던 상과대학 최문환 교수로부터 매우 우수하고 성실하며 전도가 양양한 학생이라는 평가를 들으신 후에 비로소 고정관념에서부터 서서히 탈피하셨던 것으로 생각된다.

자형의 유학시절 누나는 이화여대 영문과 대학원에서 공부하면서 우편배달부가 기억할 만큼 수백 통의 편지를 자형과 주고받으며 사랑을 나눈 끝에 약혼하고 드디어 결혼에 골인하였다. 이현재 교수(자형의 은사이자 아버지의 제자)의 사회로 진행된 두 분의 약혼식이 끝날 즈음 내 할아버지께서는 갑자기 자리에서 벌떡 일어나시어 "나는 이 결혼에 이의가 있소, 내 손녀딸을 데려가는 것은 내 눈을 빼가는 것이요."라고 말씀 하셔서 좌중을 긴장시키셨는데, 이 말씀은 매일 아침 신문을 읽어주던 착한 손녀딸이 시집가게 되는 아쉬움을 표현하신 것이었다. 나는 두 분이 주고받은 사랑의 교향곡을 오랜 기간 동안 보관하고 있었는데 몇 년 전 아무런 대가도 없이 이 자료를 그냥 넘겨주어 아쉬운 생각이 든다. 나는 나보다 아홉 살이나 연상인 누나와 누나 친구들의 귀여움과 보살핌 속에 KBS 제1기

어린이 연극단원이 되어 누나의 손을 잡고 방송국에도 다니고, 방학숙제도 전적으로 의존하는 등 누나의 영향을 받으며 성장하였기에 누나의 결혼식 날 누나를 멋모르는 아저씨에게 빼앗겼다고 생각하며 소리 없이 울기도 하였다.

내 자형이라는 점을 떠나 곽수일 교수에 대해서는 다음과 같은 객관적인 평가가 가능할 것이라고 생각된다. 첫 째로 곽 교수는 초창기 무역업에 투신하여 남방물산 주식회사 사장과 한국무역협회 부회장을 역임한 부유한 아버지를 둔 가정환경으로 일찍이 미국 컬럼비아 대학교로 유학을 떠나 이 땅에 경영학이라는 새로운 학문을 소개한 공을 먼저 들 수 있다.

1960년대에는 MBA라는 말 자체도 생소한 시기였는데, 자형은 경영학 석사학위를 취득하자마자 최연소 서울대 교수로 발령을 받은 것이었다. 이후 서울대에서 40년이 넘게 봉직하면서 워싱턴대에서 박사학위를 취득하고 서울대학교 경영대학 학장을 거쳐 최근 사회과학분야의 최연소 학술원 회원이 되기까지 왕성한 사회활동과 수많은 제자들을 키우며 학문적으로도 큰 업적을 남긴 것으로 추앙 받고 있다. 우리나라에서 지금 활약하고 있는 경영학 교수들은 대부분 당시 IBRD차관에 의한 유학생 프로그램에 의하여 양성되었는데, 이 때 핵심적 역할을 담당한 분이 바로 곽 교수이기 때문이다.

둘째로 가족에 대한 열렬한 사랑과 남다른 가족애를 들 수 있다. 부모님에 대한 효심이 지극하여, 지금도 노(老) 할아버지를 직접 봉양하며, 자식에 대한 철저한 규율과 한없는 사랑으로 세 자녀를 모두 훌륭하게 잘 키운 점에서 확인할 수 있다. 1남 2녀의 가족들이 모두 화목한 가운데 사위와 며느리까지 미국과 독일, 한국의 유수한 대학에서 공부하여 교수로, 의사로 각자가 자기 분야에서 성공하여 열심히 생활하고 있어 남들의 부러움의 대상이 되고 있다.

셋째는 시대를 앞서가는 혜안이 있다는 점을 들 수 있다. 지금의 연세에도 컴퓨터와 첨단기술을 부단히 추적하며 경영학 분야에서 생산관리와 OR을 전공했으면서도 정보과학과 정보통신분야 쪽으로 눈을 돌려 이 분야의 선구자적 역할을 했다고 볼 수 있다.

이러한 사회적 평가를 떠나 자형은 나에게 있어 삶의 큰 기둥이 된 분이다. 내 사춘기 시절 바쁜 유학생활 가운데서도 처남을 위해 틈틈이 격려와 조언의 편지를 써준 것을 나는 아직도 잘 기억하고 있다. 지금도 생생히 기억나는 대목이 있는데 시험은 최선의 노력을 다한 후 행운이 따라야만 합격한다는 내용과 모든 문제는 끈기과 적극적 사고로 풀어나가야 한다는 내용, 또한 화려한 학벌이 모든 문제를 해결해 주는 것은 아니라고 갈파했던 점 등이다. 방황하던 어린 시절, 이러한 조언들은 내 성장과정에 있어 큰 격려가 되었으며 교수가 된 지금 나는 그 말을 다시 내 수강생들에게 전파하고 있다.

또한 자형은 보기보다는 대단히 다정다감하고 자상한 면이 있는 분이다. 어떤 일을 추진하는데 있어 뛰어난 아이디어와 기획력과 함께 세심한 부분까지 일일이 챙기는 자상함을 겸비하고 있다고 할 수 있다. 아버지의 학문적 업적을 정리한 「최재희 전집」의 발간과 아버지의 학덕을 기리는 「서우 철학상」을 제정함에 있어 핵심적 역할을 맡아 방향을 제시하고 솔선수범한 점이 이것을 잘 증명하고 있다.

젊은 시절 곽 교수는 "그 집 앞"이라는 노래를 즐겨 불렀고 "처가의 말뚝에도 절 한다"는 속담을 즐겨 인용했는데 그 속담대로 명실공히 처가에는 최선을 다하고 있다고 생각된다. 이러한 자형을 잘 보필한 내조의 공은 당연히 내 누님에게 돌아가야 한다고 믿고 있다. 내 누님은 천성적으로 매우 착한 분이며 어릴 때부터 총명했고 인정도 많은 전형적인 "현모양처형"이라고 보아도 좋을 것이다. 서우 철학상 회보의 아버지를 회상하는 글에서 누님은 맏딸로서 집안의 이런저런 대소사를 보고 자라면서 일찍부터 부모를 속 썩이지 않는 착할 딸이 되겠다고 다짐했다고 적고 있다.

어머니는 자형의 호를 '현우'라고 지어주셨는데 이는 현풍 곽씨의 현풍의 첫 자에서 "현(玄)"을 따고 이름자 수일(秀一)이 너무 강하므로 반대로 우둔할 "우(愚)"자를 넣어 작명하신 것이라고 한다. 일반적으로 엘리트 코스를 밟은 사람의 속성이 대체로 자존심이 강하고 급한 성격을 갖고 있다고 하는데 누님은 이러한 자형을 순화시켜 평형감각을 유지시키고 성심성의껏 내조함으로써 오늘의 곽씨 가문을 잘 지켜 오고 있다고 감히 말하고 싶다.

최근 자형은 큰 수술을 받고 잘 회복되고 있는바 두 달이 넘는 입원기간동안 단 하루도 자형 곁을 떠남이 없이 병실을 지키며 최선을 다해 간호하는 누나의 모습에서 깊은 인상을 받았다. 백년해로라는 말이 흔하게 쓰이는 세상이긴 하지만 두 분은 열렬히 연애했던 초심으로 돌아가 항상 다정다감한 부부로 지내기를 기원해 마지않는다. 얼마 전 고모, 고모부께서 회혼례를 맞아 성대한 회혼식과 함께 부부가 살아가야 할 표준을 보여 주신 적이 있는데 자형과 누님도 이보다 더한 백수를 누리며 영원한 부부애를 지켜 나갈 것을 기원해 마지 않는다.

파이프 담배의 영국 신사

지금은 내 추억에 자리잡고 있는
하나의 단상이 되었지만
고려대 법대의 사제간의 돈독한 우애와
선후배간의 특별한 전통은
지금도 좋은 모습으로 남아 있다.
최달곤 선생님은 고대 법대가
화목하고 온화한 분위기가 되도록 노력하셨다.

가을이 깊어가나 싶더니 계절은 벌써 2002년 초겨울로 치닫고 있다. 낙엽이 쌓여 있는 거리를 거닐 때 우리는 흐르는 세월을 실감하며 젊음을 그리워한다. 그러니까 지금으로부터 벌써 27년 전인 1975년 봄 나는 대학 강단에 서겠다는 확실한 목표를 정하고 고려대학교 대학원 법학과에 입학했다.

나는 고려대학교와는 원래부터 각별한 인연이 있었던 것 같다. 나의 선친은 1947년부터 5년여 고려대학교 철학과에 봉직하셨고, 고려대학교 사료집에도 언급되어 있듯이 나의 조부님은 대구의 유지로서 피난 온 고대를 위하여 많은 도움을 주셨다. 또 내가 태어난 곳은 경북 대구시 북내동이었는데 내가 태어난 집은 피난차 대구로 내려온 고려대학교의 임시 연락사무소로도 쓰여지고 있었다. 내가 태어날 때 나를 받아준 분은 그 당시 고려대학교 교무처장으로서 대구 조부님 댁에서 머무르고 계셨던 고려대 철학과의 이상은 선생님의 사모님이셨다. 나의 선친은 서울대학교의 간곡한 요청으로 모교인 서울대로 자리를 옮기셨지만, 평소 고려대학교의 민족적 학풍과 인간적인 사제관계에 대해서 깊은 인상을 가지고 계신다고 자주 말씀하시곤 하셨다.

내가 처음 최달곤 교수님을 뵈었을 때는 첫인상은 순수한 전형적인 학자의 모습이셨다. 내가 처음 인사를 드리자 최달곤 교수님께서는 대학 1학년 때 나의 선친으로부터 철학 강의를 직접 들으셨다고 하시며 매우 반가워하셨다. 나는 최달곤 교수님으로부터는 석사과정과 박사과정에 걸쳐 한국가족법론 · 한국법제사연구 등을 수강하였는데 주로 강의는 선생님의 연구실에서 이루어졌고 수강생이 주제발표를 한 다음 선생님이 강평을 하셨는데, 선생님의 강평은 학문을 하는 데 있어 전체를 보는 데 중점을 두셔서 나무만 보고 숲을 보지 못하는 우를 범하지 않도록 하는 데 주안점을 두셨던 것 같다. 즉 학문의 전체를 보는 눈을 키워주신 것이다. 또한 최 선생님은 학자란 항상 겸손한 자세로 성실하게 학문만을 해야 한다는 것을 몸소 실천해 보이신 분이 아닌가 한다.

잠시 그 당시를 회상해 보면 법과대학 교수님들의 연구실은 구 중앙도서관 일층에 집중되어 있었는데 연구실이 일렬로 나란히 양쪽으로 배치되어 있었고 제일 안쪽에 법대 학장실과 법대 교학과가 자리 잡고 있었다. 법대 교수휴게실은 건물 초입에 있어서 우편함과 차를 마실 수 있는 공간으로 꾸며져 있었는데 무게가 있는 가운데 분위기는 매우 좋았던 것으로 기억된다. 고대 법대에는 이희봉, 남홍우, 차낙훈, 박재섭, 윤세창 교수님 같은 학계의 원로 거목들이 계셨고, 그 분의 바로 아래 세대로 이윤영, 김진웅, 한동섭 교수님이 계셨으며, 원로 선생님들의 제자인 최달곤, 김형배, 심재우 교수님이 제일 젊은 연배의 교수 군을 형성하고 계셨다. 말하자면 일제 시대의 경성제대 · 보성전문 출신들의 학문 제1세대와 그 분들로부터 사사한 학문 제2세대가 같이 공존하며 교수생활을 하였던 시대였다.

그 당시 나는 법과대학에 단 한 명밖에 없던 조교(당시 학교의 공식 명칭: 실습지도원)를 하였기 때문에 다른 누구보다도 학교의 분위기와 교수님간의 관계를 잘 알 수 있었고 그때에는 법과대학 안에 법학과와 행정학과가 같이 있었기 때문에 나는 열다섯 분이나 되는 법과대학 교수님을 혼자서 모시며 학문하는 분위기를 체득하고 많은 지도편달을 받을 수 있는 기회가 되었다. 요사이는 학생들도 많아졌고, 젊은 후배 교수들도 많아졌기 때문에 학교의 분위기를 잘 알 수 없으나 1970년대의 고대 법대의 분위기는 다른 어느 대학, 어느 학과보다도 좋았다고 생각된다. 이희봉, 남홍우 두 분 원로 선생님이 학장실에 앉으셔서 차를 드시며 담소를 하시는 가운데 "이번 새해에는 자네가 나한테 세배를 오게", "아닐세, 자네가 나한테 세배를 와야 하네"라고 하시며 농담하시는 모습도 보았고, 남홍우 학장님께서 심재우 선생님에게 "이제 자네도 교수가 되었으니 내 앞에서 담배를 피워도 좋네" 하시는데도 끝까지 "아닙니다" 하면서 사양하시는 모습을 직접 목도할 수 있었기 때문이다.

지금은 내 추억에 자리 잡고 있는 하나의 단상이 되었지만 고려대 법대의 사제 간의 돈독한 우애와 선후배간의 특별한 전통은 지금도 좋은 모습으로 남아 있다. 최 선생님은 고대 법대가 화목하고 온화한 분위기가 되도록 노력하신 가운데, 선배 교수님들을 극진히 모시면서 각 교수님의 개성이 존중되면서도 멋진 조화의 분위기가 되는 데 그 중심역할을 담당하셨던 것 같다. 특히 최달곤 선생님과 이희봉 선생님과의 관계는 각별하셨던 것으로 기억된다. 내가 조교를 할 당시는 법률행정논집의 특별기념호 형식으로 이희봉 선생님과 남흥우 선생님의 회갑기념 논문집을 만들어 드리던 때였다. 최달곤 선생님께서는 들어온 논문들을 일일이 확인 · 검토하시고 편제라든가 논문의 배열순서 등 오자 · 탈자 하나라도 생기지 않도록 굉장히 신경을 쓰셨던 기억이 난다.

파이프 담배를 즐겨 피우셨던 최 선생님은 한 마디로 '영국신사'라고 표현하면 적합할 것 같다. 허세를 부리거나 무엇인가를 과장되게 하시는 경우가 없었으며 추운 겨울에는 "왜 이렇게 날씨가 춥지" 하시며 제자들의 옷깃도 만져주시고, 교수님을 호칭할 때에는 '교수님'보다는 '선생님'으로 호칭하는 것이 더 예의바른 것이라든가 자기 집사람을 스스로 '부인'이라고 잘못 호칭하는 제자들에게 '안사람'이라고 이야기해야 한다고 하시면서 예법을 확실히 심어주신 기억도 난다. 정초에 선생님 댁에 세배를 갈 때면 따뜻한 가정 분위기와 함께 사모님의 상냥하시고 가정적인 내조의 분위기를 한껏 느낄 수 있었다. 최 선생님께서는 일찍부터 그 당시 누구도 생각하지 못했고 연구자료도 매우 빈약했던 북한 민법과 가족법 · 법제사 부분에 연구의 방향을 정하시고 천착하셨으며 이 분야의 개척자적 연구를 수행하시어, 학계의 독보적 존재로 우뚝 서시게 되었다. 이 모든 것이 지금 생각해보면 시대를 앞서가는 통찰력이 있으셨던 것이 아닌가 싶다. 나 자신은 술이 약해서 자주 모시진 못했지만 제자들이 가장 허심탄회하게 모든 문제를 의논할 수 있는, 덕을 갖추시고 풍류도 즐기실 줄 아시는 어른이라 생각된다.

1980년대 초 내가 강원대 법대에 근무하고 있을 때 선생님께서 가족법 제자들을 이끌고 춘천 소양호에 낚시를 하러 오셨던 기억이 난다. 언제나 그랬듯이 제자들과 소주잔을 기울이시며 가장 소탈하고 인간적인 모습으로 세상 돌아가는 이야기를 나누셨다. 세상도 많이 달라졌지만 요사이 일부 대학에서는 한번 교수로 발령을 받고 나면 이제는 똑같은 교수가 되었으니 선배고 은사도 없이 저만 잘났다고 자기주장을 강하게 하여 학과의 이미지와 분위기에 찬물을 끼얹는다는 이야기가 들린다. 그런 자기주장만 하는 교수들이 많이 있을 때 그 직장은 즐겁고 보람찬 삶의 일터가 되지 못하고 항상 어색하고 마음이 불편한 곳으로 전락되어 가는 것이 아닌가 한다. 물론 자기의 의견을 분명히 내세우고 주장을 확실하게 하는 것은 흐리멍덩한 것보다는 백 번 좋을 것이다. 그러나 오늘의 자기가 있기까지에는 자기를 가르쳐준 은사 · 선배가 쌓아 놓은 든든한 터전이 있다는 사실을 잊어서는 안 될 것이다. 앞만 보고 달리는 것보다는 옆과 뒤도 보아가면서 슬기롭고 지혜로운 대처를 하는 것이 필요하다고 본다. 고려대 법대의 사제간의 돈독한 정, 선후배간의 끈끈한 정은 계속 이어져 내려가 다른 모든 대학의 귀감이 되도록 우리가 힘써야 하겠다.

20대 후반의 비교적 젊은 나이에 교수 생활을 시작했던 나 자신이 이제 지천명이라는 50대 초반으로 접어들었으니 세월의 무상함을 다시 한 번 느낀다. 순수와 열정이 많았던 그 시절로 다시 돌아가 최 선생님을 모시고 가족법 강의를 들으며 인생경륜의 덕담을 다시 듣고 싶다.

아름다운 추억

-춘천하면 그리워지는 峀雲 李漢教 교수님-

내가 이한교 교수님을 처음 뵈온 것은 지금으로부터 벌써 20년 전인 1980년 초 봄이었다. 나는 강원대학교 법대에 임용이 확정되어 인사차 과의 원로교수인 수운 선생 댁을 과의 선배교수인 서광민 교수의 안내로 찾았던 것이다. 첫 인상은 작달만한 키에 강단이 있어 보이는 가운데 온화한 모습을 간직한 선비풍의 느낌이었다.

나는 20대 후반의 젊은 나이에 대학의 전임이 되어 40대 중반까지의 학교생활을 춘천 강원대에세 보낸 셈인데 이 기간 동안 그야말로 희로애락을 처음부터 끝까지 같이 한 분이 바로 수운 선생이셨다. 수운 선생은 형법, 형사정책도 강의하셨지만 원래 전공은 법철학이시다. 서울 법대 재학시절 수운 선생이 써낸 훌륭한 답안지에 감탄한 황산덕 교수님의 부름과 권유를 받고 尾高 朝雄(오타카

토모오), 加藤 新平(카토 신페이)의 책을 탐독하시며 윤리학, 법철학의 학문 속으로 깊이 빠져드셨다. 일찍이 京都大學에 유학하시여 연구하셨고 國學院大에서 법학박사 학위를 받으셨으며 특히 일어실력이 출중하여 일본학자들과의 학문적 교류를 끊임없이 전개하고 계신다. 나는 1984년 일본범죄사회학회의 초청으로 이한교 교수님, 이강혁 교수님, 이수성 교수님을 모시고 일본 동경, 하코네, 나라, 오사카 등을 방문할 기회가 있었다. 학회를 마치고 수운 선생을 안내자로 삼아 일본의 명승지를 여행하면서 선생님의 인간미와 따뜻한 정을 듬뿍 느낀 것은 지금까지도 아름다운 추억으로 남아있다.

그때의 여러 인연으로 澤登 俊雄(사와노보리 토시오), 安藤 博(안도 히로시), 麥島 文夫(무기시마 후미오), 西村 春夫(니시무라 하루오), 田村 雅幸(타무라 마사유키) 같은 여러 일본학자를 만날 수 있게 되었고 나는 상법이 주전공이지만 이한교 교수님을 도와 형사정책을 부전공(?)으로 하게 되고 지금까지 형사정책학회의 회원으로 활동하고 있다.

일본인 교수들과의 교류와 유대관계는 지금까지 지속되어 수운 선생이 초청하여 한국을 다녀간 일본 학자들이 60여 명이 넘는 것으로 알고 있다. 수운 선생은 일본 교수가 방문할 때면 강연과 토론도 알차게 준비하시지만 곁들여지는 후속 프로그램에서도 유감없이 역량을 발휘하신다. 즉 유명음식점을 들려 한국의 맛을 소개하는 것은 물론, 설악산 같은 명승지 동행·답사를 통하여 끈끈한 한국의 정을 느끼게 함으로써, 이들은 너나 할 것 없이 한국의 팬이 되고 불교도 기독교도 아닌 이한교 교도가 되고 만다. 수운 선생이 주도한 한일간의 청소년 비행 심포지엄은 우리의 학문적 수준을 알리고 민간교류에도 큰 몫을 한 것으로 기록되어야 할 것이다.

춘천을 떠난 지 벌써 5년째에 접어들고 있지만 나는 친정집 같은 강원대와 춘천을 잊지 못한다. 한 가족 같았던 교수들과의 끈끈한 정, 매주 수요일 점심의 칼데이, 방학 때면 속초, 제주도, 울릉도로 끊임없이 이어졌던 비교법학연구소의 세미나, 개나리 피던 봄이면 봄대로, 코스모스 피는 가을이면 가을대로의 정취를 느끼게 하는 아름다운 경춘가도, 맑은 날이면 맑은 날대로, 비가 오면 비오는 대로의 맑고 깨끗한 호반의 정경, 자연과 잘 조화된 아름다운 캠퍼스는 사람을 순수하게 하고 아름답게 만든다. 이곳에 수운 이한교 교수님이 계셔서 춘천과 강원대를 더욱 빛나게 하고 그리워하게 한다.

수운 선생은 인간 · 윤리 · 규범을 중시하시며 의리에 강하고 천성적으로 눈물과 정이 많은 분이다. 오늘날 같은 이기주의가 팽배한 험난한 세상에서 남의 어려운 일을 간과하지 않고 박애정신으로 헌신적으로 도와주신다. 법대학장이 되시자 전 교수를 부부동반으로 세종 호텔로 초대하셨던 일, 자동차 1만키로 돌파 기념회식, 나의 선친을 초청하여 윤리학에 대한 담론과 함께 선미집에서 가졌던 행사, 일본 학자를 떠나보내면서 정에 겨워 손수건을 꺼내시며 눈물을 닦던 공항의 이별 모습, 내가 모교로 가게 되자 눈물로 석별의 정을 나누며 선생님과 기울였던 술잔에서 착하고 순수한 이한교 교수님의 정과 사랑을 새삼 떠올리게 된다.

지금은 강원대를 떠난 김운용(성균관대), 김명기(명지대), 서광민(서강대), 정동호(한양대), 오영근(한양대), 장재옥(중앙대) 교수는 세월이 지난 지금도 그때의 인연을 소중하게 생각하여 서로의 안부를 묻고 이한교 교수님과의 끈끈한 정을 지금도 못 잊어 한다. 이한교 교수님의 정년퇴임을 아쉬워하며 앞으로도 더욱 연부역강 하시어 왕성한 활동을 하실 것을 기대하고 선생님과 온 가족의 평화와 행복을 기원하며 이 글을 마친다.

2000년 8월

교수 지망생에게 하고 싶은 제언

피츠버그 대학에서 교환 교수 생활을 한 지 꼭 10년 만에 UW에 오게 되었다. 서울에 두고 온 가족 생각도 많이 나지만 여러분들의 도움에 힘입어 "시애틀의 잠 못 이루는 밤"도 극복되고 이곳 생활이 익어가는 느낌이다. 강의와 연구, 학회, 위원회, 각종 모임이 쳇바퀴 돌 듯 계속되는 생활을 떠나 모든 것을 잊고 맑고 아름다운 자연 경관과 함께 재충전의 기회를 갖게 된 것을 감사한다. 또한 혼자와 있다는 사정 때문에 어렵고 힘든 바쁜 유학 시간을 쪼개어 식사 초대를 해주고, 그 밖에 여러 도움을 준 유학생 여러분들께 이 자리를 빌려 다시 감사의 뜻을 전하고 싶다. 그런데 이곳 유학생들과의 만남에서 여러 유익한 이야기를 나누는 가운데 그들 장래 문제와 결부하여 한국의 대학 사회의 실정을 너무 모르고 있는 것이 아닌가 하는 안타까운 생각이 들었다. 10여 년 전과는 판이하게 달라진 국내외 사정 속에서 무언가 내가 아는 범위 내에서 도움을 주어야겠다는 생각이 강하게 일어났다. 더구나 알차고 짜임새 있는 뉴스레터의 글을 받아보면서 나의 이런 생각이 구체화되기에 이르렀다. 여기서 공부하고 있는 유학생은 특별한 경우를 제외하고는 대개는 고국에 돌아가 자기가 공부한 것을 다시 쏟아낼 수 있는 직장을 구할 것으로 믿는다. 대학 강단, 연구소, 기업체 등, 여기서는 대학으로 가려는 유학생을 위해서 진솔한 심정으로 본인의 경험을 바탕으로 몇 가지 조언을 해 주고자 한다.

첫째로, 자연과학의 특수한 분야는 잘 모르겠으되 인문·사회과학 분야에 있어서는 이제 외국의 박사 학위가 큰 장점이 없다는 사실을 인식해야 한다는 점이다. 특히 정치학, 경제학, 행정학 분야 등은 과히 포화 상태라는 표현이 적합할 것이다. 20~30명의 학위 소지자들이 군단을 지어 다니며 대학의 창구를 두드리는 실정이다. 이것은 필자가 지난 몇 년간 교수공채 심사위원으로 직접 참여하여 경험한 사실이다. 과거에는 외국 대학 간판만 한 줄 들어가면 모셔가던 시대도 있었다. 그러나 이제는 외국의 어느 대학에서 어떤 주제를 가지고, 어떤 분야를, 어느 기간 동안, 어느 교수 밑에서, 얼마만큼의 학문적 축적을 이루어냈느냐를 따지게 된 것이다. 따라서 학위 논문 작성 단계에서는 각 분야별로 과연 내가 공부한 것이 얼마만큼이나 한국에서 필요로 하는 분야이고 쓰일 수 있는 영역인가에 대한 면밀한 검토가 필요하다는 것이다. 다시 말해서 이왕이면 남이 잘 접근하지 않는 분야로서 한국에서의 학문적, 실용적

활용도가 높은 그런 연구 주제를 가지고 논문을 작성할 필요가 있다는 것이다.

둘째로, 적어도 한국의 대학으로 가려는 생각이 있다면 한국의 학계와 자기 나름대로의 channel을 부단히 가동하고 있어야 한다는 점이다. 즉 출신 모교의 은사는 말할 것도 없고 자기의 전공 분야와 관련된 학계의 원로를 위시한 지도 교수, 기타 그 분야의 실력을 인정받고 있는 영향력 있는 교수, 그 밖에 접촉 가능한 선후배들에게 수시로 자기의 연구 분야에 대한 보고, 연구의 진척도, 이쪽 학계의 최신 동향, 안부를 묻는 서신이나 전화를 할 필요가 있다는 것이다. 솔직히 말해서 아직도 한국의 대학 사회는 폐쇄적이고 봉건적이라는 표현이 적합할 것이다. 따라서 전혀 연락도 없다가 어느 날 갑자기 학위를 취득했다고 나타나서 제가 이런 연구 업적을 가져 왔습니다라고 장광설로 PR을 해봐야 별 반응과 시선을 받지 못하기 쉽다는 점을 염두에 두어야 한다. 특히 교수 사회에서는 그때그때 필요할 때에만 갑자기 나타났다가 언제 사라져 버릴지 모르는 인간관계를 제일 경계하고 있다는 점을 명심해야 할 것이다. 그렇다면 그런 자세를 지양하고 평소부터 자기의 주 전공 분야와 관련된 교수들과의 부단한, 끈끈한 연결을 통하여 자기의 연구 분야 및 성과에 대한 끊임없는 인지와 image making 작업을 해 둘 필요가 있는 것이다. 혹자는, 아니 지금 논문 작성과 학위 스트레스에도 지칠 지경인데 언제 그런 일을 할 시간이 나느냐고 반문할지 모르나, 그런 가운데서도 철저한 자기 관리를 할 수 있는 자만이 목표를 달성할 수 있는 것이라고 믿는다. 가령 연말에 한 번도 빠지지 않고 크리스마스 카드를 통해서 자기를 알리려는 노력, 본인이 못하면 부인한테라도 시켜서 매년 빠지지 않고 소식을 전할 수 있는 마음가짐과 자세, 이것도 하나의 능력이라고 믿는다.

셋째로, 한국의 대학 사회의 정보를 얻는 데에 부단히 노력해야 한다는 점이다. 아직도 한국의 학계에는 많은 파벌이 형성되어 있다. 혈연, 지연, 학연을 배제한 공정한 인사를 한다고 하면서도 항상 연을 가지고 연결해 보는데, 이것은 어떻게 보면 한국인들이 가지고 있는 뿌리 깊은 정서로서 하루아침에 해결되기가 쉽지 않은 문제가 아닌가 한다. 그렇다면 지망하고자 하는 대학의 구성원의 분포, 즉 그 과에 먼저 와있는 교수들의 학력, 경력, 대인 관계, 세력 분포도(?) 등에 관한 정확한 자료를 가지고 문제에 접근해야 한다는 것은 기본 상식에 속한다고 할 것이다. 물론 각 대학마다 과 교수회의, 신임교수 전형위원회, 인사위원회 등의 여러 단계를 두고 최대 공약수를 찾아 인사를 하고 있지만, 어떤 경우에는 불협화음에 의해 교수 충원을 못하는 경우가 있는가 하면 인사를 내정해 놓고 하는 경우도 있다는 사실이다. 즉 예를 들어 아무 정보도 없이 신문 광고만 보고 무턱대고 서류를 접수시킨다든지, 여러 사정으로 보아 전혀 가능성이 없는데도 불구하고 답답한 마음에 무조건 응모해 보는 것은 들러리 역할만 할 경우가 많다는 것이다. 이런 경우에는 불합격한 경험만 누적되어 나중에 정말 갈 수 있는 자리가 생겼을 때 불명예도 되고 불리한 점으로 작용할 가능성이 많다.

넷째로, 자기 나름대로 인사 문제 접근 방식에 관한 Know-How(비방)를 개발할 필요가 있다고 하겠다. 즉 어떤 분야는 앞에서도 언급했다시피 20~30여 명의 박사 군단이 몰려 떠돌아다니며 자리를 찾고 있다. 이럴 때에 자기와 경쟁자인 타 지원자의 정확한 인적 사항, 움직임, 연구 분야, 지지자 동향 등을 면밀히 파악할 필요가 있다. 적(?)을 알아야 싸움에서 승리할 수 있듯이 자기의 경쟁자가 어떠한 행동을 취하고 있는가에 대해 예의 분석 후, 자기 자신에 대한 냉철한 현실 파악 가운데 자기 영역을 넓혀 나간다면 훨씬 효과적인 대처 방안으로 승산의 가능성이 높을 것이다.

다섯째로, 학문적 업적을 쌓은 후에는 인격도야 및 인성문제에도 반드시 신경을 써야 할 것이다. 대학사회는 교수가 한 번 들어오면 특별한 일이 없는 한 정년퇴직 때까지 몇 십 년을 같이 지내야 한다. 마음에 안 드는 배우자는 이혼이라도 할 수 있지만 직업과 직장은 쉽사리 바꿀 수 없는 것이다. 따라서 인사철이 되면 교수 구성원은 너나 할 것 없이 긴장 관계에 돌입하게 되는 것이 현실이다. 따라서 적어도 학문적 업적이나 성과, 논문의 양과 질 등이 기본적으로 평가된 다음에는 인격적 문제가 반드시 검토대상이 된다는 점을 알아야 한다. 아무리 우수한 자질을 구비했다 하더라도 인간성이나 대인 관계에 문제가 많다는 지적이 나오면 그 인사는 보류될 가능성이 많다는 점이다. 이것은 흔히 자기와 의견을 달리하는 지원자를 반대하는 이유로 이용될 수도 있지만, 어쨌든 평소의 철저한 자기 관리를 통하여 반대자에게 행여라도 그런 명분을 주는 일이 없도록 신경을 써야 하는 것이다.

여섯째로, 박사학위 논문에 너무 오랜 시간을 보내는 것을 경계할 필요가 있다. 물론 학위 논문은 독창적이고 자기의 학문적 성과를 과시하는 것이므로 열정적으로 최선을 다해 최상의 것으로 만들어야 한다. 그러나 불후의 명작을 만들기 위해 너무 많은 시간을 소비하는 것은 결코 현명한 일이 못된다고 생각한다. 흔히 박사 학위는 학문의 끝이 아니라 학문의 시작이라고 하지 않던가. 외국에서 갓 돌아온 학위 취득자는 국내 체류자에 비해 논문 편수가 적어 감점이 되는 경우를 많이 보았다. 따라서 학위 논문을 너무 오래 끌 것이 아니라, 가급적 단 시간에 마친 후에 인접 분야의 연구를 계속 넓혀가면서 논문 편 수에도 신경을 써야 할 것이다. 물론 논문이 외국의 유명 저널에 실릴 수 있다면 금상첨화가 될 것이다. 최근 각 대학은 모든 지원자들을 대상으로 학력, 경력, 학업 성취도, 논문 편수, 국제대회 논문 발표 실적, 평가 등을 모두 유형화, 점수화하고 있음에 유의하여야 할 것이다.

15년을 대학 강단에 서면서 이런저런 인사 문제와 부닥쳐도 보았고 잘 된 일, 못 된 일도 많이 경험했다고 생각된다. 다시 한 번 강조하고 싶은 것은 대학교수의 길로 들어서기 위해서는 우선 내로라하는 실력을 쌓아서 학문적 명성을 얻은 후에 인격적 도야, 인간적인 면에서 문제가 없도록 평소의 자기 관리를 철저히 하는 점이 중요하다는 것이다. 이를 위해서는 서로 위안, 격려해 주는 내조의 공도 중요하다고 보며 항상 최선을 다하고 good luck을 기원하는 자세가 필요하다고 본다. 끝으로 유학생 여러분의 건투를 빌며 이 글이 여러분의 진로에 다소나마 도움이 될 수 있기를 기원한다.

교수 지망생의 회색 심정

(1975년 11월 30일 조선일보)

오늘도 달리는 우리 인생열차에 왕복표를 가지고 있는 승객은 없다. 한 번 타면 돌아올 기약 없는 그 열차에 몸을 싣고, 언제 다다를지도 모르는 채 종착역을 향해 지금 이시각에도 우리 모두는 여행길을 가고 있다.

달리는 인생열차 안에서 우리 젊은이는 너무 유유하다. 종착역은 눈 깜박할 사이에 다다른다는 사실도 아직 인식을 못했는지 아니면 구태여 바쁘게 뛰어야 할 가치를 발견 못했는지는 알 수가 없다. 하지만 종착역에 닿기만 하면 기다리고 있는 또 다른 새로운 승객들에게 자리를 양보하고 물러나야 한다는 사실만은 분명하다.

"젊음" 너무도 발랄하고 매력적인 뉘앙스를 지닌 말이다. 그런데 이 뉘앙스답지 않은 젊은이의 상이 곳곳에 도사리고 있음은 또 웬

일인가.

젊음의 야성과 패기가 지나쳐 발을 땅에 붙이지도 않고 허공만 보며 꿈만 먹고 사는 젊은이. 너무 일찍 세태에 쪼들리고 염세에 물들어 구름위의 태양을 못 보는 젊은이. 이기주의와 물질숭배사상에 도취되어 자기 옆도 의식 못하는 젊은이. 이런 젊은이들이 과연 가야 할 역의 지나야할 폼을 통과할 수 있을는지는 의문이다.

날마다 사건은 터진다. 이제 웬만한 살인 강도 강간 사건은 우리를 자극할 수 없게 된 지 오래다. 신문의 정치 사회면 상단에 오르는 대문짝만한 활자로 장식될 정도면 약간의 흥분과 분노도 일게 되나 그것도 잠깐이다.

김대두, 전세규 사건 등을 본다. 그들은 어떤 응보형에 처해도 마땅할 것이다. 그러나 그들을 저주하기에 앞서, 그들을 낳게 한 오늘의 인간윤리와 사회 부조리를 곰곰 반성해 보는 이는 적다.

죄과를 돈으로 환산하고, 병보석내지는 집행유예를 마지막 보루로 설정하고 덤벼드는 각층의 범죄인구에 대처할, 진보된 형법전의 제정을 검토하기에 앞서, 만원이 되어버린 한국 교도소를 어떻게 운영하여야 하는가의 문제가 급선무가 되어 버렸다. 금력과 권력이 난무하는 교도소에서 진정한 사회복귀를 가능하게 할 전과범, 상습범, 누범을 다스릴 대책은 없는 것이다.

법률. 현대를 살아가는 우리에게 법은 필수불가결한 것이지만 법이란 과연 무엇인가의 문제에 다다르면, 흔히 그것은 추상적논제로 취급되어, 논쟁을 위한 주제로 낙착되기 쉽다. 괴테는 파우스트에서 법학을 야유하기를 『법률과 법은 마치 영원한 질병처럼 유전되어 대대로 전승될 뿐만 아니라, 또한 널리 전파해 간다. 이른바 야성이란, 결국 무의미한 넌센스로, 또한 이른바 선행이란 한낱 재난으로 되어버리고 만다』고 하면서 법학을 「영원한 질병」으로 몰아쳤다.

「깊은 것」을 생각하기를 싫어하고 「현실적」으로만 흘러가는 오늘의 교육풍토는 「영원한 질병」과 투쟁해야 하는 법학도들에게도 파행적인 사법시험의 굴레를 씌워 교과서 몇권쯤으로 법을 다 이해한 것처럼 착각하게 만드는 슬픈 세태가 계속되고 있다.

법과지망생과 고시합격을 등식으로 이어놓은 사회통념이 문제일 것 같다.

장래의 직업을 묻는 말에 『교수』라고 대답하면, 한결 같이 고개를 흔들어대며 『그것 어디 춥고 배고파서 하겠느냐』고 반문한다.

아니 현직에 계신 교수님 자신들이 후학들에게 교단에 서라고 권하기를 주저할 정도다. 벅찬 강의에 시달리고 봉급은 생활급에 미달이고 연구비마저 인색하여 학문하는 즐거움 보다는 명예만 먹고사는 무력자가 오늘날 한국의 교수상이 아니냐고 회의어린 대답뿐이다.

다른 어떤 젊음보다도 발랄하고 건전하고 충실해야 할 캠퍼스의 젊음. 그들은 3개월마다 「제너레이션 갭」이 놓여있다면서 이제 「드라이브 미팅」이 아니면 의미가 없다고 할 정도다. 울부짖는 듯한 팝송 리듬, 퇴폐적인 가사에 더욱 귀를 솔깃하고 영동고속도로가 뚫렸으니 너도 나도 단풍구경을 가야만 직성이 풀린단다.

그것까지는 좋다. 그러나 먹고 마시자는 향락적 여행보다는 붉고 노란 단풍의 물결 속에서도 갈색과 회색이 조화된 나뭇가지의 오묘한 배열을 감상할 줄 아는 젊음의 예지가 아쉽다.

이젠 낙엽이 제법 쌓였다. 곧 크리스마스 캐롤이 울리고 또 한 역을 통과하게 되겠지. 메피스토 펠레스가 야유한 「회색 학문의 길」을 찾아가는 젊은이의 심정은 차라리 담담하고 잔잔하기만 하다.

최완진 교수 약력

최완진(崔完鎭, 號: 心石)

• 주요약력

- 중앙중·고등학교 졸업
- 한국외국어대학교 법학과 졸업(법학사)
- 고려대학교 대학원 법학과, 석사과정 수료(법학석사)
- 고려대학교 대학원 법학과, 박사과정 수료(법학박사)
- 국립 강원대학교 법대 교수·비교법학연구소장
- 미국 Univ. of Washington, Law School 교환교수
- 미국 Univ. of Pittsburgh, Law School 교환교수
- 일본 규슈대학 법학부 초빙교수
- 한국상사법학회 회장
- 한국경영법률학회 회장
- 대한상사중재원 중재인
- Lee International IP & LAW GROUP 법률고문
- 한국신용평가정보(주)·키움증권(주) 사외이사
- 고려대학교 법과대학·경영대학 강사
- 민주평화통일자문회의 자문위원
- 강원도 교육청 공직자윤리위원회 위원
- 강원도 지방노동위원회 공익위원

- 사법시험·군법무관시험·외무고시·입법고시·세무사시험 위원
- 한국외국어대학교 대학원 교학처장
- 한국외국어대학교 대외협력본부장
- 한국외국어대학교 법학연구소장
- 한국외국어대학교 법과대학 학장
- 한국외국어대학교 교수협의회 회장
- 한국외국어대학교 재직동문교수회 회장
- 한국외국어대학교 가톨릭교수회 회장
- 현 한국외국어대학교 법학전문대학원 교수
- 현 한국외국어대학교 법학전문대학원장 겸 법과대학장

• **주요저서**

- 「기업지배구조법」, 한국외국어대학교 지식출판원
- 「신상법총론」, 한국외국어대학교 지식출판원
- 「신회사법요론」, 한국외국어대학교 지식출판원
- 「기업지배구조법강의」, 한국외국어대학교 지식출판원
- 「상법판례강의」, 법문사
- 「상법학강의」, 법문사
- 「신상법사례연습」, 박영사
- 「상법사례연구」, 한국외국어대학교 지식출판원
- 「신법학통론」, 세창출판사
- 「주석상법(IV,V,VI)」, 한국사법행정학회(공저)
- 「주식회사법 대계(I,II,III)」, 법문사(공저)

• 수상경력

- 2017년 4월 25일, 제54회 '법의 날' 유공 정부포상
  황조근정훈장 수훈
- 2017년 4월 19일, 학교법인 동원육영회 공로 표창장 (20년 근속)
- 2016년 12월 1일, 한국외대 재직동문교수회 감사패
- 2016년 2월 19일, 무애학술상 수상
  (한국상사법학회와 무애문화재단 공동 수여)
- 2011년 10월 28일, 한국상사법학회 공로패
- 2009년 4월 18일, 한국경영법률학회 감사패
- 2008년 12월 19일, 중앙교우회 공로패
- 2008년 2월 21일, 한국외대 총동문회 공로상 (로스쿨 유치)
- 2007년 4월 20일, 학교법인 동원육영회 공로 표창장 (10년 근속)
- 2004년 3월 9일, 한국외국어대학교 교원업적평가 우수상
- 2002년 7월 31일, 한국외국어대학교 공로패

기업법으로 세상을 보다

최완진 교수 칼럼·에세이

초판 인쇄 2017년 9월 13일
초판 발행 2017년 9월 20일

지은이 최완진
발행인 김인철
총괄 · 기획 가정준 Director, University Knowledge Press
편집장 신선호 Executive Knowledge Contents Creator
도서편집 김민정 Contents Creator
전자책편집 이리나 e-Contents Creator
재무관리 김은혜 Managing Creator
마케팅 파트장 백승이 Chief Marketing Creator
마케팅 박종원 Marketing Creator
발행처 한국외국어대학교 지식출판원
02450 서울특별시 동대문구 이문로 107
전화 02)2173-2493~7
팩스 02)2173-3363
홈페이지 http://press.hufs.ac.kr
전자우편 press@hufs.ac.kr
출판등록 제6-6호(1969. 4. 30)
디자인 · 편집 (주)이환디앤비 02)2254-4301
인쇄 · 제본 네오프린텍 02)718-3111

ISBN 979-11-5901-239-6 03360 정가 17,000원

*잘못된 책은 교환하여 드립니다.

HU:NE 은 한국외국어대학교 지식출판원의 어학도서, 사회과학도서, 지역학 도서 Sub Brand이다. 한국외대의 영문명인 HUFS, 현명한 국제전문가 양성(International +Intelligent)의 의미를 담고 있으며, 휴인(携引)의 뜻인 '이끌다, 끌고 나가다'라는 의미처럼 출판계를 이끄는 리더로서, 혁신의 이미지를 담고 있다.